CAOS EXTERIOR, DESPERTAR INTERIOR

CAOS EXTERIOR, DESPERTAR INTERIOR

2021

Pentagrama
publicações

Título original:
CAOS EXTERIOR, DESPERTAR INTERIOR

2021

Impresso no Brasil

Capa, Projeto gráfico e Diagramação:
Mônica Jackson

Dados Internacionais de Catalogação na Publicação (CIP)
(Câmara Brasileira do Livro, São Paulo, Brasil

Caos exterior, despertar interior / Lectorium Rosicrucianum. -- Jarinu, SP : Pentagrama Publicações, 2021. -- (Renovação)

ISBN 978-65-86863-04-8

1. Autoconhecimento 2. Consciência
3. Espiritualidade 4. Gnosticismo
5. Rosacrucianismo - Discursos, ensaios, conferências
6. Transformacão I. Lectorium Rosicrucianum.
II. Série

21-89608 CDD-299.932

Índices para catálogo sistemático:
1. Rosacrucianismo : Conferências : Gnosticismo : Religião 299.932

Eliete Marques da Silva - Bibliotecária - CRB-8/9380

Rua Heitor Peioto, 588 - Cambuci - São Paulo - SP - 01543-020
www.pentagrama.org.br/

SUMÁRIO

PREFÁCIO

No início de 2020, com a eclosão da pandemia da Covid-19, o mundo foi colocado perante enormes desafios. Foi nesse contexto que a Escola da Rosacruz Áurea no Brasil procurou alternativas para se manter ativa, procurando acelerar processos de transição para atividades virtuais que já estavam em curso.

Dessa forma, graças ao esforço de vários alunos, em um período relativamente curto, foi possível manter a continuidade de todas as atividades, desde aquelas dedicadas ao público externo até as direcionadas a seus alunos, em todos os discipulados.

Foi nesse cenário desafiador que a Rosacruz Áurea não apenas manteve suas atividades, mas assistiu a um afluxo sem precedentes de buscadores e alunos.

Sempre em sintonia com as necessidades do momento, uma série de serviços templários e conferências foram transmitidos aos alunos nesse período, que não apenas traziam reflexões para uma compreensão mais ampla da situação mundial, mas também estimulavam à perseverança no caminho interior e ofereciam um bálsamo para o sofrimento de muitos que vivenciaram perdas em suas famílias e em seus círculos de amizade.

Este livro é um apanhado desses serviços e conferências, sendo oferecido a todos os leitores que, conosco, também buscam por um sentido superior para suas vidas.

Esperamos que as palavras aqui compartilhadas auxiliem muitos a buscar no mais profundo de seu ser esse sentido.

Esperamos que os esclareçam que, apesar de todo o sofrimento e do caos aparente, possibilidades grandiosas se abrem para a humanidade neste momento.

Esperamos que os impulsionem a trabalhar em si mesmos para transformar essas possibilidades em realizações interiores, pois assim um novo futuro pode ser construído, sobre a base de uma nova consciência.

INTRODUÇÃO

“Quanto às sementes de Deus, elas são pouco numerosas, porém grandes, belas e boas! São chamadas virtude, temperança e bem-aventurança.”

Profunda é nossa gratidão pela dádiva de termos podido levar adiante o trabalho da Escola Espiritual ao longo deste período único, e que deverá entrar para a história da humanidade como um verdadeiro divisor de águas. Graças ao engajamento, à dedicação e ao carinho de toda a comunidade e principalmente ao esforço incondicional e incansável de um grupo nuclear de obreiros, foi possível atravessar os anos de 2020 e 2021 como um grupo ainda mais coeso e forte, preparados para desafios talvez ainda maiores no futuro.

Estes anos entrarão para história: não é possível enumerar todos os aspectos marcantes em que a humanidade teve sua vida afetada. Porém, se quisermos extrair a síntese das experiências vividas, podemos afirmar que, em todas as situações que vivemos, sempre recebemos um convite muito especial. É como se em tudo o que se passou, nos fosse dito:

- Retorne à sua essência!

Sim, perdemos entes queridos; fomos privados do convívio daqueles que amamos; fomos abalados na segurança física e psíquica. Na perda, na solidão e na privação, é como se houvesse faltado energia no parque de diversões da vida egocêntrica e, em um instante, todo o ruído, o brilho e a agitação tivessem sido convertidos em constrangedor e desconcertante silêncio.

O carrossel da rotina febril parou de repente, e muitos ficaram perdidos. Sim, porque não viviam em seu próprio eixo, mas na constante agitação e no falso brilho da superficialidade de suas rotinas. E a perplexidade tomou conta de incontáveis, pela frenagem seca e abrupta, como nas palavras telegráficas de Drummond de Andrade, no poema Cota Zero:

" Stop.
A vida parou
ou foi o automóvel?[1]

Em todas essas perdas bruscas fomos convidados a olhar para dentro, e a encontrar novamente o eixo perdido:

- Retorne à sua essência!

O chamado para abandonar o movimento nauseante da frenética rotina ecoou em cada experiência marcante que vivemos. Desde a dor das perdas de entes queridos, às longas horas vividas em solidão, ao silêncio tão incômodo do tempo disponível com nós mesmos.

As sementes da agitação do mundo secaram. O brilho de suas flores desvaneceu. O viço de seus frutos se desfez em névoa. E a humanidade que classificava tudo isso como riqueza e propósito, viu-se desprovida de ambos, e de mãos vazias. Porém, o chamado para uma auto-revolução interior soou em cada um desses momentos, e também ressoa agora:

- Retorne à sua essência!

Existe uma essência, existem valores essenciais que precisam ser descobertos no âmago do ser humano. Trismegisto refere-se a essa essência como as sementes divinas:

"Quanto às sementes de Deus, elas são pouco numerosas, porém grandes, belas e boas! São chamadas virtude, temperança

1 Andrade, Carlos Drummond de. Poesia 1930-62: de *alguma Poesia a lição das coisas*. São Paulo: Cosac Naify, 2002, p. 25

e bem-aventuranca. A bem-aventurança é a Gnosis, o conhecimento que é de Deus e com Deus. Quem possui esse conhecimento está pleno de todo o bem e recebe seus pensamentos de Deus... " [2]

Por que é importante refletir sobre isso? Porque se a humanidade não retornar à essa essência tríplice, a essas poucas e boas sementes, talvez não tenha as provisões necessárias para atravessar os desafios que ainda temos pela frente.

Trata-se da necessidade urgente de manifestar, no triângulo da consciência humana, três novas forças, representadas por Hermes pelas sementes da virtude, temperança e bem-aventurança ou piedade, no sentido descrito. A reação da humanidade a essas três novas forças de alma determina a possibilidade de um novo futuro ou uma crise aguda.

Se no ser humano estão presentes as duas novas assinaturas do triângulo da alma, a saber, uma nova autoridade interior e uma nova visão interior, e ele volta totalmente sua vida a essas novas capacidades, o raio seis da dedicação inabalável lhe concede uma crescente fonte de força de um despertar, um discernir e uma disciplina interior, que lhe permite avançar rapidamente no novo período aquariano.

Porém, se no ser humano faltar as novas faculdades do raio um e do raio três, ou se mesmo as possuindo, ele não direcionar sua vida às novas forças latentes em sua consciência, então o raio seis também se manifestará em sua vida como uma grande força, porém, como uma força demolidora, através de uma dissociação, uma dissolução e uma desagregação. [3]

É desnecessário dizer que o ano de 2020 foi a prova cabal

---

2 Trismegisto. *Corpus Hermeticus*. Livro IX verso 4.

3 Os sete raios do Espírito são: vontade, amor, inteligência, harmonia, sabedoria, dedicação e ação. Ver *Os Sete Raios do Espírito e a Transformação da Vida Humana*

dessa crise, que se precipitou sobre toda a humanidade com velocidade avassaladora.

Agora, um ano depois, verifica-se que um impulso demolidor poderosíssimo se abate sobre todos nós, precipitando um processo de desmascaramento coletivo com a força de uma tempestade. Muitas de nossas ilusões foram retiradas como a tempestade arranca os telhados das casas, revelando suas paredes nuas e a vida de seus moradores. O telhado de aparências da vida interior de nossa alma foi arrancado diante de nosso olhar estupefato, e agora nos perguntamos o que a nudez de seus aposentos revela.

Com o que está preenchido nosso coração, nossa mente e nossa vida interior? Será que neles ainda germinam os frutos das sete sementes dos vórtices caóticos das esferas astrais, mentais e etéricas, que penetram por nossos sete chacras abertos às influências coletivas das esferas de vida egocêntrica, o inconsciente coletivo?

Ou já temos aberto um espaço puro, luminoso e protegido nos três santuários da alma para que as três sementes divinas possam preenchê-la de força, luz e vida?

Essas três sementes - as três forças do Logos tríplice - são vertidas sobre a humanidade neste momento, como auxílio, consolo e força. Sem elas, os três santuários da alma humana poderão mergulhar nas ondas de choque que se seguirão à pandemia da Covid-19, as quais já podemos ver manifestar-se em muitos, como depressão, desespero e destruição. Essas manifestações exteriores são os clássicos obstáculos interiores da alma egocêntrica: a ansiedade, a preocupação e o medo.

E as três forças do Logos tríplice, as três boas sementes de Hermes, são as clássicas forças que caracterizam a nova consciência, a nova alma que pode manifestar-se no ser humano. No momento atual, essas três forças erguem-se dos sete raios do Espírito, mergulhando no coração, na cabeça e na vida dos seres humanos abertos e anelantes como: a vontade universal, a inteligência criadora e a dedicação inabalável.

Também se reconhece essas três forças, essas três sementes, em três conceitos que se encontram mais perto do que nunca da realidade de nossas vidas, como uma necessidade premente e urgente. Tratam-se da fé, esperança e amor. Essas três palavras representam a essência da vida mesma. Elas representam as poucas e boas sementes que precisam germinar agora, para preencher o vazio, o caos e o desnorteamento que se revelou no âmago do ser humano nesta crise.

Elas também são as provisões necessárias para que a humanidade consiga atravessar a crise que se desenha nos próximos anos, na qual, à pandemia poderão seguir-se longo período de recessão econômica, que terminará por transformar-se em uma crise humanitária de dimensões globais.

Porém, são relativamente poucos os seres humanos que conseguem compartilhar tais provisões com seus semelhantes, pois tais forças não vêm de nenhuma divindade exterior e nem mesmo da inteligência universal, da Fraternidade da Vida. Essas três novas forças de alma precisam ser transmutadas pela própria alma humana, na intimidade de seu mundo interior, no laboratório alquímico de seus três santuários, em seu coração, cabeça e vida.

Se um ser humano é capaz de transmutar tais novas forças de alma em si, ele gera superabundância energética em seu ser, assim como quando a boa semente cai em solo fértil germina e dá frutos à razão de centenas ou milhares por um.

O que precisamos neste momento - em que a humanidade se encontra em uma encruzilhada dos tempos, que se precipitou sobre ela com uma rapidez surpreendente - é de um grupo de seres humanos que não apenas falem da mudança necessária, ou de novas perspectivas e valores. Precisamos de seres humanos que sejam, eles mesmos, tais mudanças, que criem as novas perspectivas e que sejam a encarnação dos novos valores que pregam.

Se um grupo desses seres humanos está ativo no mundo neste momento, eles são capazes de multiplicar a nova força tríplice da alma em uma superabundância capaz de tocar, despertar e transformar a vida de milhões de seus semelhantes.

Pois neles arderá a chama do Logos tríplice, pela força irresistível da vontade universal, de uma nova inteligência criadora e de uma dedicação inabalável. Neles arde a oitava superior da fé, da esperança e do amor, livre do dogma, do devaneio ou da bondade bem-intencionada, mas ainda parcial e sectária. Neles arde uma nova força tríplice que se eleva, mediante: uma ligação direta entre o núcleo da alma e o Espírito; um conhecimento revelado de primeira-mão; e uma capacidade de ação capaz de desencadear a revolução aquariana em toda a humanidade

Esse grupo de seres humanos é capaz de impulsionar, despertar e sustentar interiormente, pela radiação de suas almas, milhões de seres humanos que se tornaram receptivos pela ação demolidora e desmascaradora do carma neste período. Portanto, esse é nosso trabalho como alunos e alunas de uma Escola Espiritual.

Mais do que nunca, a tarefa é realizar as três colunas da nova alma em nosso ser. Pois nos unindo agora ao grupo dos pioneiros do novo estado de consciência, mantemos aberto, a despeito de toda destruição e caos, um novo futuro para a humanidade. Um futuro em que, nas próximas décadas, deverão se desenhar as novas linhas de força da consciência aquariana, um futuro no qual a humanidade poderá elevar-se aos novos horizontes da vida alma-Espírito, assim como é intencionado pela Fraternidade da alma, pela comunidade de almas libertas que agem aqui e agora na força irresistível da inteligência universal do Logos. A Escola Espiritual está preparada para este momento.

Cheia de fé, esperança e em amorosa expectativa, ela aguarda que as boas sementes germinem nos corações, cabeças e vidas de seus alunos e alunas, para que eles se transformem em multiplicadores da boa semente do Logos no mundo e na humanidade. As próximas palavras têm a força da certeza que nasce da própria experiência vivida, gravada para sempre no sangue:

Do Novo Triângulo da Alma erguem-se os fundamentos do Novo Quadrado da Manifestação. E dele já surgem as bases de um novo período para o mundo e a humanidade. Os anos em que vivemos agora definirão as próximas décadas! E as próximas décadas definirão os próximos séculos!

Este é o futuro que brilha diante dos olhos da Fraternidade da Vida. Dispamos agora toda a ilusão do eu! Retornemos à essência de nossa alma! E transformemos nossa vida no rico solo onde as sementes divinas germinam em todo o seu esplendor!

1. MUDANÇA NA CONSCIÊNCIA

Há tempos se fala da velocidade com que as transformações mundiais atingem o mundo e a humanidade, e grandes mudanças em nosso estado de vida são desencadeadas pela aceleração das forças atuando na consciência humana, impulsionando-a a reagir.

Esse é mundo em que vivemos agora! Um mundo super conectado e super acelerado, onde situações como a que estamos vivendo podem ganhar proporções globais no curto espaço de algumas semanas, impactando diretamente a vida de todos os seres humanos na Terra. A humanidade cria para si mesma uma série de crises resultantes de um estado de consciência que precisa ser fundamentalmente transformado, caso não queira chegar a um estado insustentável de vida.

Diante de tudo o que está ocorrendo agora, se não conseguimos entender a necessidade de uma mudança radical da consciência, devemos nos perguntar o que mais precisa ocorrer. Pois é óbvio que a consciência egocêntrica, que trata o planeta como um armazém de matérias-primas ou de dejetos, que empurra o meio ambiente além de seus limites, que nega de maneira inacreditável sua parcela de responsabilidade em tudo isso, seja por interesses pessoais ou grupais, é óbvio que esse estado de consciência egocêntrica gerará crises e caos ao seu redor e sobretudo para si mesma. E o que vivemos hoje precisa ser visto em suas múltiplas facetas, e não apenas na superfície da tragédia global que atravessamos.

O mundo literalmente parou. Centenas de milhões, se não bilhões de pessoas a esta altura, encontram-se recolhidas em seus lares, e a rotina que nos mantinha em uma constante roda viva deixou de existir. Grandes cidades do mundo são tomadas por paisagens insólitas, com suas ruas, avenidas, praças e parques completamente vazios, mergulhados em profundo silêncio.

As reações diante de tudo isso são as mais diversas possíveis. Há os que aproveitam essa pausa para submergirem em profundo processo de reflexão. Outros são obrigados a trazer para dentro de seus lares uma pesada carga de trabalho. Muitos sentem-se presos e confinados com pessoas e familiares, buscando reencontrar o ponto de equilíbrio de seu espaço vital. E tantos outros sentem-se genuinamente ameaçados diante da dúvida da continuidade de seu emprego ou sustento material.

Diante dessa crise mundial sem precedente, vemos o espectro completo dos comportamentos humanos levados ao seu limite. Desde a comovente dedicação incansável dos profissionais de saúde, à tocante solidariedade que surge entre vizinhos que sequer se cumprimentavam, até o pânico de compras exageradas frente ao risco de desabastecimento de alimentos e itens essenciais.

Que revelação e ao mesmo tempo que desmascaramento!

Como alunos e alunas de uma Escola Espiritual, é preciso aprofundar nosso olhar para ver claramente tais aspectos - no mundo e em nós mesmos - que talvez ainda estejam ocultos à nossa consciência. Trata-se de enxergar claramente a roda interior da consciência egocêntrica que mantém girando sem cessar a roda exterior do mundo.

E, agora que a roda do mundo parou de girar, ou está girando mais lentamente para muitos, conseguimos perceber que a única roda que existe, e que gira sem cessar, é a roda de nosso próprio egocentrismo? Abramos nossos olhos e ouvidos, e prestemos atenção! A humanidade parou, mas a Terra vai muito bem. Os seres humanos estão reclusos em seus lares, mas lá fora os pássaros cantam, os peixes nadam livremente nos mares e rios, as árvores crescem serenamente e o sol continua brilhando entre as nuvens de um céu menos poluído.

Portanto, que oportunidade única para despertarmos para o fato de que a roda do caos está dentro de cada um de nós, e o que está fora é apenas sua projeção. Pois quando interrompemos o giro da roda viva da vida exterior, percebemos que a roda viva da consciência não para. Olhe ao redor, olhe para si mesmo, e perceba essa roda.

Ela é quem cria o desequilíbrio ambiental.

Ela é quem cria o desequilíbrio biológico.

Ela é quem cria o desequilíbrio entre as nações.

No livro O Novo Homem Jan van Rijckenborgh explica em detalhes como essa roda cria desequilíbrio entre os próprios reinos da natureza.[4]

Pois bem, neste momento de pausa, de interrupção, de reclusão, temos todos uma tarefa muito clara. Trata-se da tarefa de parar essa roda, a roda da consciência egocêntrica. Não mais apenas vê-la funcionando, mas libertar-nos dela!

Se no passado dizíamos não ter tempo para nos dedicar ao processo interior porque a agitação da vida não o permitia, agora essa agitação foi suspensa, como que por um passe de mágica. Dessa forma, todos nós recebemos uma chance extraordinária, uma chance que nenhuma geração recente recebeu: a chance de ver a roda do caos interior do egocentrismo, e de parar essa roda.

Para isso, como alunos e alunas, devemos focalizar nossos

4 Rijckenborgh. *O Novo Homem.*

esforços em três grandes eixos: no trabalho interior diário, na observação objetiva dos fatos e no distanciamento das ondas coletivas de medo e pânico.

Em relação ao trabalho interior diário, a distância física que existe agora entre nós e os focos da Escola deve nos auxiliar a fortalecer - e não a enfraquecer - nossa ligação com o ser real e o Corpo Vivo da Escola Espiritual.

Lembrem da parábola da árvore que vivia à beira do rio, e que não aproveitava suas águas; e da outra, que se encontrava longe e sabia aproveitar toda a umidade que lhe chegava apesar da distância, e que assim florescia esplendorosamente.

No novo campo etérico não existem distâncias. Se mantemos nossa alma sintonizada com suas vibrações, onde quer que estejamos, somos instantaneamente acolhidos na casa sancti spiritus, no Corpo Vivo da Escola Espiritual.

O seletor capaz de sintonizar-nos a essas ondas de radiação onipresentes encontra-se em nosso coração, na ligação que existe entre nosso coração e a centelha do Espírito.

Todos nós possuímos essa ligação. Ela não é algo teórico: ela está mais próxima do que mãos e pés, pois encontra-se em nosso próprio coração, e neste momento. Volte-se para essa ligação, reconheça-a em si mesmo. Vivifique-a a cada minuto. Ela o manterá ligado ao ser real em si mesmo, e ao núcleo do Corpo Vivo da Escola Espiritual.

Nessa base, ao invés de obstáculo, as distâncias que nos separam podem ser um grande auxílio para reconhecermos a poderosa ligação que já possuímos, e que se encontra em nosso coração. Com base nessa ligação, observe objetivamente os fatos ao seu redor. Em longos períodos de reclusão e de isolamento, as coisas tendem a se parecer com as sombras das árvores quando o sol se põe: elas parecem difusas, e imensamente maiores do que as próprias árvores. Elas ganham uma dimensão muito maior do que realmente possuem, passam a dominar o ambiente ao nosso redor, a projetar sombras em nossa cabeça e a turvar nosso entendimento.

Ao interagirmos com os outros, presencial ou remotamente, ao agirmos ou reagirmos, essas longas sombras fazem os menores detalhes e as coisas mais triviais assumirem uma proporção desmesurada, com conteúdo emocional e tensão mental quase explosivas, tornando tudo relativo, distorcido e absolutamente subjetivo.

Preste atenção a isso, e não se deixe arrastar. Focalize sua atenção no que está acontecendo de fato. Ou seja, eleve a luz de sua consciência, como se ela fosse o sol do meio-dia, bem no meio do céu, em um ponto equidistante e neutro em relação a todos os objetos que ele ilumina. Essa luz neutra e objetiva da consciência, a luz do sol do meio-dia, não projeta sombras, ela apenas ilumina a realidade das coisas, a realidade como é, e não como as sombras ilusórias das tensões astrais e mentais projetam.

Se seu coração se mantiver orientado para a centelha do Espírito, ela brilhará em sua cabeça como a luz de uma nova consciência, como a luz de um novo Sol que se eleva no firmamento de sua compreensão. Utilize a luz dessa nova compreensão. Faça-a brilhar! Faça-a crescer! Essa luz dissipa as sombras de sua consciência e apazigua sua mente.

E agora devemos nos aproximar da terceira tarefa neste momento: a de manter distância das ondas coletivas de medo e pânico. Essa não é uma tarefa muito fácil no momento em que nos encontramos. É por isso que sempre devemos nos aproximar dela na base da ligação com a centelha do Espírito e à luz de uma nova compreensão. Isso nos dá a chave perfeita para nos libertamos das constantes ondas coletivas de medo e pânico que circulam principalmente no mundo virtual.

E qual é essa chave? Trata-se de sempre se perguntar: 'o que eu posso fazer' nesta situação? Todos nós vivemos dentro de dois círculos: um deles muito grande e difuso, e outro menor, porém muito claro. O primeiro é o círculo da ansiedade, da preocupação e do medo. O segundo é o círculo da ação.

O círculo da ansiedade, da preocupação e do medo é gigante e se perde nas sombras dos limites de nossa consciência. Ele representa tudo o que nos inquieta, justamente porque não podemos fazer nada a respeito. Trata-se dos infinitos questionamentos que nos assaltam como se dissessem: e se acontecer isso? E se aquilo for verdade? E se me faltar tal coisa?

Todas as pseudo informações que circulam no mundo virtual multiplicam-se mais rapidamente do que o próprio vírus da pandemia, porque se alimentam das sombras desse grande círculo. Portanto, façamos um esforço consciente para não nos entregarmos a isso. E tomemos todo o cuidado para nos livrarmos dos dois extremos dessa situação tão danosa: o do pânico sem fundamento que se espalha descontroladamente, e o da ilusão de que somos invulneráveis e de que nada está acontecendo.

Ouçamos o que a ciência nos diz, ouçamos o que os profissionais da área da saúde nos dizem. E sigamos suas orientações, com objetividade, clareza e pragmatismo. Em outras palavras, vivamos dentro do claro e límpido círculo da ação, o círculo do que podemos de fato influenciar e fazer, de acordo com fatos e não boatos, de acordo com evidências e não com crenças vãs.

Fazendo isso, estamos fechando a porta do nosso santuário da vida para os incessantes torvelinhos astrais e etéricos de medo e pânico que, qual tempestade, assolam as pessoas em momentos iguais ao que estamos vivendo. Fazendo isso, estamos equilibrando nossa vida a partir da centelha do Espírito e da luz da nova consciência que já se encontram em nós. Fazendo isso, evitamos o esgotamento físico e emocional, e conservamos nossa energia vital da melhor maneira possível, para nos mantermos saudáveis e equilibrados ao longo de todo este período.

O período que estamos vivendo, tenha ele a duração que tiver, precisa ser visto como uma gigantesca oportunidade para nós, alunos e alunas da Escola Espiritual. Pois ele poderá se transformar em um período de grande amadurecimento, crescimento interior e florescimento. Que possamos permanecer unidos, fortes e despertos!

E que assim nos seja dado prosseguir como grupo na senda libertadora rumo à nova vida!

2. O CORPO VIVO

Os símbolos falam a linguagem da alma; eles nos falam sem palavras, no silêncio do coração, gravando seu profundo significado com a linguagem intuitiva e silenciosa da alma, conseguindo evocar em nosso ser o verdadeiro sentido das coisas.

No centro de cada um dos templos de fogo da Escola Espiritual da Rosacruz Áurea há uma fonte, de cujo centro (que simboliza o coração da rosa) brotam três fluxos contínuos de água cristalina, que se elevam multiplicando-se em incontáveis gotas permeadas do brilho da luz, e se transformam em encantadora e serena música ao mergulharem no grande e puro espelho cristalino da fonte. A fonte do templo é o símbolo do Corpo Vivo, em que se reconhece aquela imagem intuitiva e se compreende como ele pode se manifestar em nosso próprio ser.

Hermes Trismegisto dizia: "O Ser Universal é uma esfera infinita, cujo centro está em todas as partes." O Corpo Vivo também é uma esfera infinita, cujo centro está em todas as partes. Ele é um cosmo de luz, um raio da Luz das Luzes que é onipresente, uma esfera infinita de luz, que não conhece os limites impostos por nossa consciência.

O coração do Corpo Vivo é luz, a mesma luz cuja centelha se encontra no coração do homem. E assim como a luz é Una, o coração do Corpo Vivo, o coração da fonte do templo, e a centelha no coração do homem, são Um. E sendo Um, eles são a perfeita imagem e semelhança um do outro: se compreendemos um deles, compreendemos o outro, por sua imagem e semelhança. O coração do Corpo Vivo é uma rosa de fogo, uma rosa de luz irradiante. Do núcleo das pétalas dessa rosa ígnea brotam as três correntes originais do Santo Logos: vontade, sabedoria e amor.

Essas três correntes formam um grande campo de irradiação ao seu redor, um campo que transforma o Corpo Vivo, em um campo de força, um campo de luz e um campo de vida, pleno de vontade, sabedoria e amor; força, luz e vida. E mediante seu grande campo de radiação, que se esparge qual um oásis nas esferas sutis do mundo, o Corpo Vivo abre nelas uma luminosa clareira, qual um espaço puro e irradiante nas turbulentas nuvens mentais, astrais e etéricas que nos envolvem.

Nas esferas sutis do mundo, o Corpo Vivo é esse vivente espaço de silêncio, onde a voz do silêncio ressoa sem cessar, como um poderoso chamado.

O Corpo Vivo desperta, vivifica e alimenta. Ele desperta mediante a força da vontade do Logos, ele vivifica mediante a luz da sabedoria do Logos, e ele alimenta mediante a vida mesma que brota da força do amor do Logos!

E assim seu campo de radiação se desdobra nas esferas sutis do mundo, em um novo campo mental, um novo campo astral e um novo campo etérico, de onde partem infinitas ondas de força, luz e vida em todas as direções.

Nele encontram-se abundantemente as três provisões essenciais para todo o peregrino na senda: o vinho do Espírito, a pura água viva, e os quatro alimentos santos, que são respectivamente: o novo éter mental, o fluido da alma tocada pelo fogo do Espírito; o novo éter astral, a radiação da veste de luz da alma; e o novo éter vital, o pão da vida transmutado pela alma.

E como células viventes desse corpo, cada um de nós deve transmutar seu ser para que nos tornemos sua imagem e semelhança.

Pela transformação de nossa consciência, também ressurgem em nós as três correntes originais do Logos: vontade, sabedoria e amor, refletidas nos três santuários de nossa alma: no coração, na cabeça e na vida.

Pela transmutação de todo o nosso ser, também renascem em nós as três forças vivificantes do Logos: o vinho do Espírito, a pura água viva, e os quatro alimentos santos, que brotam continuamente de nós, mediante um novo corpo mental, um novo corpo astral, e um novo corpo etérico.

Nós mesmos precisamos nos tornar uma célula vivente do

Corpo Vivo, uma célula vivente que recebe do todo a pura seiva da árvore da vida e que retorna ao todo a doçura do alimento transmutado em si mesma, como fruto que a todos alimenta. Nós mesmos precisamos nos tornar uma fonte que jorra sem cessar, saciando a sede de todos os que ainda vagueiam no deserto da vida.

Ao compreendermos isso do âmago da alma, ao nos oferecermos assim ao todo, sabemos instantaneamente que o coração do Corpo Vivo, o coração da fonte do templo, e o coração de nosso verdadeiro ser, são Unos no Uno; sabemos que no novo campo etérico não existem distâncias, mas apenas vibração.

E, no momento em que a rosa de nosso coração vibrar em uníssono com o coração do templo e com o coração do Corpo Vivo, então, onde quer que estejamos, somos instantaneamente Um. Nenhuma distância mais nos separa, pois na vibração do coração das rosas somos Um!

Que possamos não somente vislumbrar ou compreender mas, acima de tudo, realizar esse mistério em nós: o mistério da unidade absoluta na Luz das Luzes. Essa unidade é o bálsamo de Gilead, que refrigera permanentemente a alma anelante em sua jornada pelo deserto da vida.

E, agora, de nosso coração brota a pergunta: O que posso fazer? Como posso manter-me ligado a esse manancial de força, luz e vida?

A chave para isso encontra-se na fé. Não na fé como crença, como dogma, como autoridade externa. Mas na fé como força, como inquebrantável ligação interior, a força da ligação interior entre o âmago de nossa consciência e o núcleo de fogo da centelha do Espírito.

Se por necessidade interior imperiosa - necessidade real e verdadeira, mais forte do que o ar para os pulmões, do que o alimento para o corpo, do que a luz para os olhos, do que a companhia para a solidão - mergulhamos com o âmago de nossa consciência no núcleo de fogo da centelha do Espírito, então ouvimos a voz do silêncio que ressoa no coração da rosa. Então de nosso coração, qual fonte que jorra sem cessar, também brotam as três correntes originais do Logos, vontade, sabedoria e amor.

Essas três correntes se elevam e purificam nossa cabeça de toda sombra, dúvida e incerteza. A cabeça e o coração unidos mantém e fazem brilhar em nós, com toda a força e claridade, a luz da nova consciência. E essa luz se projeta sobre nossa vida, mostrando-nos a ação justa e correta em todas as dimensões da vida, quais infinitas gotas luminosas que mergulham na fonte, em sua infinita e borbulhante canção.

Preenchido de força e de luz, nosso santuário da vida irradia nova atmosfera de vida que preenche todo o espaço, espargindo em nosso ser, e no silêncio de nossos lares, a verdadeira atmosfera de um templo da luz. Não por palavras vãs, mas pelo estado de ser; o estado de ser de um aluno que transformou a si mesmo em um templo, que transformou a si mesmo em uma célula do Corpo Vivo! Essa é a nossa tarefa: pela ligação de nossa alma à centelha do Espírito em nosso coração, tornamo-nos o coração do templo, o coração do Corpo Vivo.

Trabalhemos intensamente em nosso santuário interior. com nossa consciência em nossa vida. E assim, permaneçamos unidos, na unidade onipresente da nova vida, na unidade absoluta do coração de todas as coisas, na realidade do Uno, do Absoluto, aqui e agora!

3. O SANTUÁRIO DO CORAÇÃO

O coração desempenha papel fundamental no processo de transformação da consciência, já que existe unidade absoluta entre os três santuários: coração, cabeça e vida. Vamos aprofundar os aspectos práticos referentes a esse santuário.

Há uma batalha que acontece no santuário do coração, assim descrita por Jan van Rickenborgh:

"A grande luta do aluno é sempre travada no coração, mediante o coração e com o coração. O coração é o grande campo de batalha, como nos é totalmente esclarecido também no Bhagavad Gita. O coração é sempre incitado à caça, pelos desejos do eu humano. Contudo, em nosso mundo regido pela lei dos opostos, é compreensível que, no momento em que o desejo parte do coração, invoque-se também motivos e forças contrárias. Todos eles se desenvolvem nos homens, com os quais geralmente nos defrontamos. Sem que saibam ou possam supor algo a respeito disso, esses homens são considerados, a partir do estado egocêntrico do ser humano, como opositores. Vossa radiação do coração procura, portanto, neutralizar esses homens que considerais vossos opositores, pois eles se interpõem entre vós e vossos objetivos. Todos os expedientes da inteira personalidade são chamados em auxílio, e entre eles, em especial, o poder da palavra. Com a palavra, com o Verbo, despedaçamo-nos, enredamo-nos, matamo-nos mutuamente.

Dessa forma, o coração do homem está muito impuro. Isso se revela, acima de tudo, quando ele começa a adentrar o Corpo Vivo da jovem Gnosis. Nenhum homem tem um coração puro, limpo, à luz da Gnosis, pois ele se tornou há muito tempo em campo de batalha. Se alguém quiser seguir a senda, deverá purificar, silenciar, seu coração. Silenciar diante de Deus, como diz a Bíblia. A perseguição, a luta e a agitação contínuas do eu devem cessar, pois se não se suspende o conflito e a aspiração comuns do coração, este jamais pode receber a radiação nuclear do microcosmo de maneira harmoniosa. [...]

Somente quando o coração se torna verdadeiramente silencioso, puro, é que ele pode dedicar-se à sua verdadeira tarefa, à qual todo o homem, devido a suas duas faculdades divinas, é chamado e eleito, a saber, a vitória sobre a morte e assim ingressar no verdadeiro novo estado de vida." [5]

Esses parágrafos revelam de maneira clara a natureza da batalha que se deve travar, a batalha contra nosso próprio egocentrismo. Frequentemente entramos em conflito com outras pessoas, porque reagimos projetando para fora de nós aquilo que circula em nosso ser. E fazendo isso, imaginamos que nossa batalha deve ser travada com pessoas ou situações.

Muitas vezes, pensamos e falamos coisas como:

- "Ele ou ela não entende o que estou passando."

- "Como a pessoa pode ter agido assim comigo, sendo que eu só queria ajudar?"

- "Eu reagi assim porque ele ou ela me obrigaram."

- "Minha vida não é fácil".

Provavelmente muitos se identificam com essas frases ou com algo semelhante. Vamos entender o que acontece conosco. Tudo começa com nosso estado de ânimo. E nosso estado de ânimo está diretamente ligado ao que nasce no coração: alegria, melancolia, raiva, euforia, tristeza, apatia etc. Tudo o que sentimos, a todo momento, nasce no coração e rapidamente toma conta de nosso ser. E quando isso acontece, somos obri-

5 Rijckenborgh. *A Arquignosis Egípcia*, tomo IV. 4, p.95

gados a agir. Seja com pensamentos, palavras ou ações.

A partir do momento que um estado de ânimo 'se espalha' por nosso ser - toma conta de nós - invariavelmente é tarde demais para parar: somos impelidos a externar esse estado de ânimo de alguma maneira. E, além disso, nossos estados de ânimo variam de maneira muito rápida. Da alegria à tristeza ou melancolia. Da euforia à apatia. Da calma à raiva. E assim, por diante.

Por que isso acontece? Porque, como vivemos com base em nosso plexo solar, nosso sistema fígado-baço, percebemos e experimentamos tudo como dual, como dois lados de uma mesma moeda, como uma única força que se desdobra em uma dupla polaridade: quando uma força é despertada, sua contraparte virá invariavelmente à tona. É por isso que não é possível experimentar alegria sem tristeza, o bem sem o mal, a calma sem a raiva e assim por diante.

Se nada existe sem polaridade, como isso funciona na prática? Um estado de ânimo surge no coração. Esse estado de ânimo se desdobra em suas duas polaridades, positiva e negativa e, da interação dessas polaridades, acontece uma manifestação. Isso é chamado de manifestação tríplice: quando se diz que o homem é um ser tríplice é a isso que se refere. Da interação das duas polaridades, uma ação – visível ou não - deve surgir.

Um exemplo concreto: um estado de ânimo surge no coração, provocado por uma situação que nos deixa eufóricos. Invariavelmente isso se desdobra em uma dupla corrente, e a apatia ou algo semelhante surge como a contraparte desse primeiro impulso. Da interação dessas duas forças, de acordo com suas intensidades, uma ou outra ação se manifesta como resultado.

Quem nunca experimentou isso? Somos tocados por uma força, por exemplo, em um serviço ou conferência. Saímos dali preenchidos por essa força e acreditamos que tudo é possível, que tudo irá mudar. Porém, algum tempo depois - e, em muitos casos, quase imediatamente - várias dúvidas ou sentimentos conflitantes surgem em nosso ser e já não acreditamos mais tanto em nossa capacidade de realização. A dúvida enfraquece nossa ação e quase sem perceber, estamos de volta aos velhos hábitos.

E, em muitos casos, acreditamos que a culpa daquilo que nos acontece é de algo externo: de uma pessoa, de uma situação, do karma, da vida, do destino etc.

Somos os únicos responsáveis por tudo o que nos acontece, e também pela mudança que acontecer em nossa vida, a partir da batalha interior que é travada em nosso coração. Aquilo que nos anima deve mudar. Não deve ser mais uma força que desce para o sistema fígado-baço, que se divide em uma dupla polaridade, e que a partir de então domina nossa vida.

Quando passamos a viver da força da rosa, o ânimo do coração se modifica e passamos a viver da kundalini do coração, uma força que se desdobra em uma espiral superior de energia e nos leva à nova ação libertadora: aquilo que chamamos de 'nova atitude de vida'.

"Como se pode iniciar isso, como se deve realizar o silêncio do coração, a purificação do coração? Mediante a completa retirada do coração do processo dialético de vida, e a sua inteira consagração ao novo processo anímico que se começa a vislumbrar, à radiação nuclear que emana do centro do microcosmo.

Pode-se fazer isso? Sim, isso é absolutamente realizável. Quando iniciardes essa realização, descobrireis que é possível adotar e manter uma totalmente nova atitude de vida, sem que precisem vos forçar de qualquer maneira, de modo que vossa vida flua em outra corrente de vida na qual a vossa nau da vida continue navegando. Suponde que decidis tomar semelhante nova atitude de vida; então, é certo que também simultaneamente o eu, o eu da natureza em vós, terá decidido muito conscientemente a já não usar o coração no jogo da vida cotidiana: o eu terá decidido endireitar as veredas para seu Senhor.

Talvez soe um tanto estranho dizer que o eu não irá usar o coração no processo de vida dialético, pois ele, o coração, continua desempenhando naturalmente suas funções biológicas normais. Contudo, ele é subtraído de tudo quanto aqui se encontra, de toda a agitação dialética, de toda a luta. O coração entra na mais profunda paz, a paz de Belém. Ele já não aspira a nada do que é dialético. Ele já não luta contra homens, coisas e circunstâncias.

Todavia, ele não é indiferente para com os homens e as coisas, pois como sabeis, com certeza, no aspecto dialético podeis agir de três formas: podeis atrair as coisas, repeli-las, entretanto podeis também encará-las de modo totalmente indiferente. Essa indiferença em relação aos homens, às coisas e ao mundo é talvez ainda pior. Quando nós, alunos, subtraímo-nos às coisas dialéticas em nosso coração, certamente não queremos cair na indiferença. O coração apenas não deseja participar do campo de batalha da vida. Ele não luta contra os homens e as coisas dialéticas e afirma esse ponto de vista até as últimas consequências.

Se fizerdes isso, descobrireis que essas atividades sociais podem ser cumpridas muito melhor do que antes, pois pensai nas frequentes antipatias que surgem no trabalho. Ter antipatia é uma atividade do coração. Podeis, portanto, dificultar muito vosso trabalho diário por meio do coração.

Além disso, descobrimos que se o eu já não tem à sua disposição o coração e suas funções, a natureza auto afirmativa é, do imo, colocada a ferros. Quando afastais o coração do movimento dialético e o dirigis totalmente à radiação nuclear do microcosmo, perdeis todos os instintos de autoconservação. Então experimentais a entrada do éter nervoso em grande e intensa paz. Viveis, cumpris vosso dever, porém não desejais agarrar-vos a nada disso.

Quando, do ponto de vista dialético, não deixamos o coração fazer nada, ele sempre se volta para sua sublime e verdadeira tarefa designada por Deus. Por isso, todo o coração se entrega à radiação nuclear do microcosmo, a rosa se abre imediatamente e é atada à cruz da natureza sem a menor resistência. Somente então nos tornamos verdadeiros rosacruzes. Quando essa cruz permanece ereta, dimana, como é compreensível, uma atividade transformadora e purificadora por toda a personalidade e nela atua. Toda a vida, toda a atitude de vida se modifica. Desse modo evidencia-se que a pessoa em questão tornou-se um rosacruz, que ela ligou-se à Fraternidade da Rosacruz. Tal pessoa somente pode ser um rosacruz, mediante o coração que se tornou silencioso.

Por isso, vosso coração deve verdadeiramente tornar-se silencioso e render-se a seu verdadeiro destino: a recepção e o acolhimento da radiação nuclear do microcosmo. Quando o coração se torna dessa maneira silencioso e puro, a rosa do coração desabrocha para a Gnosis Universal e o Verbo pode se fazer vivente em nós. Grande alegria sobrevém, alegria que nunca mais desaparecerá. Grande e magnífica graça preenche todo o coração e sente-se profunda ligação com todos e com tudo. A primeira faculdade poderosa e imortal do homem adentrou livremente o sistema. O Nous que é de Deus é então vivificado e já não encontra nenhuma resistência no coração, no local de vivificação. Ele pode agora fazer com que o coração se torne perfeitamente puro."[6]

Que possa ter ficado clara a importância da batalha do coração e como devemos nos tornar verdadeiramente silenciosos. Esse silêncio, que não mais desperta as forças gêmeas da natureza de maneira caótica, nos faz entender essas forças e, assim elas podem colaborar no caminho que abre as portas para o santuário do coração. O coração é então purificado e se torna o Templo da Luz. Desse templo, a Luz sobe e toca o santuário da cabeça, iluminando esse santuário. Na força do toque da Luz no coração e da compreensão desse toque na cabeça, cada um pode agir de maneira libertadora, e todos os nossos atos serão atos de amor e de liberdade.

Que isso possa se tornar realidade para cada um de nós.

4. O QUE PODEMOS FAZER?

Esse período de isolamento social tem sido muito benéfico para a natureza: é surpreendente a capacidade de regeneração de rios, florestas e oceanos. Conclui-se que quando a ação humana se reduz, a vida se manifesta com toda a força, pois não há espaço vazio.

Para compreender o processo de autotransformação espiritual proposto pela Escola, a recuperação da natureza constitui

6 Rijckenborgh. *A Arquignosis Egípcia*, tomo IV, p.96

útil metáfora: o mundo parou e a natureza está se regenerando.

Considerando o microcosmo como nosso planeta Terra particular, como podemos parar nosso mundo interior e regenerar, voluntariamente, nossa natureza mais íntima?

Para que isso seja possível, é preciso compreender como os mecanismos de pensar, sentir e agir trabalham, poluindo a atmosfera pessoal. Se conseguimos isso, certamente potencializaremos o nascer de uma vida intensa e lúcida em nosso planeta pessoal.

No desafio deste momento, estamos aprendendo a lidar com o nosso corpo físico de maneira totalmente nova, sabendo que as consequências de um descuido podem ser graves. Mas precisamos ter o mesmo cuidado com nossa atmosfera astral pessoal. Ela é formada pela inter-relação de pensamentos e sentimentos, que povoam nosso campo de respiração com formas vivas, que pedem para ser alimentadas, e nos levam a pensar e a sentir sempre do mesmo jeito.

E isso se reflete ao nosso redor como um jogo de espelhos que dialogam entre si, e reforçam o padrão de pensar e sentir próprio de cada um de nós. Em geral os reflexos dos espelhos são tão automáticos, que nem tomamos consciência de que os estamos vivenciando. É um comportamento que escapou do autodomínio, tornou-se uma segunda natureza, fugiu do controle da consciência e se transformou em mecanismo autônomo dentro de nós.

Esse ciclo repetitivo de ações, pensamentos e desejos acaba por criar determinada imagem de nós para nós mesmos e para os outros. Essa imagem, fixada e naturalizada, torna-se uma espécie de identidade da pessoa.

É a mesma situação quando alguém nos pergunta: - Você se

lembra de fulano? E respondemos: - Sim, aquele que fala isso, pensa aquilo, é assim, faz isso ou aquilo?

Essa ideia se tornou uma imagem fixada, criada por nós mesmos, e nos faz acreditar que somos de determinada maneira. Logo, refletimos essa imagem e as pessoas com quem convivemos também acreditam nela.

Consequentemente, como vivemos cada vez mais na rede que tecemos, nossos mecanismos mentais, emocionais e de ação ficam totalmente viciados e dependentes de nossa imagem autocriada.

E a consciência, que deveria ser livre, fica presa nessa rede a que chamamos de ego identificado, que só enxerga a si mesmo; as escolhas e a visão de mundo da consciência natural passam a ser induzidas por esse ego.

E assim vamos vivendo. Em nossas relações interpessoais e na vida, refletimos externamente as tensões internas criadas pelo fluxo incontrolável dos pensamentos, sentimentos e reações, provocando essa grande agitação, essa poluição em que se encontra nosso ecossistema interno.

Agitação interna e agitação externa. Esse é o momento que, como humanidade, estamos vivendo. Por outro lado, é também uma enorme oportunidade de renovação para todos.

Como seres humanos, temos um princípio espiritual interno que, para a maioria, é desconhecido. Se nossa consciência não tem percepção da ação desse princípio, ou se nossa vida astral se desconecta dele, tudo o que circula em nós é uma falsa realidade se comparada com a realidade superior que poderia ser vivida. E, assim como fake news podem levar pessoas a agirem em direção completamente contrária à verdade, por desconhecimento, também nós, por não vivermos a verdade interna, levamos uma vida que, do ponto de vista da liberdade de nossa consciência, também é falsa!

Essa situação somente começa a ser desmascarada quando começamos a orientar nossa consciência para esse princípio espiritual, a fonte da verdadeira identidade, que está por trás dos reflexos de nós mesmos, que dançam livremente em nosso campo de respiração.

Isso é desmascarar a realidade ilusória autocriada, o que nos leva a perceber que a vida é muito mais do que aquilo que pensamos. E isso acontece quando começamos a reorientar a bússola de nossa consciência, da vida falsa ou fake para o Espírito em nós. Isso equivale a criar espaço para a manifestação de uma nova realidade interna. E essa realidade acontece, pois não há espaço vazio.

O que podemos fazer em nosso cotidiano para contribuir, positivamente, com este processo? Em termos muito práticos: precisamos fazer uso daquilo que já está em nós!

Aproveitemos o recolhimento do isolamento social e sondemo-nos com muita sinceridade: onde se encontra a saudável intuição que pode elevar nosso olhar acima da vida comum? Onde se encontra a força e a coragem para dar vida ao esforço por encontrar, a qualquer custo, a verdade?

O poder de transformação do incômodo existencial que nos transformou em pesquisadores da verdade é o caminho da liberdade, e sempre está batendo à porta de nossa consciência. Por termos sido obrigados a parar a vida, estamos tendo a chance única, como alunos e como humanidade, de voltar ao que é fundamental na vida humana.

Avaliemos nossos pensamentos repetitivos, nossos sentimentos de raiva, de perseguição, de inveja, de medo, de amargura, de insegurança e até nossa preguiça. Avaliemos nossas reações automáticas: aquelas que surgem porque alguém falou, ou porque lemos no noticiário online no celular, sem nos questionarmos se deveríamos mesmo fazer ou não, sem saber ao certo se aquilo está de acordo com nossa natureza mais profunda. Avaliemos nossos posicionamentos a favor ou contra, mecanismos extremamente sutis que agem como poderosos elásticos que nos prendem a ideias coletivas. Como bons elásticos, eles permitem nos distanciar e logo em seguida nos trazer de volta, num aprisionamento matizado e pintado externamente com as cores que simbolizam nossas posições e nossa visão crítica do mundo.

Tudo isso é poluição! Desfiguração de um ecossistema cuja origem é divina. Como nunca estamos vivendo o momento histórico em que aquilo que buscávamos, e continuamos a buscar, está próximo.

As lições mais preciosas deste momento são impulsos para voltarmos com mais força para dentro de nós mesmos, para reconhecermos esse fogo, essa inquietação que nos levou à busca espiritual, e que nos libertará de nós mesmos. Sim, estamos vivendo o desmascaramento da realidade que individualmente denominamos "minha vida" e coletivamente chamamos "vida humana". E mais do que desmascarar, esse momento aponta o caminho que devemos seguir para reverter o quadro e nos desvencilharmos da agonia.

Como estamos vivendo esse momento? Estamos apenas nos contentando em admirar a regeneração da natureza, ou vamos também regenerar nossa natureza interior? É hora de frear a roda do nosso campo de respiração. Estamos sendo convidados a fazer um balanço objetivo da vida, com base na neutralidade. Esse é o primeiro passo para a autorregenerarão.

A todo momento, somos levados ao binômio escolha-impacto. O gigantesco acúmulo de escolhas coletivas equivocadas parece estar sendo respondido com um impacto também gigantesco. Esse binômio escolha-impacto não é algo do passado, mas um mecanismo recorrente e atual. Basta verificar nossas reações diárias ao que vivemos: ficamos presos no consumo de notícias que poluem o nosso campo astral pessoal, que descem para o campo etérico e que interferem até mesmo no campo físico, ou, apesar de estar a par do que está acontecendo, mantemos nossa autonomia astral?

Manter nosso campo de respiração íntegro e ligado ao Espírito interno é fazer uma escolha cujo impacto não se resume a só equilibrar nosso campo astral pessoal, mas também o campo astral coletivo. Elevar a direção de nossa vida é mais do que ver vídeos interessantes, que nos alimentam por alguns poucos minutos e em nada mudam nossa realidade. Trata-se de algo mais profundo: do esforço da consciência em se transformar. Esse esforço é uma espécie de tensão que objetiva a realização, mas que não pode vir de fora ou de outra pessoa; esse esforço deve estar vinculado à estrutura de consciência da própria pessoa.

A Escola não pode fazer isso por nós. Ela nos sustenta e nos dá forças, mas não faz o que nos cabe fazer: auto iniciação e autolibertação são tarefas nossas. Auto iniciação não é praticar uma ética elevada ou acumular conhecimentos. Antes, é voltar-se para o primeiro amor, que é a força que nos impulsionou à pesquisa espiritual. A força impulsionadora da auto iniciação é a mola propulsora de toda a mudança interna. Por que? Porque ela provém do elemento divino que está em nós, a fonte da verdadeira identidade que está por detrás de toda a ego centralização.

Podemos realizar não só individualmente, mas como grupo, o processo de despoluição que vai muito além de limpar rios, mares e o ar que respiramos. Embora tudo isso seja urgente e precise ser realizado, a verdadeira despoluição de que estamos falando é outra, com impactos ainda maiores.

Nosso papel como alunos é, além de compreender esse mecanismo de escolha-impacto, aplicá-lo em nós mesmos. Cada um carrega uma história matizada com os tons próprios do estado de consciência. Vamos permanecer inertes, esperando que venha uma mudança de fora, ou vamos colocar as mãos nas ferramentas que já possuímos?

Esperamos que a correta compreensão do que deve ser feito possa nascer em cada um e que a força de ação se torne realidade para nosso benefício e de toda a humanidade.

5. POR QUE É DIFÍCIL SILENCIAR?

A primeira propriedade da nova consciência é o verdadeiro silêncio, o poder da mente silenciosa. Este tema é de grande importância, especialmente quando cada um é colocado diante de seu mundo interior e precisa lidar com questões que talvez tenham sido adiadas por muito tempo. Por que é tão difícil silenciar? Por que muitas vezes o silêncio incomoda a ponto de tornar quase insuportável a convivência com nós mesmos? Por que sempre buscamos distrações e meios de fuga para escapar desse silêncio que nos oprime?

Dizemos que o mundo é agitado e que gostaríamos de estar em um lugar silencioso para descansar de tanto barulho. Mas é curioso que, quando temos essa oportunidade, acabamos buscando novamente a agitação do mundo e de suas situações que até há pouco nos oprimiam e sufocavam. Nesta fase de isolamento social, muitos afirmam: "Tudo bem ficar isolado em casa alguns dias, mas agora já sinto que é demais". Para quem se conhece muito pouco, o convívio consigo mesmo ao longo de meses, com seus pensamentos, sentimentos, desejos e questões interiores, se traduz na sensação de que se encontram em uma prisão por anos. E para aqueles que têm que conviver com outras pessoas, isso pode se desdobrar em algo ao mesmo tempo doce e amargo: por um lado estar com alguém alivia a pressão da solidão, mas por outro, as situações que estavam camufladas e escondidas sob o tapete vêm à tona com intensidade e não há para onde correr ou esconder. E por que isso é assim?

Assim como o verdadeiro silêncio não é simples ausência de barulho, os pensamentos, a fala e toda a agitação que deles decorre têm suas causas em algo muito mais profundo do que se imagina. As raízes dessas manifestações se encontram em nosso mundo astral, pois todas as tensões astrais, todas as polaridades de nossos desejos, sentimentos e até mesmo de nossos pensamentos, estão acumuladas em nosso corpo astral.

O corpo astral é extremamente dinâmico e volátil. Por essa razão ele pode ser comparado ao elemento água, pois, tal como a água, ele se molda com rapidez a qualquer forma que o contenha, podendo ser tão calmo quanto um lago sereno ou tão violento e agitado quanto um mar em fúria. É por isso que reagimos exatamente assim: ora estamos tranquilos e calmos e, no momento seguinte, agimos violentamente, como se toda a fúria de nosso ser se elevasse em grandes ondas contra tudo e todos.

Além dessa característica, o corpo astral é formado por inúmeros pontos magnéticos, que o mantém em funcionamento mediante sua polaridade. Tudo que existe e nos rodeia tem polaridade; o mesmo se dá conosco. Todos os nossos pensamentos, sentimentos e desejos têm polaridade. Pode ser uma polaridade positiva, criadora, quando pensamos, sentimos e desejamos algo, ou uma polaridade negativa, quando reagimos aos pensamentos, sentimentos e desejos de outras pessoas. E nada disso se perde, pois energia não se dissolve; assim como a água represada, ela se acumula e descarrega quando encontra um caminho para tal.

Esse caminho, na grande maioria das vezes, se encontra nos dois polos do poder criador do ser humano: no poder criador biológico, também chamado de poder criador inferior, e na fala, também chamada de poder criador superior. Neste caso as palavras inferior e superior não significam melhor ou pior, mas se referem aos chacras e plexos aos quais esses poderes estão ligados: normalmente o que se relaciona aos chacras situados abaixo do coração são chamados de inferiores, e o que se relaciona aos chacras acima do coração de superiores.

Essas duas manifestações de uma mesma força colocam o mundo em movimento. E às vezes também o colocam em chamas: basta pensar em quantas coisas são causadas por palavras inconsequentes, quantas mágoas, problemas, e guerras são causadas pelo que as pessoas falam e pelos problemas de comunicação que disso decorrem.

A intensidade dos problemas de comunicação não se explica apenas pelas palavras proferidas e mal interpretadas, mas principalmente pela carga astral que está por trás das palavras, pelas intenções. Essa é razão pela qual as palavras podem machucar tanto: porque elas são transmissoras de força astral. O dito "É apenas força de expressão", pode ser traduzido como "É uma expressão com muita força".

Por isso é tão difícil ficar em silêncio; muitas vezes o silêncio se compara a uma panela de pressão com a válvula entupida, que em determinado momento explode. O corpo astral é como uma grande panela de pressão que vai acumulando tensões através de pensamentos, sentimentos e desejos; e em determinado momento explode, causando acidentes.

As pessoas têm necessidade de falar sem parar, porque a fala é a válvula de escape da força astral. Vivendo em um mundo cada vez mais agitado, mais barulhento, essas tensões se descarregam de maneira quase incontrolável pela fala.

E o que dizer da fala do ponto de vista do caminho espiritual? Observa-se que para muitos alunos o falar constante ainda é uma necessidade, mesmo que sobre questões ditas espirituais. Com isso não se sugere que devêssemos ficar mudos, de maneira reprimida e forçada, pois, como já explicado, as tensões astrais acumuladas seriam liberadas de uma maneira ou de outra.

O tema desta reflexão é o motivo pelo qual o silêncio ter sido considerado de grande importância pelas escolas espirituais de todos os tempos. As razões são as mesmas da Escola Espiritual, que também atribui importância ao silêncio sem jamais sugerir que ele seja forçado, pois isso de nada adianta.

Cada um deve perceber e chegar a essa compreensão por si mesmo; cada um deve perceber o verdadeiro espaço de silêncio do ser verdadeiro em si mesmo, e elevar-se a ele. Tal condição jamais pode ser forçada. O silêncio que brota do contato da alma com o Espírito também não pode ser imitado. A expressão o "Silêncio é Ouro" é verdadeira: o silêncio é o próprio ouro imaterial do Espírito.

Mas se não se pode forçar ou imitar esse silêncio, qual é a solução?

Como já foi dito, o verdadeiro silêncio é muito mais do que a mera ausência de barulho; ele é um novo estado de ser, que surge pela transformação dos corpos sutis, principalmente do corpo astral. Esse silêncio é a manifestação de uma vibração muito elevada que não percebemos com os sentidos comuns da consciência-eu, e por essa razão é chamado de a voz do silêncio. No livro homônimo, Helena Blavatsky afirma que a voz do silêncio literalmente fala; que quando podemos perceber essa vibração vinda da mônada do coração, ela nos diz:

"Se tua alma sorri sob o sol da vida do eu;
Se tua alma canta na sua crisálida do eu;
Se tua alma tenta quebrar a verdadeira ligação com a Mônada;
Se tua alma dá ouvidos ao tumulto do mundo;
Se tua alma se ensurdece com os gemidos da angústia,
Se tua alma se assusta e reage aos gritos de dor do eu;
Se tua alma se perde na ilusão,
Então… tua alma é da terra"[7].

Percebe a mensagem profunda de A Voz do Silêncio? Enquanto permanecemos vítimas da polaridade de nosso corpo astral, da dualidade criada por nossa consciência-eu, todas as tentativas de silenciar não passam de subterfúgios que sempre nos levam de volta ao ponto de partida.

Somente a transformação da consciência astral pode nos levar em direção a esse silêncio. E essa transformação ocorre pelo despertar da mônada, quando dela brota nova força não egocêntrica, que vai transformando e re-polarizando todas as

7 Blavatsky. *A Voz do Silêncio*. Verso 14 em versão livre.

correntes magnéticas do corpo astral, através do trabalho e esforço constante de uma nova consciência desperta.

Não basta que a mônada desperte: a consciência tem que perceber e agir. A consciência precisa cooperar ativamente com esse processo, pois ele não é automático, mas exige nossa total lucidez e colaboração. Por essa razão fazemos parte de uma Escola Espiritual, que nos dá as ferramentas para agir.

Mas trata-se de 'agir' e não 'falar sobre agir'. Pois a força da Gnosis não cresce em nós mediante palavras, mas através de ações libertadoras. E o falar sem parar sobre questões espirituais não nos aproxima desse caminho. Trata-se de olhar nosso mundo interior através da nova consciência iluminada pela mônada, e agir!

Com certeza se utilizam palavras na Escola; porém com o único objetivo de criar em nós uma ponte de compreensão, para visualizarmos interiormente o que devemos fazer, e então, fazê-lo. Ao compreender o que deve ser feito devemos, em silêncio, fazê-lo, e não apenas falar a respeito, ou buscar constantemente outras respostas possíveis, em pessoas, alunos ou textos. Ao fazer isso, estamos apenas adiando a única ação correta, e diluindo o novo poder criador da alma.

Temos que desvendar nosso mundo interior através da força da consciência iluminada pela mônada, permitindo e colaborando para que essas tensões magnéticas se transformem. A partir daí podemos caminhar em direção ao verdadeiro silêncio.

E esse é o verdadeiro poder da mente silenciosa; quando a mente se torna verdadeiramente silenciosa através da transformação do corpo astral, o silêncio se torna posse interior e nada mais nos afasta da força nuclear que parte da mônada. E, nessa força, tudo se torna possível!

"De que matriz, de que matéria, o homem deve renascer? [...] Da Sophia que pensa no silêncio. Essa matriz, essa matéria da Sophia, essa substância primordial, existe longe do tumulto e da profanação da natureza da morte.

A Sophia está no silêncio, que se encontra no espaço original, livre, e todas as partículas dessa matéria estão carregadas com as grandes forças divinas, com as ideias do Logos. Essa é a semente do Único Bem.

Logo que essa semente, extremamente magnífica, a matéria da Sophia, tiver acesso ao já existente, porém ainda vazio, veículo do pensamento, e assim a faculdade mental puder funcionar novamente como um verdadeiro corpo, a vida quádrupla tencionada originalmente se tornará imediatamente uma realidade: a forma extremamente magnifica novamente inspirará e expirará mediante o santuário da cabeça. A partir dessa faculdade pensante, vive o corpo astral; a partir do corpo astral, o corpo etérico, e do corpo etérico, o corpo material.

[...] Há elementos materiais, etéricos e astrais. O homem não tem à sua disposição o elemento mental puro, a matéria do silêncio, a matéria da Sophia, pois seu corpo mental, o organismo mental, é imperfeito. Ele não está completo.

O que denominamos pensamento racional é apenas um grão infinitesimal da verdadeira faculdade mental. O pensamento racional não pode, portanto, trazer-nos nada libertador, pois somente a verdadeira faculdade mental é o portal, a saída para a essência do silêncio.

[...] Esse devir consciente deve surgir da vivificação da radiação nuclear, produzida por intermédio do microcosmo, que afeta e preenche o corpo composto e, por conseguinte, possibilita a descida da Sophia, da matéria do silêncio.

Por meio dessa descida da matéria do silêncio se desenvolve a veste áurea de núpcias. [...] A matéria do silêncio, em ligação com a radiação anímica, envolve, portanto, o candidato com um novo manto, com um novo veículo, o assim chamado veículo da alma. A alma constrói essa veste, num piscar de olhos, a partir da matéria do silêncio logo que a Sophia entre no sistema.

[...] Por isso, o coração deve verdadeiramente tornar-se silencioso e render-se a seu verdadeiro destino: a recepção e o acolhimento da radiação nuclear do microcosmo. Quando o coração se torna dessa maneira silencioso e puro, a rosa do coração desabrocha para a Gnosis Universal e o Verbo pode se fazer vivente em cada um. Grande alegria sobrevém, alegria que nunca mais desaparecerá. "[8]

Assim se inicia a transfiguração. Que todos possam ingressar muito em breve nesse Verdadeiro Silêncio!

6. DESVIOS DO CAMINHO

O silêncio é uma propriedade da mente superior e, por isso, não pode ser construído artificialmente. Por trás de toda a manifestação universal, do tempo e de nossa percepção de seu fluxo, existe esse espaço onipresente de silêncio, que jamais se deixa alterar. Esse é o domínio do ser, da realidade essencial por trás de todos os fenômenos.

O que nos impede de perceber esse silêncio, se ele é a realide de mais essencial de nosso ser e de toda a manifestação universal? No livro A Voz do Silêncio lemos que a mente inferior é

8 Rijckenborgh. *A Arquignosis Egípcia*, tomo IV, cap. XII e XX

a "grande assassina do Real"[9] que ocorre quando a mente está direcionada para o exterior› envolta por suas ilusões e desco¯nhece que› além de seus limite aparentemente intransponíveis› existe ma realidade e uma verdade maiores do que ela concebe·

Portanto a mente silenciosa ou superior não é a negação da mente inferior, mas sua transcendência. Primeiro, a mente superior assimila os frutos da mente inferior, inclusive o intelecto e um nível inicial de lucidez; depois, ela os envolve e os transcende. Essa é a tarefa da humanidade atual: concluir o desenvolvimento da mente inferior - do pensamento concreto - para que ela se torne capaz de atuar como espelho, como o elemento refletor da mente superior e abstrata, também denominada de corpo da alma ou Manas.

Esse processo é obstaculizado quando a mente inferior se deixa dominar por pensamentos dogmáticos, binários e por autoridades externas; assim fazendo, ela vive no domínio de

[9] imagens ilusórias criadas por ela mesma, por autoridades políticas ou religiosas. E como a quantidade de informações a que somos submetidos diariamente só aumenta, torna-se cada dia mais difícil distinguir o que é verdade do que é mentira, o que são fatos do que são suas imagens ilusórias.

Para nos proteger desse risco, pode parecer mais confortável se aferrar a uma visão restrita da realidade ou confiar cegamente num líder ou num influenciador digital, delegando-lhe a responsabilidade de interpretar o que aceitamos, então, como realidade. Dessa forma passamos a enxergar apenas dentro de uma bolha de informação, que é um conjunto limitado de conceitos e ideias sobre a realidade e os fatos. É como se passássemos a viver dentro dessa bolha, ao lado dos que pensam da mesma

9 Blavatsky. *A Voz do Silêncio*. Verso 4.

forma, rejeitando qualquer concepção diferente, convencendo-nos de que as coisas são como nos fazem crer. Sentimo-nos seguros ao ter explicações simples para coisas complexas. Mas, nesse caso, já não existe nenhuma possibilidade de se desenvolver a liberdade de consciência ou o pensamento livre.

Para citar um exemplo de como funciona essa bolha, pensemos nas diferentes teorias conspiratórias que circulam na internet, tendo como alvo todos os públicos: ateus, religiosos, esotéricos, moderados, extremistas, esquerdistas e direitistas. O método para criar tais bolhas é sempre o mesmo.

Primeiro são escolhidos alguns fatos comprovados, muitas vezes sem ligação entre si, e especula-se a respeito de possíveis relações entre eles. A isso são agregadas informações falsas que circulam pelas redes sociais, criadas com o propósito de conduzir a consciência das massas numa certa direção. Em seguida é criada uma visão abrangente de como todos esses dados, sejam eles reais ou não, se inserem numa grande conspiração mundial, que só alguns poucos teriam conhecimento. Para que tal teoria não possa ser contestada, seus criadores envolvem na conspiração poderes constituídos, órgãos internacionais, universidades, a imprensa, a ciência, etc. O objetivo é atingido quando a bolha se fecha, e as únicas fontes confiáveis passam a ser os próprios difusores da teoria conspiratória.

Para o aluno de uma Escola iniciática, deixar-se envolver por esse tipo de visão distorcida da realidade é um perigo gigantesco, pois sua vigilância esmorece, sua atenção é deslocada de sua vida interior para a vida exterior e, assim, pouco a pouco, sem que ele perceba, a flama de sua nova consciência se apaga. No espaço saturado e sufocante dessa bolha fechada já não há espaço para o discernimento sóbrio e lúcido, nem para a autonomia interior e espiritual. A mente se deixa escravizar novamente por autoridades religiosas e políticas, que passam a estimular certas características incompatíveis com o discipulado gnóstico, como o preconceito e o ódio àquilo e àqueles que se julga serem diferentes. Na verdade, essas autoridades são o que os textos sagrados denominam de "falsos profetas" e "lobos em pele de cordeiro".

Tais imagens intoxicantes das teorias conspiratórias tornam-se formas pensamento poderosas no campo de respiração, imagens muito difíceis de serem apagadas, pois fixam-se através da repetição de textos continuamente lidos, de vídeos e programas assistidos, não deixando espaço para mais nada, muito menos para a realidade da mente superior.

Assim, o corpo mental concreto se cristaliza em formas fixas e endurecidas, que dividem a realidade em forças que se opõem em combate contínuo. Em uma parte da realidade se encontra o suposto bem, a nossa visão de mundo, nossa religião, nossa opinião política, nossos mestres e líderes; do outro lado está o mal, a opinião dos outros, a religião dos outros, a ideologia inimiga, os mestres e líderes maus.

Deve-se confiar na mídia ou nos governos, sem questionar nada, na falsa paz de uma alienação negativa? De forma alguma! Ao longo da história sempre houve manipulação de informações a serviço dos mais poderosos, dos vencedores. Um exemplo muito próximo de nós são os livros antigos de história, que apresentavam os cátaros ou albigenses (como preferiam denominá-los) como suicidas e assassinos, o que a pesquisa histórica mais recente demonstrou ser totalmente falso.

Informação sempre foi sinônimo de poder. Estar à frente de um oponente em termos de informação sempre foi a receita para o sucesso, desde as pequenas disputas pessoais até os grandes conflitos entre nações. Por isso, no passado, a informação sempre foi controlada, e seu compartilhamento ocorria apenas em troca de dinheiro, de favores ou de benefícios. E quando a informação era compartilhada com as massas, certificava-se de que ela tivesse sido suficientemente trabalhada para transmitir a "mensagem correta", a mensagem que convinha aos interesses dos que a transmitiam.

Até a Idade Média os livros eram produzidos por copistas, muito lentamente, e as poucas cópias disponíveis ficavam protegidas nas bibliotecas da Igreja e de seus patrocinadores. Porém, desde a Renascença, esse cenário começou a se alterar, especialmente com a invenção da imprensa. A partir de então, tornou-se muito mais difícil controlar a posse e o fluxo da informação, pois em poucos dias podia ser feita a tiragem de um livro com centenas ou milhares de exemplares, transformando em grande desafio o rastrear e controlar o caminho de cada um deles.

Foi graças a esse recurso tecnológico que o trabalho da Rosacruz Clássica teve uma ampla e rápida repercussão no século XVII. Mas isso não impediu que os poderes constituídos continuassem a tentar controlar o acesso à informação. Há, por exemplo, diversas imagens que representam as grandes fogueiras que os inquisidores construíram para destruir os livros considerados heréticos.

Também os regimes totalitários, de todas as orientações políticas, sempre proibiram e, quando possível, destruíram os livros que se opunham a seu projeto de poder. Por exemplo, é fácil acessar os vídeos do período nazista na Alemanha, que mostram procissões de homens, mulheres e crianças caminhando com tochas, formando uma suástica de fogo ao redor de uma coluna de livros para serem queimados.

E, por mais cuidadoso que fosse todo esse trabalho, algumas cópias dos livros proibidos sempre sobreviviam. Vários textos do cristianismo original, por exemplo, ficaram escondidos por cerca de 1.500 anos, para serem redescobertos em uma caverna próxima à cidade de Nag Hammadi, no Egito, em 1945.

A partir do século XX, com a universalização da educação em muitos países, parte considerável da população aprendeu a ler, e teve acesso à crescente produção de matérias impressas.

Nas últimas décadas do século XX, um meio de comunicação poderoso foi criado e se disseminou: a televisão. Por meio dela, a informação disponível na imensa quantidade de livros existentes pôde ser resumida: alguém, supostamente mais inteligente e estudado, informa, em poucos minutos, tudo o que é importante saber, nos telejornais e documentários. Isso certamente poupa trabalho ao leitor, porém também cria a oportunidade e as condições para a manipulação da informação.

Nos dias de hoje, com o advento da Internet, o acesso à informação é instantâneo. A Internet é um meio de comunicação anárquico e descentralizado, por meio do qual todos podem se manifestar e apresentar seus pontos de vista, que são lidos, ouvidos e vistos instantaneamente.

Isso tem certamente aspectos positivos. A própria Escola semanalmente transmite palestras ao vivo para centenas de pesquisadores . Mais ainda agora, neste difícil momento da vida mundial, de imperativo isolamento social, o auxílio dessa tecnologia tem possibilitado que o trabalho da Escola se mantenha vivo e vibrante, desde o Trabalho Público até a Escola Interna.

No entanto, existe outro lado a respeito do qual é preciso estar consciente e vigilante: sem filtro, qualquer informação pode ser apresentada nessa rede como real, por mais absurda que seja; e qualquer teoria conspiratória pode ser disseminada, independentemente de haver evidências que a comprovem ou não.

Muitos seres humanos, inclusive alunos e buscadores sinceros da verdade, ao procurar se informar nesse novo mar acadêmico, se deixam levar pelas correntes imperceptíveis de informações falsas e distorcidas, consomem o conteúdo de páginas obscuras, se ligam a influenciadores digitais e se deixam orientar e guiar por todo tipo de ideias fantasiosas.

Dessa forma, eles passam a enxergar o mundo através de lentes embaçadas; não apenas as lentes de seus olhos, mas principalmente as de seu campo de respiração, intoxicando seus veículos sutis e comprometendo seriamente a continuidade do processo do renascimento da consciência.

Através das redes sociais, sem que se perceba, estamos em contato com novos métodos de manipulação da consciência, muito sutis, criados por inteligência artificial, que definem o tipo de informação a que se tem acesso. Nesses ambientes não se consegue mais distinguir pessoas de robôs, ou seja, perfis falsos criados com o único intuito de difundir teorias conspiratórias e informações falsas.Em todos esses casos, a realidade distorcida que é mostrada costuma ser espelho de aspectos negativos e egocêntricos que ainda residem em nosso ser. Tais aspectos já se encontravam em nós como energia potencial, e por nossa inconsciência e passiva submissão às informações recebidas dessas fontes e autoridades, se transformam em energia dinâmica, manifestando e reforçando velhos esquemas mentais, nos fazendo regredir rapidamente ao velho e correspondente estado de consciência e de vida.

Ou seja, toda essa estrutura de dominação fortalece velhas crenças, preconceitos, o medo e o ódio ao diferente, pois filtram as informações a que temos acesso, conduzindo-nos cada vez mais profundamente para dentro de nossas bolhas, impedindo que questionemos nossas falsas certezas ou nos abramos a qualquer percepção diferente da realidade.

Sempre que ativamos a telinha mágica dos celulares, lá estão as mensagens, as notícias e os vídeos que comprovam nossas certezas, nossas ideias conspiratórias, nossas suspeitas. E o tempo passa, o dia passa, o mês passa, e a vida passa. Tão ocupados com tudo isso, quanto tempo nos sobra para refletir sobre o essencial, que espaço ainda existe em nossa mente para o pensar livre de autoridades externas? Nesse turbilhão de informações e entretenimento, resta alguma vida interior? Certamente não.

É necessário esforço para se manter muito consciente e não cair nesse jogo; ou então romper esse ciclo antes que ele se feche, e que todo o discipulado escorra por entre os dedos, pois um aspecto central do caminho é precisamente o desenvolvimento da verdadeira inteligência espiritual. Em outras palavras, a tarefa do aluno é ser pioneiro da nova consciência, que deve se realizar em toda a humanidade posteriormente. Isso significa que se deve completar o desenvolvimento da mente inferior, para que ela se torne um espelho puro para a mente superior. E uma ferramenta muito importante para isso é a racionalidade, a razão, o verdadeiro bom senso.

Uma mente lúcida pode nos proteger de muitas ilusões. A partir de uma consciência sóbria e racional, nosso corpo mental concreto tem condições de avaliar todas as informações através de um filtro interior. Esse filtro poderá dizer se cada informação é útil ou não: O que acabei de ler ou ouvir faz sentido? Quando consigo vibrar no silêncio do ser eterno, por um instante que seja, o que diz meu coração? Essa informação me serve para alguma coisa? Contribui de alguma forma para minha vida prática ou meu caminho espiritual? Caso as respostas sejam negativas, por que perco meu tempo com isso?

Quando nos abrimos ao domínio ilusório, essas imagens passam a ganhar vida em nós. E, na mesma medida em que damos nosso tempo a esses conteúdos - por nossa exposição e envolvimento emocional - eles exigem de nós cada vez mais alimento, sugando-nos a energia que deve ser empregada na vida prática e na senda interior.

O uso inteligente de nosso tempo e energia no trabalho interior diário e consciente, nossa participação nas atividades da Escola, presenciais ou virtuais, a leitura e a reflexão sobre o ensinamento universal disponível na farta literatura da Escola, tudo isso possui efeito completamente distinto. Essas atividades ajudam a nos conectar com a luz interna e a construir nova linha de pensamentos, sintonizados mais intimamente com a senda interior que escolhemos.

Estando assim abertos para as forças espirituais que irradiam de nosso trabalho conjunto, essas novas energias podem atuar em nós e nos transformar.

Não nos rebaixemos à autoridade exterior das informações falsas e de seus interesses escusos. Não deixemos que nosso campo de respiração seja infestado por imagens ilusórias.

Assim, o autoconhecimento e o discernimento espiritual se manifestam em nós e possibilitam que uma lucidez crescente nos conduza pelos labirintos da vida, até que a razão superior da nova alma fale mais alto e nos liberte.

A mente pode despertar para a realidade fundamental que está por trás de todos os ruídos, para além de todos os domínios ilusórios, no silêncio do ser real.

7. CONSCIENTE, SUBCONSCIENTE E INCONSCIENTE

Quando se é acolhido no primeiro aspecto da Escola Espiritual, recebe-se clara advertência que se traduz no compromisso assumido por cada um ao longo de todo o discipulado: "Examinarei a mim mesmo, até as profundezas de meu ser, para ter a certeza de que aquilo que em mim julgo ser luz, na verdade não sejam trevas".

O princípio do autoexame mostra algo fundamental a respeito do funcionamento de nossa consciência: ela funciona exatamente ao contrário do que percebemos e acreditamos.

"Como assim?" perguntarão alguns. A resposta é: do ponto de vista da Luz das Luzes, aquilo que a consciência-eu acredita ser luz, na verdade são trevas, e vice-versa. Aqui reside o grande desafio que impede a consciência-eu de perceber a prisão que ela cria para si mesma, bloqueando sua própria libertação.

Para elucidar, vamos utilizar um exemplo da natureza: o eclipse solar. No eclipse solar, a luz do Sol é momentaneamente encoberta pela Lua, que se interpõe entre o Sol e a Terra, projetando dois cones de sombra, que atravessam a superfície da Terra à medida que ela gira sobre o seu eixo. Esses dois cones de sombra são conhecidos pelos nomes de umbra e penumbra. A umbra é um pequeno cone de escuridão total, em que a luz do sol é completamente bloqueada pela sombra da lua: essa é a eclipse total do sol. A penumbra, por sua vez, é um grande cone de sombra difusa que se forma ao redor da umbra; nele a luz do sol é bloqueada apenas parcialmente pela sombra da lua: essa é a eclipse parcial do sol. E fora das áreas de umbra e penumbra, a luz do sol continua brilhando sobre a superfície da Terra, sem ser afetada pelo fenômeno do eclipse.

Por esse motivo, toda a vez que ocorre um eclipse do sol, existem sempre: uma pequena faixa ao redor da Terra onde se vê o eclipse total, uma faixa bem maior onde se observa o eclipse parcial, e a grande parte restante da Terra onde não existe eclipse algum.

O princípio do autoexame do ensinamento universal diz que o que a consciência-eu pensa que é luz, na verdade são trevas. Na analogia com o eclipse, o sol é a luz do Espírito, a lua é a sombra da consciência, e a terra é a vida como a percebemos.

Durante o eclipse, a face visível da lua está de costas para a luz do sol, assim como a consciência-eu está de costas para a luz do Espírito em si mesma. Dessa maneira, assim como a lua projeta sua sombra sobre a terra, a consciência-eu percebe a si mesma apenas pela sombra que ela projeta na vida.

É por isso que o ensinamento universal diz que vivemos em um mundo de sombras, onde o que pensamos ser luz na verdade são trevas; ou seja, a própria sombra que nossa consciência projeta na vida. Como um animal noturno - que só enxerga bem no escuro - a consciência-eu só enxerga bem dentro de sua própria sombra, que ela projeta sobre tudo e todos ao seu redor.

Voltando ao exemplo do eclipse, existem três gradações de sombras: a umbra - o pequeno cone de sombra total; a penumbra - o cone maior de sombra parcial que se projeta ao seu redor; e a luz do dia - que cobre praticamente todo o restante da superfície da terra e que não é impactado pelo eclipse.

Do ponto de vista da consciência-eu, essas três áreas podem ser comparadas aos clássicos conceitos do consciente, subconsciente e inconsciente. O consciente é representado pelo pequeno foco de escuridão total, o foco da sombra, onde o olhar da consciência-eu, assim como um animal noturno, é cego à luz universal do Espírito, enxergando apenas a sua própria sombra projetada na realidade. O subconsciente representa a área maior de escuridão parcial ao redor do consciente, análogo ao foco da penumbra, onde a consciência-eu não se percebe e nem ao mundo claramente; nessa área ela transita com ansiedade por não conseguir enxergá-la totalmente. E, finalmente, o inconsciente equivale à gigantesca superfície da Terra onde não há escuridão alguma, mas que, no entanto, é percebido como treva pela consciência-eu, do qual ela foge considerando-o fonte de medo e ameaça.

Essa é trágica lógica da consciência-eu, desse animal noturno que, em meio às sombras, só consegue enxergar o que projeta na realidade, e se torna cega ao se aproximar da Luz. Perceba o amor infinito da Luz da Luzes quando, no início da senda, nos diz: "Preste atenção, e, descubra por si mesmo, que na verdade aquilo que você insiste ser a luz, na verdade são trevas..."

O consciente, associado ao neocórtex cerebral, é formado pela rede neural dos pensamentos da consciência-eu, que projeta a sombra concentrada de nossa identidade no mundo e nos outros. Ele é formado por nossas certezas, nossas convicções pessoais, por tudo aquilo que acreditamos ser nós mesmos e a própria realidade. Por mais paradoxal que possa parecer, o consciente é nossa área de sombra interior mais intensa pois para nos definir, e dizer 'eu', eliminamos totalmente a luz universal, não deixando nada dessa luz entrar; isso permite que, na ausência total de luz, nossos olhos acostumados à escuridão possam ver, e assim cercar-se da segurança do controle, das certezas e das convicções.

Isso explica o inferno insano dos nossos 'eus', dos já quase 8 bilhões de 'eus' sobre a Terra, que vivem nos minúsculos cones de escuridão pessoal projetados por suas consciências, e disputam estupidamente sobre seus pontos de vista, afirmando, insistindo, jurando que enxergam a luz da verdade, quando na realidade vivem em seu mundo pessoal de notícias falsas, de falsas e minúsculas pseudovisões da realidade que projetam ao seu redor nas bolhas de informação em que vivem imersos. Quão patético é ver essa multidão de pseudoconscientes gritando suas falsas verdades nos ouvidos uns dos outros, esfregando cegamente sua coleção pessoal de escuridões nos olhos também cegos de seus semelhantes. "Têm olhos, mas não veem; têm ouvidos, mas não ouvem..."

E o mesmo se dá na vida subconsciente dos sentimentos, dos desejos e das forças astrais, onde o emaranhado de luz e sombra aumenta a penumbra da qual normalmente preferimos não nos aproximar; a imensa vida inconsciente de nossas reações, de nossas intenções mais profundas e de nossos instintos, que formam a porta bloqueada da consciência-eu para a natureza, cuja luz, por ser negada, torna-se escuridão total, da qual fugimos, cheios de medo, pânico e pavor.

Para quem se esforça em ser candidato à senda da auto iniciação, o momento único desta pandemia deve auxiliar a perceber claramente toda essa trágica pantomima! A pantomima onde o auto isolamento da consciência-eu deveria finalmente tornar-se visível. Auto isolamento que se torna visível por um consciente desfocado pelo autoengano, por uma relação turbulenta com o mundo interior dos sentimentos enclausurados, e pelo pânico diante da ameaça do desconhecido, que o faz oscilar como marionete entre o medo primal da morte e o pavor da privação e da fome.

Se neste momento não despertamos para o autoengano fundamental no qual vivemos mergulhados, estamos deixando passar a oportunidade talvez mais significativa de nossas vidas! Que possamos utilizar as ferramentas à nossa disposição para nos libertarmos dessa prisão autocriada de sombras e escuridão. Ela nos oferece uma chave que todos nós - nestes momentos de auto isolamento para muitos, ou de uma rotina completamente diferente da normal para outros - deveríamos ser capazes de manejar plenamente: a chave da auto-observação.

Quando estamos sozinhos com nós mesmos, quando as distrações da vida exterior se reduzem a quase nada, devemos ser capazes de perceber que tudo o que existe ao nosso redor não passa da nossa própria percepção; que tudo o que percebemos não passa de uma sombra de nossa própria consciência.

Não nos coloquemos diante dessa tarefa como se fosse algo impossível. O caminho interior é algo que deve ser trilhado na sobriedade e na aparente pequenez do conhecer a si mesmo, em cada uma das pequenas situações que vivemos. Trata-se de gradativamente voltar o olhar da alma para a centelha do Espírito, e começar a enxergar algo que não sejam apenas sombras: trata-se de voltar a face visível da lua para a esplendorosa luz do sol. E devemos começar justamente pelo foco da sombra, pelo consciente, pelos nossos pensamentos que residem sobretudo em nosso santuário da cabeça.

Presta atenção a teus pensamentos. Sim, volta o olhar de tua alma para centelha do Espírito, volta tua atenção para teus pensamentos, e descobre que aquilo que pensavas ser luz, na verdade eram sombras, as sombras das certezas de teu eu, as trevas de teus dogmas, de tuas convicções egocêntricas desprovidas de luz. Sim, presta atenção, e liberta-te de tua sombra. Deixa que penetre nos olhos de tua alma a luz do sol do Espírito, e que sejas assim curado, passo a passo, de tua cegueira. Na medida em que a sombra de teus pensamentos se desvanece, perceberás teu mundo astral, o mundo de teus desejos com muito maior clareza.

E, assim, poderás então prestar atenção a teus sentimentos. Tua vida subconsciente se iluminará, passo a passo pelos raios do sol do Espírito. E, quando o pesado cone de sombra de teus pensamentos e o difuso cone de penumbra de teus sentimentos tiverem sido iluminados pelo sol do Espírito, então a atividade de tua vontade se revelará diante da tua consciência.

Tuas reações mais profundas, teus motivos mais internos e intenções mais essenciais se tornarão conhecidos de ti e, averiguando se estão em harmonia com a luz do Espírito, poderás finalmente escolher a qual mestre seguirás, se à vontade do eu, ou à vontade do Absoluto. Estarás então livre. Os olhos de tua alma, a face interior de teu ser, estarão voltados para o sol do Espírito, que te iluminará totalmente.

Os ciclos exteriores da vida continuarão se sucedendo, com seus altos e baixos, suas alegrias e tristezas, com seus momentos de plenitude e privação. Porém, estarás inteiramente livre! Em tua vida quotidiana, ao desempenhares teus diferentes papéis, continuarás a projetar a sombra e a penumbra de tua consciência na realidade exterior e em teus semelhantes, porém, não estarás mais iludido de que tais sombras são a luz, pois estarás inundado pela luz do supra consciente, a luz do sol do Espírito que terá feito nascer em ti uma totalmente nova consciência.

Que utilizemos intensamente estes tempos para realizar esse trabalho interior de transformação de nossa consciência. Realizando isso de maneira intensa e profunda, estamos utilizando este período extremamente crítico de reclusão e recolhimento da mesma forma que a lagarta utiliza a silenciosa fase do casulo como poderosa oportunidade de transformação, dele emergindo como um ser totalmente novo!

Que nos esforcemos nesse sentido, para que possamos emergir como seres totalmente renovados deste período tão único. Que a Força, a Luz e o Amor da Fraternidade da Vida estejam e permaneçam com todos e com cada um de nós!

8. A TRANSFORMAÇÃO DOS PENSAMENTOS | PARTE I

A renovação da vida mental, dos pensamentos, é um aspecto central da tarefa interior, pois ela é determinante de toda a vida, regendo a vontade, os sentimentos e as ações, como afirmou Jan van Rijckenborgh:

"[...] No santuário da cabeça arde um fogo, uma flama, a flama da mentalidade, do pensamento inferior, do pensamento cerebral comum.[...] Quando adulta, a personalidade humana possui uma mentalidade em completa harmonia com a natureza das células cerebrais, com a lípica, com o sistema magnético e com a esfera astral da natureza comum.

Sua mentalidade natural está, portanto, em total equilíbrio com todo o estado da esfera astral. Pode-se dizer que a esfera astral e, em particular, alguns de seus aspectos, forças ou éons, controlam o pensamento humano.

[...] Na cabeça ardem dois fogos: a flama do pensamento e a flama da vontade, ambas provenientes do campo astral, o campo das radiações siderais. Em uma pessoa normal, o pensamento surge antes da vontade ou do desejo. O pensamento sempre antecede o desejo.

O pensamento age, então, sobre as células cerebrais, e a resultante agitação dessas células atua novamente sobre a vontade. É assim que a vontade ou o desejo desperta para a ação ou a não-ação. Portanto, é sempre o pensamento que determina e desencadeia o nosso desejo ou a nossa vontade.

A Doutrina Universal dá, por isso, a todos os candidatos na senda, uma advertência muito séria: 'Cinco minutos de pensar irrefletido podem anular um trabalho de cinco anos'. Essas palavras são fáceis de memorizar e nada lhes falta em clareza. Vocês devem vigiar seus pensamentos".[10]

Esse ensinamento fornece os elementos para uma transformação essencial da vida. No entanto a tarefa não é simples, porque o pensamento é, normalmente, descontrolado. Pensa-se ao acaso, sem parar, num giro contínuo.

Apesar disso, temos algum controle sobre as aparências, sobre o que expressamos através de gestos, expressões faciais e palavras. Até certo ponto, somos treinados para esconder dos outros, e até de nós mesmos, o que pensamos, sentimos e queremos. Somos geralmente pessoas mais ou menos educadas, polidas, e quase sempre conseguimos nos comportar bem em sociedade. Mas, se fosse possível ouvir nossos pensamentos ou enxergá-los como imagens móveis, muitas vezes nos assustariam.

---

10 Rijckenborgh. *A Gnosis Original Egípcia*. cap.19.

A maioria das pessoas não pensam verdadeiramente, porém são escravas de seus pensamentos gerados de forma automática, sem sua participação consciente. Por isso, ainda não merecemos ser chamados de seres humanos, Manas, pensadores, pois nos falta a verdadeira faculdade de pensar, gerar pensamentos e refletir por nós mesmos. Temos pouco controle sobre os pensamentos e não há pausa nessa atividade: uma infinidade de pensamentos surge continuamente na mente; e pela repetição são criadas formas fixas de pensamento, que ganham vida em nossas mentes, exercendo influência por vezes incontrolável.

Podemos perceber que o pensamento não é apenas discursivo, formado por palavras, mas é também composto das imagens correspondentes. O mundo da publicidade, por exemplo, sabe aproveitar esse processo automático, induzindo as pessoas a decisões pré-definidas, simplesmente utilizando associações forçadas entre pensamento discursivo e imagens. Por exemplo, a ideia de liberdade vem associada a imagem de pessoas pilotando motocicletas em alta velocidade numa estrada cercada de bela paisagem. Ou a ideia de segurança vem associada a produtos bancários como previdências privadas ou outras aplicações financeiras.

Por tudo isso, alunos de uma escola que objetiva a manifestação de uma consciência livre precisam estar continuamente atentos para impedir que se estabeleçam e fortaleçam associações mentais que iludem e escravizam. Esse é um trabalho difícil, pois a manipulação mental é a tônica de nosso tempo. E isso impede que a consciência da humanidade dê um passo decisivo em seu florescimento e se torne autônoma.

A autonomia da consciência está ligada ao pleno desenvolvimento do corpo mental concreto, que o transforma no elemento de conexão entre a personalidade e o corpo mental abstrato, o veículo da alma-Espírito. Na condição atual da maioria das pessoas, no entanto, o corpo mental concreto não passa de uma pequena flama no santuário da cabeça, razão pela qual o corpo astral – ou corpo de desejos – é quem de fato controla o comportamento e, portanto, o destino humano.

Essa questão é muito enfatizada na Escola, porque enquanto nossa mente não se libertar do automatismo e se deixar dominar pelo corpo astral, nossas questões estruturais não poderão ser resolvidas.

Conhecido o problema, o que podemos fazer? quais são as ferramentas de trabalho? Antes de responder a estas questões, é preciso responder a outras: desejamos com sinceridade modificar essa situação? Essa questão suscita em nós um interesse caloroso e um profundo anseio?

Caso as respostas às últimas questões sejam afirmativas, temos a base adequada para começar, pois isso é uma prova da ação da centelha espiritual, a ponto de afetar, ainda que só um pouco, nossos pensamentos, sentimentos e vontade. Esse interesse e esse anseio não se explicam pela nossa condição biológica e cármica comuns. Nossa vida e nossas experiências devem ter nos conduzido aos limites da consciência egocêntrica, abrindo 'rachaduras' na estrutura cristalizada que envolve a personalidade, através da qual a luz da centelha pode brilhar.

É justamente a ação da centelha espiritual que conduz ao interesse e ao anseio diferentes de todos os outros. Essa luz irrompe em nosso sistema e, em primeiro lugar, dá nova orientação aos nossos pensamentos. Por necessidade interna, por instantes nós nos elevamos acima da consciência biológica comum para um nível vibratório superior, onde percebemos inicialmente essa luz como uma inquietação, um impulso para a busca espiritual.

Em determinado momento, essa luz passa a atuar em nós, mistura-se a nosso sangue, é conduzida até o santuário da cabeça e lá exerce influência sobre nossa mentalidade, de forma que surjam instantes de percepção interior de muita lucidez e lampejos de pensamento de natureza especial.

Essas experiências foram descritas pelos gnósticos do passado como "ouvir a voz de Deus" ou "a voz do silêncio". Isso já é evidência de que se avançou do toque inicial para a conexão com a centelha do Espírito em nós.

Se identificamos o interesse e o anseio descritos, podemos estar seguros de que uma nova faculdade está presente, uma chave para abrir muitas portas. Pois, graças a essa faculdade, é possível iniciar o processo de autoconhecimento e impedir que os pensamentos automáticos ganhem força e nos controlem. Essa nova faculdade é a ferramenta necessária para direcionar nossa mentalidade de acordo com as necessidades do caminho iniciático, sem utilizar a arma da repressão, que é instrumento do ego.

Porém, é fundamental que não apenas se reconheça a presença da nova faculdade, mas que ela seja utilizada através da auto percepção e do esforço para um pensar lúcido e verdadeiro, não mais automático. Para observar qualquer coisa, necessitamos de luz. A nova faculdade é luz interna. Num cômodo escuro, à noite, não conseguimos perceber nada. Da mesma forma, antes que essa faculdade esteja presente, não temos o elemento essencial para nos perceber interiormente.

Mas, mesmo num ambiente iluminado ou à luz do dia, podemos estar tão distraídos que não percebemos os objetos e eventos que nos cercam. Assim também o fato de possuirmos a luz interna é a base fundamental, mas isso apenas nos coloca perante a tarefa de estarmos atentos à nossa vida interior. A luz e a observação se complementam, caso contrário não vemos verdadeiramente.

Na auto-observação, a bagagem que trazemos de nossa memória, de nossas ideias e preconceitos, precisa ser abandonada. Por exemplo, se queremos ver uma árvore, devemos abandonar a palavra 'árvore' e todos os conceitos ligados a essa palavra; pois então estaremos diante da realidade da árvore, como o ser único que é, no momento único que é o presente vivo.

De maneira semelhante, se queremos perceber o circuito contínuo de nossos pensamentos, tampouco devemos rotulá-los.

"Presta atenção a teus pensamentos! [...] Não forces uma reação contrária [...], mas apenas observa objetivamente! Trata-se de obter autoconhecimento. Procura descer às fontes do subconsciente!"[11].

Não se trata, no entanto, de sermos complacentes com nossas limitações. Se identificamos que pensamentos de crítica e julgamento estão se formando, devemos enxergar essa realidade como ela é, sem negá-la. Percebemos o positivo e o negativo sem condenar ou reprimir nada, mas também sem autoengano, sem justificativas, na lucidez possibilitada pela luz interior.

Nessa luz, a percepção interior pode atuar, desmascarando a natureza ilusória de nossa identificação com esses pensamentos. Isso por fim purificará e renovará toda a nossa vida mental.

Nesse processo de autoconhecimento descobrimos não apenas a mente consciente, mas também a subconsciente e a inconsciente.

---

11 Petri; Rijckenborgh. *Rosa Mystica*, verso 108

Estamos familiarizados com nossa mente consciente, superficial, que capta os acontecimentos do dia a dia, o que fazemos ou dizemos, a rotina mecânica que pouco a pouco embota nossa consciência. Mas existem camadas mais profundas, que muitas vezes só temos acesso indiretamente, através de nossa vida de sonhos ou de crises interiores que nos obrigam a repensar a forma como nos percebemos e enxergamos a vida.

À medida que, tomando como base a luz interior, vamos aprofundando o processo de autoconhecimento, essa realidade interna mais profunda também vai se revelando e sendo trabalhada. Nesse processo conhecemos muitas resistências e obstáculos, que nossa própria mente constrói para proteger nossa condição egocêntrica. Não lidamos então com questões meramente individuais, pois são vivências ligadas à consciência coletiva da humanidade.

Mas também temos a graça de contar com uma nova atmosfera, um cosmo etérico-astral puro que, na medida em que trabalhamos interiormente, mantém afastada toda ilusão. Este é o Corpo Vivo da Escola, que se unificou há muito tempo com um cosmo mais amplo e mais antigo, o campo da Fraternidade Universal. Na serenidade desse cosmo, nós somos auxiliados em cada passo do caminho interior. Mas só nos mantemos ligados a ele se utilizamos continuamente a luz que brilha em nosso interior, com a qual esse campo tem afinidade.

Se somos bem-sucedidos na tarefa de dar nova orientação aos nossos pensamentos, colocamos a base para a renovação dos outros aspectos de nosso ser, a vontade, as emoções e os desejos, renovação que, por fim, renova completamente nossa vida de ações.

Citando mais um trecho de Jan van Rijckenborgh:

"Lembrem-se, portanto, continuamente, da advertência dos grandes: 'cinco minutos de pensar irrefletido, cinco minutos de pensamentos extremamente sem amor, pensamentos cheios de crítica, inveja, ódio etc., tornam a obra do discipulado sem efeito.

Por isso, uma educação bem prática do pensamento é uma necessidade premente para todos os que desejam trilhar a senda. Essa é a educação racional a que todos vocês precisam se submeter na Escola Espiritual da Rosacruz Áurea. O caminho da autolibertação é este: purificação da vida de pensamentos, perfeita veracidade do pensar.

Vocês reconhecem o imenso significado disso? Assim deve iniciar sua auto revolução. Quem inicia a purificação de seus pensamentos, rompe os laços entre o sistema da personalidade e a lípica e, consequentemente, com toda a esfera astral.

Esses laços fazem de vocês verdadeiras marionetes, porque os levam a agir em conformidade com os impulsos que partem da esfera astral. Mas, quando, na força da Gnosis que irrompeu em vocês, começam a modificar sua mentalidade, vocês se livram dessa nefasta influência.

Nesse meio tempo o coração se abre cada vez mais; dia a dia distancia-se mais da natureza ilusória e de sua esfera astral, e as forças gnósticas penetram o sistema em grandes ondas. Em consequência disso, a nova faculdade cresce gradativamente em força e vocês podem trabalhar para a transfiguração do corpo astral com grande rapidez mediante esse auto sacrifício. Assim vocês já estão diante de um começo totalmente novo.

Vocês devem refletir mais uma vez e verificar: 'Existe em mim verdadeiramente esse mencionado anseio profundo de aproximar-me da Gnosis e de ingressar na nova vida? É autêntico esse anseio?'

Se a resposta é um seguro sim, vocês já entraram no novo começo, já obtiveram essa nova faculdade. Apenas resta empregá-la coerentemente"[12].

Que todos nós avancemos a essas possibilidades grandiosas.

9. A VOZ DO SILÊNCIO

"Assim diz o Sábio:

Quererás abster-te da ação? Não é assim que a tua Alma obterá sua libertação. Para alcançar o Nirvana é mister alcançar o Autoconhecimento, e o Autoconhecimento é filho de atos amorosos.

Tem paciência, Candidato, como quem não teme fracassos, nem corteja êxitos. Fixa o olhar da tua Alma na estrela cujo raio és, a flamejante estrela que brilha dentro das obscuras profundezas do ser permanente, dos campos ilimitados do Ignoto.

Tem perseverança, como aquele que tem de persistir eternamente. Tuas sombras vivem e desvanecem; aquilo que em ti viverá para sempre, aquilo que em ti conhece (porque é o conhecimento), não é da vida fugaz; é o Homem que foi, que é e será, para quem a hora nunca soará.

Se queres colher a doce paz e descanso, Discípulo, semeia com sementes do mérito os campos de futuras colheitas. Aceita as dores do nascimento.

Afasta-te da luz do sol para a sombra, a fim de abrires mais espaço a outros. As lágrimas que regam o solo árido da dor e da tristeza fazem nascer as flores e os frutos da retribuição cármica. Da fornalha da vida humana e do seu fumo denso,

12 Rijckenborgh. *A Gnosis Original Egípcia*. cap. 19

saltam chamas aladas, chamas purificadas, que, erguendo-se alto, sob o olhar cármico, tecem por fim o tecido glorioso das três vestes da Senda.

Tais vestes são: Nirmanakaya, Sambhogakaya, e Dharmakaya, veste Sublime.

A veste Shangna, é certo, pode comprar a luz eterna. A veste Shangna só dá o Nirvana da destruição; detém o renascimento, mas, ó Lanu, também mata a compaixão. Não mais podem os Budas perfeitos, que vestem a glória do Dharmakaya, ajudar a salvação do homem. Ai! Devemos os Eus ser sacrificados ao Eu; a humanidade ao bem-estar de Unidades?

Sabe, ó principiante, que esta é a Senda Aberta, o caminho para a beatitude egoísta, evitado pelos Bodhisattvas do Coração Secreto, os Budas da Compaixão.

Viver para beneficiar a humanidade é o primeiro passo. Praticar as seis gloriosas virtudes é o segundo.

Adotar a humilde veste do Nirmanakaya é abrir mão da bem-aventurança eterna para o Eu, a fim de ajudar a salvação do homem. Alcançar a bem-aventurança do Nirvana, mas renunciá-la, é o passo supremo, final - o mais elevado na Senda da Renúncia.

Sabe, ó Discípulo, esta é a Senda Secreta, a escolhida pelos Budas da Perfeição, que sacrificaram o Eu aos Eus mais fracas."[13]

Os sentimentos e os pensamentos são extensões do corpo, pois formam os aspectos mais sutis que muitas vezes passam despercebidos de nossa consciência.

Tudo isso se expressa naquilo que denominamos veste de luz. A veste de luz é diretamente ligada à alma do ser humano,

13 Blavatsky, *A Voz do Silêncio*, versos 136 a 146.

sendo composta de cinco elementos principais: o sangue, o fluido nervoso, os hormônios, o fluido astral e a consciência.

A reorientação da consciência em direção ao ser eterno dentro de si mesmo transforma gradualmente todos os seus aspectos - dos mais densos aos mais sutis - transformando sua veste de luz.

Na Voz do Silêncio fala-se das três vestes que estão à disposição daquele que renovou sua consciência totalmente, a ponto de ter se tornado livre de egoísmo. Para esse ser, livre dos grilhões da ilusão do ego, são oferecidas três vestes, correspondentes a três estados de ser.

Dharmakaya, a veste sublime, corresponde ao estado de ser daquele que se libertou de toda sombra do egoísmo e que pode adentrar de maneira definitiva em um novo estado de vida. Porém, isso também significa o desligamento definitivo deste mundo. Aquele que adentra esse estado de consciência, simbolicamente aquele que aceita a veste de Dharmakaya, ingressa em um novo estado de realidade e, assim, abandona totalmente o estado de vida comum, que conhecemos. É por isso que a Voz do Silêncio diz que atingir esse estado e recusá-lo, para servir à humanidade, é o passo supremo no caminho da renúncia. Que renúncia? A renúncia total de si mesmo.

Aquele que renuncia à sua libertação imediata e aceita a veste de Nirmanakaya, a veste do sacrifício, auxilia o grande trabalho de libertação para o mundo e a humanidade. Esse é o sacrifício de todos os grandes do Espírito: Buda, Lao Tsé, Hermes Trismegisto, Cristo; sim, de todos aqueles que escolheram mostrar o caminho de libertação do egoísmo para a humanidade. Eles o fizeram não somente em palavras, mas mediante seu próprio exemplo.

Assim, cada um que trilha o caminho de transformação da consciência torna-se um auxiliador no trabalho de libertação da humanidade. Cada um de nós pode se elevar nesse trabalho e ter a oportunidade de tecer sua veste do Sacro Ofício, do ofício sagrado, e através de seu próprio exemplo de vida, ajudar a todos os que ainda estão presos no egoísmo. Cada um que trilha esse caminho percebe que não existe separatividade alguma. Por isto a Voz do Silêncio afirma que, para aquele que trilha esse caminho, é impossível abster-se da ação, pois somente quando se trabalha como um verdadeiro servidor do ser eterno em si mesmo é possível abarcar o que é o Espírito.

Pois o Espírito não está em palavras belas e elevadas. Ele não se encontra em lugares silenciosos e remotos. O Espírito se encontra no coração daquele que dedica toda sua vida para tecer uma nova veste de luz, a veste de luz da renúncia do egoísmo. E a ponte entre esses servidores que aceitam a veste de Nirmanakaya e a nova realidade de quem já ingressou no estado de Dharmakaya, é feita por aqueles que usam a veste denominada Sambhogakaya.

Trata-se aqui do estado de ser daqueles que se encontram na fronteira, que cheios de misericórdia aguardam que os servidores deste campo de vida terminem seu trabalho e assumam seu lugar, para que a corrente de luz nunca se rompa.

Que todos nós possamos tecer a primeira veste, a veste de Nirmanakaya, e na alegria do servir, encontrar o Espírito no imo de nosso ser.

"Diz o aluno:

Ó Mestre, que farei eu para atingir a Sabedoria?

Ó Sábio, que farei para conseguir a perfeição?

Procura as Sendas. Mas, ó Lanu, sê limpo de coração antes

de empreenderes a viagem. Antes de dar o primeiro passo, aprende a discernir o real do falso, o fugaz do permanente. Aprende sobretudo a separar a erudição da cabeça da sabedoria da Alma, a doutrina do 'olho' da doutrina do 'coração'.

Sim, a ignorância é qual redoma fechada e sem ar, e a alma, um rouxinol dentro dela. A ave canora não gorjeia nem pode mover uma pena, mas emudece e entorpece, e morre de exaustão.

Mesmo a ignorância é preferível à erudição da cabeça sem a Sabedoria de Alma para a iluminar e guiar.

As sementes da Sabedoria não podem brotar nem crescer num vácuo sem ar. Para viver e colher experiências, a mente necessita de amplitude e profundidade, e pontos que a atraiam para a Alma de Diamante. Não procures estes pontos no reino de Maya; mas voa alto, além das ilusões, busca o eterno e imutável Sat, desconfiando das falsas insinuações da fantasia.

Pois a mente é qual um espelho: colhe pó enquanto reflete. São necessárias as suaves brisas da Sabedoria da Alma para limpar o pó de nossas ilusões. Procura, ó principiante, fundir tua Mente e Alma.

Foge da ignorância e da ilusão também. Vira o rosto às decepções do mundo; desconfia de teus sentidos; eles são falsos. Mas dentro de teu corpo – o santuário de tuas sensações - busca no Impessoal o 'homem eterno' e, tendo-o procurado fora, olha para dentro; tu és Buda."[14]

Estas palavras mostram a realidade do ser eterno que se encontra em cada um de nós. Um dos passos mais importantes a ser dado para o despertar dessa realidade é a purificação do coração. "Sê puro de coração antes que comeces tua jornada".

Nossos pensamentos, sentimentos e desejos egoístas colo-

14 Blavatsky, *A Voz do Silêncio*, verso 109 a 116.

cam-nos em um labirinto, cuja saída somente pode ser encontrada a partir do ser eterno que se encontra no coração. Somente quando nos aquietamos e nos voltamos para esse ponto em nós, é que podemos ouvir a voz do silêncio. Apenas no silêncio de um coração puro é que o Espírito pode começar a falar.

Quando nossa consciência dá início a essa conversão, a esse movimento que a afasta do egoísmo em direção ao verdadeiro ser em nosso imo, podemos perceber o que é ilusão e o que é real. A realidade, a eternidade e a nova vida não são lugares a alcançar, mas um estado de ser.

Esse estado de ser não se encontra fora de nós, mas dentro. Depois de termos buscado fora, de termos trilhado inúmeros caminhos explorando teorias e filosofias sem fim, é possível que a sabedoria da alma, a sabedoria de uma nova consciência renovada pelo Espírito, sopre para longe o pó de nossa mente errante.

E quando unimos nossa mente com nossa Alma, quando nossa consciência se une com o ser eterno em nós, é que as portas de uma verdadeira transformação se abrem: a transformação gradual de nossos pensamentos, sentimentos e ações, a transformação de nossa veste de luz.

Mas dentro de teu corpo – o santuário de tuas sensações - busca no Impessoal o 'homem eterno' e, tendo-o procurado fora, olha para dentro; tu és Buda.

Em sintonia com essas reflexões, concluiremos este capítulo com um antigo texto da Escola Espiritual denominado Mais Perto Do Que Mãos e Pés, que diz:

"Chegou então o dia, a hora na minha vida, em que distingui uma voz. Não de fora, acima ou abaixo, mas dentro de mim.

Na profundeza do meu coração. Sussurro manso, tênue canto.

Era uma voz que não me era estranha, apesar de que pensava ouvi-la pela primeira vez. Contava-me da vida como realmente poderia ser vivida pelos homens.

Foi como se o mundo ruísse ao meu redor. Foi como se tudo ao meu redor se dissolvesse em nada, tal como nuvens em fuga. Foi como se visse um novo céu e uma nova terra.

Havia lá, onde habitava o homem, um amor assim como o tinha procurado.

Veja, foi diferente, assombrava-me. Um fluxo de alegria inundava todo o meu ser. E tudo o que via, acolhia-o em cada fibra do meu ser. Abriguei-o em segurança em meu coração.

Mas, veja o prodígio: logo descobri que ele, há muito, estava dentro de mim, que sempre havia estado lá, igual a um diamante na terra obscura.

Quando o vi e experimentei, tão logo isso tinha-se gravado inextinguivelmente em cada célula do meu ser, encontrei-me novamente no meio do mundo, entre os bilhões de meus próximos.

Vi-os irem. Vi suas obras. Vi o cansaço de seus membros e de seus corações. Vi a tristeza de seu ânimo, o gelo de suas lágrimas solidificadas.

Um amor profundo, íntimo, percorria meu coração. Vinha a mim e partia de mim como o grito de um pássaro.

Virei-me como numa fuga. E fui ao mundo e pelo mundo, na firme determinação de ir ao país cuja imagem jazia escondida na profundeza do coração. Determinado a ir com aqueles que quisessem ir comigo.

Pois a certeza absoluta acompanhava-me desde que sabia que existiam inúmeros portadores do tesouro. Assim fui.

Mas, não é uma viagem a lugares diferentes, pois fica mais perto do que mãos e pés.

Para o alvo final existe apenas um passo: O passo da auto revolução".

10. AS TRÊS ESPIRAIS DO DESENVOLVIMENTO

O que nos leva adiante, perseguindo nossos sonhos?

O que nos empurra à constante busca pela felicidade?

O que nos fustiga diante de uma imagem inatingível de realização pessoal?

Essas questões são as eternas companheiras de todo ser humano, desde aqueles cujos sonhos se reduzem a ter algo para comer àqueles cujos sonhos não cabem em suas fortunas; daqueles que definem felicidade como a posse de bens materiais àqueles que a definem como a transformação do mundo; daqueles que definem realização como fortuna, prestígio e poder, até aqueles que buscam a realização do verdadeiro sentido da vida. Essas questões são as eternas companheiras do ser humano pois elas formam a própria espiral da vida, pelas quais todos caminhamos.

Elas se elevam das espirais de manifestação da natureza, levando a humanidade a atravessar três grandes espirais de desenvolvimento: a do tornar-se consciente, a do tornar-se autoconsciente e a do tornar-se onisciente.

Nessas três espirais ocorre a transformação no funcionamento dos três santuários da alma, nos três focos da consciência localizados nos santuários da cabeça, do coração e da vida. Nessas espirais os três centros da alma se elevam em conjunto, em três grandes processos que podem ser sintetizados como: a formação do ponto focal, também chamado de 'eu'; o atingir o limite desse ponto focal, também chamado de 'despertar'; e o ultrapassar esse limite, integrando a consciência do ser real a ela mesma, também chamado de 'libertação'.

A formação do ponto focal da consciência, o 'eu', é um processo muito longo. Ele leva cada centelha de consciência do corpo coletivo da humanidade através de um caminho particular de desenvolvimento, até que os três santuários - a cabeça, o coração e a vida - funcionem de maneira independente do corpo coletivo.

O mesmo ocorre com uma criança pequena, que precisa viver do corpo etérico de seus pais nos primeiros anos de sua vida, até que, após crescer o suficiente, possa viver de seu próprio corpo etérico.

Da mesma forma se dá com uma centelha de consciência, com uma alma humana. Quando se eleva até o topo da primeira grande espiral de manifestação, ela terá formado uma consciência na qual os três santuários possuem um ponto focal próprio, através do qual olha para si mesma, como em um espelho e, se reconhecendo, diz 'eu'.

Por isso os mecanismos individuais e coletivos - que chamamos de busca dos sonhos, de felicidade e de realização - são aspectos constantes, dominantes e presentes na vida de cada ser humano. Eles são os próprios mecanismos de desenvolvimento, de crescimento e amadurecimento da consciência, e traduzem o instinto mais central e fundamental de vida, que empurra a consciência adiante em seu caminho. Esse instinto é a própria manifestação da vontade do todo no ser humano.

A vontade do todo é a força irresistível que empurra a centelha da consciência humana em seu caminho, levando-a a não se deter diante de nenhuma dificuldade, instigando-a a ir adiante, assim como o rio da vida precisa seguir seu fluxo, jamais interrompendo o fluir de suas águas.

Assim, é a própria inteligência universal, a vontade do todo, que leva a consciência a despertar em si mesma um espelho onde possa se enxergar, numa construção lenta e gradual. Esse é o espelho da alma, o espelho da consciência, formado pelas imagens projetadas pela própria consciência. Essas imagens precisam ser construídas e consolidadas pela consciência nos três centros que a formam: na cabeça, no coração e na vida, onde ela se enxerga e se torna autoconsciente. Essas projeções da alma são as imagens-pensamento, as formas-desejo, e as geometrias etéricas que circulam constantemente no seu campo de respiração.

A atividade de formação do espelho da consciência ocorre ao mesmo tempo nos seus três santuários: na cabeça, mediante a formação de imagens-pensamento; no coração, mediante a circulação de formas-desejo; e na vida, mediante a cristalização de geometrias etéricas.

Para os seres humanos que ainda se encontram nessa primeira espiral da consciência, a da construção de sua própria consciência, o processo de formação dessas imagens é vital e essencial. Nessa fase do desenvolvimento da consciência, a busca dos sonhos, da felicidade e da realização significa o próprio processo de crescimento da alma; ao fazê-lo, ela amadurece pelo funcionamento crescentemente concêntrico dos santuários da cabeça, coração e vida. Em outras palavras, é através desses processos mentais, emocionais e vitais que a alma cresce, amadurece e finalmente atinge autonomia, elevando-se ao longo da segunda espiral da autoconsciência.

Na segunda espiral esses processos funcionam como grande

acelerador, até o ponto em que a consciência-eu consegue enxergar a si mesma com clareza no espelho da própria alma. Os sonhos, a visão idealizada da felicidade e a busca da autorrealização tornam-se extremamente definidos e individualizados, a ponto de a consciência-eu viver no interior de suas projeções, formadas pelas suas imagens-pensamento, formas-desejo e geometrias etéricas. É como se a consciência tivesse criado para si mesma uma imensa estufa; na medida em que suas projeções se tornam cada vez mais fortes e mais palpáveis, elas formam como uma esfera espelhada, dentro da qual nenhuma luz consegue escapar para o exterior.

Assim, a consciência-eu absorve as radiações etéricas do meio ambiente para sua própria manutenção, mas como está envolvida pelo espelho fechado de suas projeções mentais, astrais e etéricas, essas projeções gradualmente a enclausuram e asfixiam.

O resultado desse processo é, invariavelmente, uma grande crise, um grande colapso, onde a consciência-eu se encurrala dentro de seu espelho fechado de projeções, dentro da estufa escaldante de seu campo de respiração. É como se a luz do sol elevasse a temperatura da estufa e o calor não conseguisse escapar, levando o campo de respiração da consciência-eu a atingir seu limite.

Rodeada por suas próprias imagens, por seus sonhos, suas projeções de felicidade, e sua busca incessante por autorrealização, a consciência-eu sufoca no calor da tensão energética que ela mesma gera. E quando ela chega a esse ponto de saturação, algo totalmente diferente pode ocorrer: o sistema fechado de pensamentos, desejos e reações entra em colapso, e deixa de funcionar por um instante.

É nesse instante de crise que ocorre o toque do fogo da centelha do Espírito. No momento em que o disjuntor da consciência-eu desarma pela sobrecarga extrema, e a energia de seu campo eletromagnético deixa de circular, a consciência consegue enxergar pela primeira vez; ela enxerga que o que acreditava ser ela mesma é, na verdade, uma ilusão, um conjunto de imagens refletidas no espelho formado por suas fantasias.

Nesse instante, nesse flash que pode durar uma fração de segundo, a consciência desperta, e esse ser humano verá a si mesmo encarcerado em um mundo ilusório. Mesmo que queira, a lembrança desse momento não se apaga, e ele não consegue mais conformar-se com as imagens desse mundo ilusório. Sua relação consigo mesmo e com o mundo se transforma. Ele se torna um buscador da verdade, que somente tem paz quando demole e ultrapassa as incontáveis camadas de autoengano que agora se lhe tornam visíveis.

Esse ser humano chegou ao topo da espiral da autoconsciência, e agora começa o trabalho da terceira espiral, a espiral da nova consciência, a única senda interior proposta pelas Escolas Espirituais de todos os tempos. Seus antigos sonhos, visões de felicidade, e a luta pela realização pessoal mudam completamente. Surgem para ele novos horizontes, novas aspirações e novas possibilidades. Com base nessas novas possibilidades, esse ser humano começa a travar a grande batalha para vencer a ilusão.

Todos os que estão na Escola Espiritual, como candidatos a essa senda interior, precisam refletir seriamente a respeito desse grande combate interior para vencer a ilusão. A Escola Espiritual e o ensinamento universal oferecem a esse respeito conselhos valiosos que, se levados em conta, podem ser de grande auxílio.

O primeiro deles refere-se à interação do buscador da verdade com seus semelhantes, do imenso amor, aceitação e respeito que precisam demonstrar e com os quais precisam tratar cada pessoa a partir de seu próprio estado de consciência.

O amor divino não julga e tudo provê; o amor divino atua para que cada ser receba o que precisa; vê a todos como iguais, trilhando um único e mesmo caminho em direção ao próprio amor.

Os que compreendem esse princípio, e o aplicam à sua vida pessoal e aos que o rodeiam, recebem, a cada dia, uma oportunidade maravilhosa de libertar-se de pesada carga de dor e sofrimento. Em cada pessoa que encontramos no caminho - familiares, amigos, colegas, conhecidos - arde uma centelha da grande alma do mundo, arde o impulso da realização divina e universal. E cada uma delas trilha arduamente o seu caminho, encontrando-se em um determinado ponto, particular e único, da grande espiral da vida universal.

Ao nos aproximarmos de cada uma delas com amor, aceitação e respeito, em relação a tudo o que suas almas expressam - aos seus sonhos, sua visão de felicidade e sua sincera busca por realização - nos livramos da maldição de julgar e condenar o outro. Nós as aceitamos como são; reconhecemos o seu valor, dentro do seu estado de consciência e de vida. Não as olhamos a partir dos supostos critérios de vida de um aluno da Escola Espiritual, critérios que muitas vezes nos esmeramos em aplicar aos outros mas nem sempre a nós mesmos. Nós as olhamos como elas são. E, assim como o sol brilha sobre todos, e nos aceita como somos, também as aceitamos como são.

 E compreendemos que seus sonhos, sua busca de felicidade e

realização são parte de seu processo de vida e de crescimento.

Com essa compreensão cooperamos com elas, estimulando-as no que possuem de melhor, ajudando-as a superar seus próprios obstáculos, na medida em que elas mesmas solicitem nosso auxílio, evitando qualquer coação ou intervenção em seu caminho de desenvolvimento.

Ao tomar atitude tão positiva e salutar em relação aos nossos semelhantes, de maneira natural e espontânea, elas farão o mesmo por nós, pois deixaremos de interferir nas correntes mentais, astrais e etéricas que dirigem e determinam o curso de suas vidas e de seu desenvolvimento. E, ao fazê-lo, elas também deixam de interferir em nosso desenvolvimento.

Nessa base, nós nos colocamos em espontânea atitude de cooperação uns com os outros, cooperação que permite a todos os que nos são próximos atingirem seu máximo potencial de alma, crescendo e amadurecendo interiormente, em seu próprio ritmo e velocidade.

Ao não interferir no caminho alheio, nós também rompemos os grilhões que nos prendem em nosso próprio caminho. Fazendo isso, como aspirantes a um caminho espiritual, rapidamente amadurecemos em nossa senda, e nos colocamos diante do passo seguinte como seres humanos buscadores da Luz: teremos vencido a mais comum das ilusões, a ilusão de poder transformar os outros na imagem do que gostaríamos que elas fossem.

E, tendo vencido a primeira das ilusões, a ilusão em relação às outras pessoas, podemos nos concentrar no grande esforço de nos libertar da maior de todas as ilusões: a grande ilusão de si mesmo!

Nosso único sonho será o de nos livrarmos dos sonhos ilusórios. Nossa única visão de felicidade será a de atingir a felicidade da nova alma. E nossa única realização será a de encontrar a realização da nova vida!

Que a clara visão, o júbilo e a força desta nova realidade seja nosso estímulo, aqui e agora, na senda rumo à liberdade da nova alma!

11. A ILUSÃO DE NÓS MESMOS

Quem nunca se lamentou pelo seu destino?

Quem nunca se revoltou contra seu carma?

Quem nunca desejou viver uma vida diferente da sua?

A maioria dos seres humanos acredita que o destino é algo mais ou menos pré-determinado, seja pelas condições materiais que herdaram ao nascer, a família em que nasceram, as oportunidades ou dificuldades que encontraram; muitos se veem como expectadores da existência, tentando fazer o melhor com o que a vida lhe oferece.

Nisso sempre existe uma mistura de fatalismo, resignação e indignação, que se traduz em muitas culturas como saudosismo e vitimização.

O destino também é utilizado pelos seres humanos para construir a narrativa de suas vidas. Ao contar sobre elas, as pessoas normalmente encadeiam os fatos como se fossem as contas de um colar, em que o fio condutor é a lógica de seus destinos. O destino é como se fosse o pano de fundo, uma tela com determinado tamanho, forma e moldura, na qual se desenha um evento após o outro, vendo nos diferentes traços uma certa coerência, como se todos fossem parte de uma única pintura. Usamos a argamassa do destino para unir os fatos dispersos da vida em um único quadro, no qual nos vemos e nos explicamos. O destino também nos ajuda a criar uma trajetória, onde nos vemos como as mesmas pessoas em diferentes momentos do tempo.

A vida de um ser humano pode ser comparada a um trem, onde a locomotiva é sua consciência, suas experiências são os incontáveis vagões que a seguem, e os trilhos são o destino que mantém a vida dentro de parâmetros determinados e previsíveis. Os trilhos, essas duas linhas paralelas que seguem para o infinito, ligadas por incontáveis dormentes, são como formados pelas linhas de nossos sonhos e lutas por realização, unidos pela incansável busca por algum sentido e felicidade.

Porém, o que diriam se ficassem sabendo que esses trilhos - sobre os quais rodamos nossas vidas de maneira tão repetitiva e previsível - simplesmente não existem? Se tomassem conhecimento de que o destino não existe, nunca existiu nem existirá para nenhum ser humano? O que diriam se lhes contassem que isso não passa de uma grande ilusão que utilizamos para nos definir, a grande ilusão de nós mesmos?

Toda a nossa vida e o convívio com os outros se dá através de nosso campo de respiração e das imagens que nele circulam. Desse modo, todos os acontecimentos nos chegam através do poderoso filtro de nossos pensamentos, sentimentos e reações. Não é exagero dizer que interagimos com as imagens que temos das pessoas, e não com as próprias pessoas.

O mesmo se dá em relação a todas as situações da nossa vida, com tudo o que, em seu conjunto, chamamos de destino. Quando olhamos mais de perto para esses trilhos tão previsíveis do destino, vemos que são feitos pela mera continuidade das imagens internas de nossos sonhos, busca de felicidade e de realização. Funciona como o projetor de cinema, que projeta uma estrada de ferro sobre a tela branca, criando na sala escura a ilusão de realidade em que acreditamos nos mover, mesmo estando sentados em uma poltrona.

Essa ilusão de continuidade é o que gera a narrativa a respeito de nós mesmos; essa continua projeção de nossas imagens internas na vida exterior é o que gera a ilusão de identidade de nossa consciência-eu. Uma pessoa narrando sua vida a partir de seu destino é como alguém descrevendo suas reações ao assistir um filme.

Bem antes da invenção do cinema, Platão comparou esse estado de consciência ao mito da caverna, onde incontáveis seres humanos creem que as sombras que enxergam em suas paredes são a realidade. E esse ainda é o estado de consciência de boa parte da humanidade!

Talvez alguns indaguem: - "Espere um pouco. Onde ficam os fatos, aquilo que realmente acontece? Onde ficam o mundo físico, as restrições de saúde, as limitações evidentes da vida de cada um? Nada disso existe? Tudo isso também não passa de ilusão? Do que realmente estamos falando aqui? "

É claro que tudo isso existe. Todos esses aspectos formam a realidade factual e material sobre a qual caminhamos. Assim como em uma linha de trem, elas formam o terreno e o relevo sobre o qual se apoiam os trilhos. E, seguramente, existem situações diferentes, assim como uma infinidade de terrenos e relevos diferentes, desde campos planos e extensos, a aclives e declives, e acidentes de percurso como rios e penhascos.

Porém, preste atenção: não são esses grandes acidentes de percurso que definem nosso destino, mas sim a maneira como reagimos diante de cada uma dessas situações.

Tomemos o exemplo da pandemia que estamos vivendo. Trata-se de um gigantesco acidente de percurso, algo que mudará profundamente a maneira como todos viveremos a partir de agora. Porém, estamos todos reagindo da mesma forma? Estamos todos aprendendo as mesmas coisas, ou mesmo usando o nosso tempo e energia da mesma maneira?

De alarmistas a negacionistas temos um espectro infinito de reações. Algumas pessoas sairão deste período trituradas interiormente, outras crescerão e amadurecerão e não voltarão a ser as mesmas novamente.

Portanto, se diante de tamanho acidente de percurso, que supostamente faria todos reagirem de maneira semelhante, há atitudes tão diferentes, o mesmo vale de forma ainda mais marcante para as situações quotidianas da vida. Pois é a repetição de nossas pequenas reações particulares às situações do dia-a-dia que cria uma trajetória, e que, de dentro para fora, projeta a ilusão de continuidade, como os trilhos de um caminho pré-determinado.

Pensem em uma situação qualquer da vida, como uma crise ou conflito. Imaginem duas pessoas que conhecemos bem, que possuem comportamentos muito marcantes e bem diferentes: diante da mesma situação tais pessoas agiriam de maneiras completamente distintas uma da outra. Isso acontece o tempo todo, pois nosso comportamento é previsível. E isto acontece, não porque as situações externas sejam previsíveis, mas porque nosso mundo interior é previsível.

É como se nossos ciclos de pensamentos, sentimentos e reações fossem as rodas da locomotiva de nossa consciência, que giram com força e sem cessar, empurrando-nos adiante, repetindo experiência após experiência, e assim reforçando nosso caráter até sua total cristalização.

É essa repetição, essa cristalização que torna o tesouro das experiências acumuladas do carma no fardo do destino, fardo que pesa sobre a consciência, fazendo-a viver suas ricas experiências de maneira repetitiva e sem aprendizado algum. É essa repetição que transforma carma em destino, e nos mantém sempre os mesmos; que cristaliza as imagens de nosso campo de respiração em uma visão, em uma falsa identidade que se reforça à medida que se repete, na ilusão de si mesmo.

Quando a Escola afirma que podemos mudar o curso do destino, ela se refere a uma mudança tão profunda que pode ser comparada a uma revolução, uma auto revolução.

Para o aluno no caminho, que começa a se libertar dos véus ilusórios de suas imagens e projeções, um novo passo precisa ser dado. Quando, pelo autoconhecimento profundo, esse aluno se liberta dos ciclos repetitivos do pensar, sentir e reagir, ele avança rumo à purificação do seu campo de respiração.

O princípio de uma nova consciência, que reluz nos três santuários de sua alma, se torna em força cada vez mais poderosa. Como descreve Jan van Rijckenborgh no livro O Novo Homem, surge no aluno um novo fogo serpentino, cuja força e brilho transformam e purificam gradativamente seu campo eletromagnético, o seu campo de respiração. Essa purificação transforma sua consciência, pois em seu ser se ergue, paulatinamente, um espaço puro, luminoso e silencioso, no qual a alma pode ver a realidade diretamente, sem a interferência das imagens e projeções da antiga consciência-eu. A contínua projeção de si mesmo, que criava a ilusão de uma trajetória do eu, começa lentamente a se desvanecer; os trilhos do destino sobre os quais a locomotiva da consciência-eu corria velozmente se desfazem aos poucos, como a névoa ao sol.

Muitos se perguntarão: " O que isso significa na prática? Algo mudará na vida exterior do aluno? Suas condições materiais mudarão, ou as pessoas o tratarão de maneira diferente? Será que ele se libertará de seu destino?"

A resposta a essas perguntas é, ao mesmo tempo, sim e não. A mudança que ocorre no campo de respiração do aluno é tão grande, que também pode influenciar as circunstâncias externas de sua vida. As coisas não deixarão de ser como são. Seu carma continuará intacto, como um verdadeiro arsenal de possibilidades interiores de manifestação. Seus dons, suas características pessoais básicas, o entorno de suas condições materiais, as pessoas com quem se relaciona, tudo isso permanece intacto, pois elas formam o terreno, o relevo sobre o qual ele se movimenta. Porém, se o aluno realmente persevera na endura, no caminho do autoconhecimento que o liberta mais e mais da ilusão de seu eu, ele exercerá cada vez menos pressão mental, astral e etérica sobre o que forma sua vida. Ele viverá sem conflitos!

Isso não significa omissão, frieza ou distanciamento: trata-se de algo muito diferente. Ele passa a viver sem os conflitos que ele mesmo projetava sobre os outros e sobre as situações de sua vida, pois esses conflitos eram frutos da ilusão de suas projeções mentais, emocionais e reativas, que acrescentavam o peso, a limitação e a repetição inútil da série de experiências que ele julgava até então inevitáveis, que ele chamava de destino.

E, quando o peso das projeções de seu eu deixa de ser exercido, sua vida se transforma no que ela realmente é: um tesouro, formado pelo conjunto de características e possibilidades infinitas. O aluno se encontra, efetivamente, no meio do mundo, mas não vive mais da ilusão de um destino pré-determinado, na prisão de um mundo que ele mesmo criou. Ele se liberta do mundo em que estava preso, do velho mundo ilusório do eu.

Ele agora se encontra no meio do mundo real. Ele está no meio do mundo porque, na condição de liberdade interior, o aluno tem todos os caminhos abertos e todas as possibilidade diante de si. Ele não precisa mais trilhar o velho caminho pré-determinado do destino, os antigos trilhos ilusórios da consciência-eu. Agora, ao seu redor, existem apenas espaços abertos e possibilidades. E a partir dessa liberdade ele precisa aprender a se movimentar novamente. Até então ele vivia sob o jugo dos automatismos de suas ilusões e projeções. Agora ele conquistou novamente seu livre arbítrio. Nos novos espaços de seu ser renovado, ele se torna autônomo e não-condicionado.

O que ele fará com sua liberdade?

Livre da ilusão do eu e de sua projeção de um destino pré-estabelecido, ele resgata seu carma, transformando esse rico tesouro de dons em reais possibilidades de aprendizado, na medida em que coloca o seu livre-arbítrio, a sua liberdade recém conquistada, a serviço da vontade do todo.

Desperto e lúcido, livre e autônomo, ele se coloca a serviço do todo: ele já não se lamenta por seu destino, não mais se revolta contra seu carma, pois cumprindo a vontade do todo, ele adentra na nova vida!

12. ALÉM DA ILUSÃO DO EU

Era uma vez uma onda, que surgiu das águas azuis do mar, em um lindo dia de sol. Ela se erguia majestosa, e sua crista reluzia no alvor de sua branca espuma. Olhando para si mesma ela dizia: "Sou grande e poderosa, ergo-me acima do mar e das outras ondas ao meu redor. Que afortunada sou!" E sua crista avançava rapidamente com um grande estrondo, dobrando sobre si mesma, e formando um círculo quase perfeito.

O tempo passou, e a onda foi se aproximando lentamente da praia.

E à medida que se acercava das brancas dunas, sua forma mudava, sua crista deslizava mais silenciosamente sobre as águas, como um suave murmúrio. E finalmente, ao tocar as areias da praia, ela se desvaneceu. Assim, no grande mar, surgiram muitas ondas, todas realizando seu movimento contínuo pelas águas, até desaparecerem, uma a uma, nas finas areias da praia.

Até que um dia uma onda surgiu, e era como se toda a eterna memória do mar nela ressoasse. Ao olhar para si mesma ela compreendeu que era formada pela própria água do mar. Que sua forma nascera da amorosa união das águas com o sopro do vento. E que o rugir de sua crista era a própria canção do mar que ecoava no vento.

E, quando finalmente ela tocou a fina areia da praia, ela compreendeu que sua essência não era a sua forma, mas sim o eterno movimento, o eterno soprar do vento sobre as eternas águas do mar. E assim, unida à essência de seu ser, ela viveu eternamente.

O ensinamento universal diz que o ser humano é formado

pela união de três princípios da manifestação universal: o ser espiritual - o microcosmo; o foco da consciência - a alma com seus veículos sutis; e o ser material - o corpo material com seu duplo etérico.

O ser espiritual, o microcosmo, é eterno. Ele é uma imagem perfeita do grande macrocosmo, o universo, e nele se encontram todas as suas forças, possibilidades e dimensões. Por esse motivo, sua essência se encontra além dos véus ilusórios do tempo.

O foco da consciência, a alma com seus veículos sutis, é um ser duplo. De um lado ela é formada pela memória eterna do microcosmo, o tesouro do carma acumulado em suas esferas magnéticas. De outro ela é formada pela transmutação energética, pelo fluxo de éteres gerados pelo ser material.

O ser material, o corpo físico com seu duplo etérico, é um ser do tempo, formado por toda a memória da natureza, e traz em si a imagem do processo evolutivo da vida em nosso planeta. Ele é um corpo composto, que se desagrega quando seus processos orgânicos deixam de funcionar.

Em seu atual estágio de desenvolvimento, a maior parte da humanidade se encontra em um estado muito particular em relação a esses três princípios da manifestação universal.

Em relação ao microcosmo, ela ignora sua existência. A consciência ainda é refratária ao toque da centelha do Espírito, e a verdadeira dimensão espiritual e eterna da vida permanece como algo vago, difuso e distante.

A alma, com seus veículos sutis, é totalmente dependente do ser material. A consciência é apegada à forma física, identificando-se com ela. Inconsciente do ser original do qual emanou, a alma desvanece juntamente com seus veículos sutis quando a forma física deixa de funcionar.

E, em relação ao corpo material e seu duplo etérico, a maioria da humanidade vive uma vida artificial, em contradição com as leis da natureza. A consequência dessa contradição é a geração de sucessivas crises pessoais, coletivas e ambientais, como a grande crise em que nos encontramos agora exemplifica.

Para ultrapassar esse estado de torpor, ignorância e desarmonia, o ser humano precisa trilhar um caminho interior tríplice. Esse caminho interior é, ao mesmo tempo, um processo de transformação da consciência e da vida. Em outras palavras, um processo de libertação da ilusão e da correspondente cura fundamental. As três ilusões que precisam ser vencidas são: a ilusão do mundo, a ilusão de si e a ilusão do ser. E as três curas fundamentais que decorrem disso estão relacionadas à dor do eu, à dor da alma, e à dor da humanidade.

Quando o aluno na senda avança no autoconhecimento, ele se liberta da ilusão do mundo, formada pelo conjunto de suas tentativas de mudar os outros e a realidade, com base nas imagens e projeções de seu próprio eu. E quando aluno se liberta da ilusão do mundo ele também é curado da dor do eu, cuja causa está em colocar o centro de gravidade de sua vida no mundo exterior, com seus sonhos ilusórios, a busca constante de uma felicidade idealizada e da autorrealização a qualquer custo.

Com base na posse interior de um novo estado de consciência, o aluno avança na senda e purifica cada vez mais o seu campo de respiração. Descobre que as causas profundas de tudo o que buscava atrair ou repelir, em relação às pessoas e às situações da vida, encontram-se nele mesmo.

Ele amadurece no caminho, e agora trilha a senda íngreme da libertação da ilusão de si mesmo. Esta equivale a identificar e extirpar as ervas daninhas de seus pensamentos, sentimentos e reações egocêntricos, transformando seu campo de respiração em jardim puro e luminoso. À medida que ele avança nesse caminho, vai sendo curado da dor da alma, que é a dor de, por um lado, ansiar pela Luz das Luzes e, por outro, ainda cair nas ciladas da velha consciência, com seus automatismos e apegos. Mas se o aluno persiste, a nova consciência cresce nele, e mediante o bálsamo que emana da Luz que brilha agora em seu campo de respiração, a pungente dor da alma vai sendo mitigada e finalmente curada.

O aluno vence então a segunda batalha, a batalha do mundo interior da alma, pela vitória sobre a ilusão de si mesmo e a purificação de seu sistema de vida.

Então chega o momento da terceira e última batalha, a maior e mais intensa de todas: agora não se trata apenas de travar uma luta com sua consciência e em sua consciência. O aluno que avançou até este ponto é confrontado com um combate real, que se traduz na transmutação de seus corpos sutis, isto é, na transformação orgânico-energética das vestes de sua consciência. Aqui ele precisa vencer a mais forte e profunda das ilusões: a ilusão do ser.

O que isso significa? Foi visto que o ser humano é formado pela união de três princípios da manifestação universal: o ser espiritual (o microcosmo), o foco da consciência (a alma e seus veículos sutis) e o corpo material (com seu duplo etérico).

Nas primeiras duas fases do caminho descrito, o que ocorre no aluno está relacionado ao crescimento na radiação do núcleo de seu microcosmo, onde se encontram a centelha do Espírito e a rosa do coração. Essa nova radiação desencadeia uma mudança nos três centros da consciência - a cabeça, o coração, e a vida - neles gerando um novo fluxo de energia, que circula pelos canais laterais do fogo serpentino, o sistema simpático e parassimpático.

A circulação desse novo fluxo de energia gera uma nova consciência, a nova alma. Essa nova consciência gera ao seu redor um campo eletromagnético, como um eletroímã. É a atividade constante e estável desse campo que purifica gradualmente o campo de respiração do aluno, eliminando tudo o que não se harmoniza com a chave vibratória de sua consciência.

Até este ponto o funcionamento orgânico e energético dos corpos sutis do aluno ainda não mudou. Isso significa que seus corpos sutis ainda não se alimentam das radiações etéricas que brotam da nova consciência, cujo núcleo é a centelha do Espírito no coração.

Os corpos sutis do aluno, as vestes da alma-natural - formadas pelo corpo mental concreto, pelo corpo astral e pelo corpo etérico sutil - ainda se alimentam das forças etéricas que são transmutadas pelo ser material. Portanto, a partir da atividade orgânica do corpo físico e da energia vital que seu duplo etérico - o corpo etérico denso - consegue transmutar. Isso explica o porquê de o aluno, nesse ponto do caminho, possuir, literalmente, duas almas. Vejamos o que isso significa e quais suas implicações.

Do ponto de vista de sua consciência, o aluno vive na nova alma, pois quando consegue se manter orientado para a centelha do Espírito, as forças que circulam em seu fogo serpentino transformam o seu campo de respiração em um campo indutivo, em novo campo eletromagnético. O aluno já possui o embrião do novo ser humano, pois os princípios dos três corpos superiores, as três vestes superiores da alma, já nasceram em seu sistema de vida. Refere-se aqui aos embriões do corpo espiritual, o corpo de Atman, o corpo da centelha do Espírito, que é a rosa do coração; do corpo da consciência espiritual, o corpo de Buddhi, o corpo da alma-Espírito, que é o campo de respiração purificado e tocado pelo Espírito; e do corpo da mente superior, o corpo de Manas, o corpo mental superior, que é o núcleo da nova consciência no círculo ígneo da pineal.

Com base no novo ser embrionário, o aluno vive na e da nova alma. Porém, os corpos que formam a veste da alma natural, da velha consciência que havia nascido da natureza, ainda não foram transmutados, pois vivem do fluxo orgânico-etérico do ser material. Portanto, os quatro corpos inferiores - o corpo mental concreto, o corpo astral, o corpo etérico superior e o binômio formado pelo corpo físico e seu duplo etérico - ainda vivem da transmutação das antigas forças naturais. Essas forças não são somente físicas, mas também vitais, astrais e mentais.

O fluxo de transmutação sempre é do aspecto mais denso para o mais sutil; neste caso, o centro de gravidade sempre é a forma física, e não o campo sutil. Esse fluxo é o que a Escola chama de alma natural, pois dele deriva não somente a manutenção da vida, mas também o surgimento de uma consciência biológica com seus desdobramentos energéticos. Por isso o ensinamento universal diz claramente que essa consciência natural, presa e condicionada pela forma, desaparece quando a forma deixa de existir. Portanto, a libertação dos veículos sutis do aluno somente pode ocorrer pela transformação energética radical, que a Escola denomina de transfiguração.

 Sendo assim, a libertação final da última e mais forte das ilusões, que é a ilusão do ser, somente pode ser atingida quando o Espírito penetra o canal central do fogo serpentino, e começa, de cima para baixo, a transmutação da fonte de alimentação etérica dos corpos sutis, libertando-os de sua dependência energética do corpo material e seu duplo etérico.

À medida que esse processo avança, no silêncio de seu ser, o aluno começa a trabalhar para mitigar a grande dor do mundo, pois, como célula do Corpo Vivo da humanidade, o aluno está ligado a todos os reinos da natureza. À medida que os seus corpos se transmutam, ele também liberta uma parte do mundo e da humanidade. Por sua ligação de alma com tudo e com todos, ele esparge um puro e sanador fluxo de éteres que foram transmutados de cima para baixo, a partir do núcleo de fogo de seu microcosmo.

Esse é o grande trabalho em prol do mundo e da humanidade: o trabalho de curar o mundo e a humanidade através da regeneração de todos os seus campos de vida, desde a humanidade à natureza, e todo o cosmo. Pelo esforço constante de unir sua consciência ao Espírito, e se libertar da ilusão do aspecto forma em todas as coisas, o aluno que persiste avança na auto revolução interior.

Assim ele se liberta da grande ilusão, e descobre que seu verdadeiro ser, sua alma e suas vestes são o produto da união infinita e eterna do alento do Espírito à pura matéria original do universo. Com o olho do Espírito, ele finalmente vê através do véu, ele vê o ser real, o puro e eterno movimento, a onda eterna e imaterial da alma, sobre o mar da vida, no alento do Espírito. Nesse ponto o aluno, cumpre as palavras de Krishna a Arjuna:

Conscientiza-te que és o Imortal.

Torna-te Mestre sobre os teus pensamentos,
pois pela natureza de teus pensamentos e através dela,
o Imortal torna-se perceptível.
Apreende que todas as formas são mera aparência ilusória,
que ocultam a glória da Divindade.
Compreende e reconhece que a verdadeira Vida
interpenetra todas as formas e as preenche com o Seu Ser,
e que, assim sendo, na realidade não existe morte, nem tristeza, nem separação!
Liberta-te, portanto, do grande desnorteamento do aspecto forma das coisas,
e acerca-te de Mim, a fim de que possas habitar lá onde está a Luz e a Vida.
É assim que toda ilusão encontra o seu fim!

13. O TRABALHO PARA O MUNDO E A HUMANIDADE

Estamos vivendo um tempo singular. Muitos se encontram recolhidos em seus lares, enquanto outros são obrigados a seguir trabalhando, seja pela função essencial que exercem, ou pela necessidade de garantir o sustento material a si e a outrem. Sem dúvida este é um período inusitado, pois nos privou do hábito e da rotina: virou de cabeça para baixo o nosso dia-a-dia e retirou-nos da frenética movimentação exterior ligada à interação com pessoas, obrigações e horários.

Em contrapartida, esse momento nos traz algo muito novo, uma enorme possibilidade: somos agora convidados a descobrir a dimensão sutil das coisas, aquela instância de nosso mundo interior de onde partem os impulsos que mantém a roda exterior da vida em constante movimento. Esse mundo interior é formado pelos campos sutis, onde se movimentam nossos pensamentos, sentimentos e percepções, e nos quais também vivem nossos corpos vital, astral e mental.

Somos conscientes da agitação que ocorre nesses campos sutis? Não nos referimos à sensibilidade às esferas etéricas e astrais, trata-se de algo muito diferente. A pergunta se refere a se, na situação de recolhimento ou quebra de hábitos em que nos encontramos, percebemos o movimento interior constante que nos mantinha presos à rotina exterior, como em um pesado e profundo torpor. Apesar de termos nos afastado da agitação externa, a agitação interna continua?

Vivemos um ciclo vicioso que, para ser rompido, exige que nos tornemos conscientes do mundo interior e sutil que nos mantém em movimento. E esse momento é uma chance única para várias descobertas.

Quando um aluno se torna consciente da movimentação em seu mundo interior, ele percebe que sua consciência e seus corpos sutis são verdadeiras usinas de força, que formam ao seu redor um poderoso campo magnético, que age da mesma forma que um grande ímã: ele atrai tudo aquilo que se harmoniza e vibra em sintonia com seu estado de ser, e repele tudo o que não está de acordo com ele.

Esse campo magnético regula também a troca de energia com o meio-ambiente. Essas forças e energias são vivificadas e se fortalecem ao circularem no campo magnético pessoal. E são devolvidas ao meio ambiente levando uma carga magnética ainda mais intensa.

Basta pensar no que acontece com pedaços de ferro expostos por algum tempo ao campo de um eletroímã: eles ganham temporariamente a propriedade de atrair outras pequenas partículas de ferro. Na Escola denominamos esse campo magnético pessoal de 'campo de respiração', justamente porque estamos constantemente inalando e exalando energia, influenciados pelo que inspiramos e influenciando o meio ambiente pelo que expiramos. Essa energia, que mantém nosso mundo interior em movimento, são os éteres que formam e alimentam nossos corpos sutis.

E como isso se relaciona ao nosso papel de pequenas células, que fazem parte do mundo e da humanidade? Como podemos, como alunos e alunas, trabalhar para a transformação do mundo e da humanidade? À medida que prestamos mais atenção ao mundo interior, descobrindo como ele funciona, com sua constante circulação de energias que formam nossos estados vital, emocional e mental. Compreendemos que nós, o mundo e a humanidade formamos uma unidade, perfeita e indissolúvel. Descobrimos que somos a própria energia do meio ambiente, dinamizada e particularizada por um determinado estado de consciência, que não existe barreira alguma entre o nosso ser, o ser de nossos semelhantes e toda a natureza ao nosso redor. Percebemos então a grande ilusão da separação.

Sim, pois, o eu olha o mar da vida, vê ilhas separadas e diz: - Esta ilha sou eu, aquela é outra pessoa, e assim por diante. O eu delimita seu território, estabelece acordos de cooperação, defende suas fronteiras contra supostos inimigos, e assim vive em constante espreita. Se tentamos encaixar o trabalho em prol do mundo e da humanidade nesse olhar, concluímos que somos pequenos, limitados e pouco relevantes.

Mas a alma vê diferente. O olhar da alma não vê ilhas isoladas pois vê por dentro e não se detém no reflexo das coisas, mas mergulha no seu interior. A alma vê um grande continente, uma grande massa de terra totalmente unida sob o leito do mar. E o mar que banha esta e aquela ilha é o mesmo, e suas águas também estão em perfeita unidade. E o mesmo se dá em relação ao ar, ao firmamento e à luz do sol que brilha igualmente para todos. Perfeita unidade: é apenas isso que a alma vê, pois isso é a única coisa que de fato existe.

Quando nos vemos com os olhos da alma, percebemos que estamos em unidade com o mundo e a humanidade, que somos o mundo e a humanidade, uma célula vivente do mesmo corpo. Assim como cada célula de nosso corpo possui o mesmo DNA, espelhando na parte a complexidade do todo, da mesma forma cada um de nós é um pequeno espelho perfeito de todo o mundo e humanidade. Portanto, nosso trabalho em prol do mundo e da humanidade consiste em transformar a nós mesmos, pois ao fazê-lo, transformamos o todo.

A Escola nos esclarece que aquele em quem nasceu a nova alma atua positivamente na regeneração dos quatro reinos da natureza - o mineral, o vegetal, o animal e o humano. Aquele que vive esse processo de renovação, vive a partir do quinto éter, o éter ígneo da nova alma, e assim se torna em fator positivo para a cura fundamental do mundo e da humanidade. Isso acontece porque o campo de respiração - purificado pelo princípio da nova alma - abre-se ao Espírito.

O Espírito se divide nos sete raios no santuário da cabeça, renovando o corpo mental. Pelo intenso trabalho interior da consciência, os sete raios mergulham no santuário do coração, unindo-se à força da rosa. Em seguida, uma grande força adentra no santuário da vida, dando início ao processo da transfiguração. Todavia, já não se trata de saber como isso funciona mas, sim, de buscar no interior de si mesmo o caminho que nos leva a fazer isso funcionar, de verdade, em nosso próprio ser.

E a Escola nos dá uma orientação extremamente prática, que todos devemos buscar viver neste momento tão desafiador: trata-se de mudar o tipo de energia que atraímos e a assinatura energética que imprimimos nessa energia que circula em nós para, então, transformarmos aquilo que devolvemos como contribuição energética aos quatro reinos da natureza, portanto, ao mundo e à humanidade.

Reflita e responda:

- Como estou vivendo este momento?

- Com o que estou ocupando minha mente?

- Com que tipo de sentimento estou me alimentando?

- Com que tipo de energia vital estou preenchendo meus dias e horas?

- Que tipo de rotina estou levando na vida material?

O meio ambiente, os meios de comunicação, o mundo virtual e as redes sociais estão atolados de conteúdos tóxicos, obscuros e falsos. Se abrimos nosso campo mental a esse tipo de influência, isso traz obscurecimento, um verdadeiro rebaixamento vibratório de nosso corpo mental. Essa redução vibratória afasta o corpo mental da esfera reluzente do quinto éter, e o faz mergulhar nas velhas ondas do mundo astral, que são uma fonte infinita de ansiedade, preocupação e medo. E tais agitações astrais, reforçadas pela força dinamizadora do pensamento, rouba nossa força vital, compromete nossa vitalidade e o funcionamento do corpo físico.

Portanto, como alunos e alunas que se esforçam para a construção de uma nova consciência e um novo estado de vida, não podemos permitir que isso aconteça. Temos o dever de zelar e proteger a nova alma, assim como a mãe protege o bebê que cresce silenciosamente em seu ser. E tudo começa com nossa mentalidade, com o tipo de influência à qual expomos nossa vida mental, e o tipo de energia que deixamos circular e influenciar nossos pensamentos.

Seguramente o corpo astral é forte e poderoso, e com toda certeza nossos condicionamentos biológicos se fazem valer. Porém, a força do novo corpo alma, do corpo ígneo da alma formado pelo éter de fogo, o quinto éter, é muito maior do que tudo isso. Por essa razão, neste momento o esforço deve ser dirigido em manter nossa mentalidade orientada para o princípio da nova alma, para que nessa força nossos pensamentos possam se manter centrados e iluminados, como uma clareira no meio de uma tempestade.

Essa clareira, esse espaço puro e irradiante, envolverá todos os nossos corpos - astral, etérico e físico - em uma atmosfera cristalina, em um verdadeiro campo de respiração transformado. Assim, onde quer que estejamos, seja em que situação estivermos, esse campo de respiração purificado age como um poderoso ímã. Ele atrai as forças etéricas que estiverem de acordo com nossa chave vibratória, com o nosso real estado de ser. Essas forças etéricas puras, que fluem em profusão para dentro do nosso campo de respiração, fortalecem e vivificam os processos vitais da nova alma.

Em seu conjunto, esses processos são denominados de transfiguração. E assim, elevados pelas radiações da nova alma, as forças etéricas puras se convertem em novas energias, em novos compostos etéricos, em forças que possuem uma radiação totalmente diferente daquelas que havíamos inalado. Elas se tornam os novos éteres, os novos alimentos santos, que partem do nosso campo de respiração para todas as direções, como o brilho de um farol na noite, como uma santificante radiação curadora em prol de tudo e de todos ao nosso redor. No silêncio de seu ser, onde quer que esteja, o aluno, a aluna, se torna uma fonte de força, de luz e amor impessoais. Não pelo que ele ou ela digam ou façam, mas pela radiação silenciosa de seu estado de ser.

Esse estado de ser irradia os quatro alimentos santos, as quatro substâncias etéricas puras e originais da natureza em prol dos quatro reinos sobre a Terra: o novo éter mental refletor para toda a humanidade; o novo éter astral luminoso para todo o reino animal; o novo éter vital regenerador para todo o reino vegetal; e o puro e original éter químico para todo o planeta Terra.

Que missão grandiosa nos aguarda! Sim, podemos e devemos trabalhar em prol do mundo e da humanidade, aqui e agora, de uma maneira muito mais real, bela e efetiva do que jamais pudemos imaginar. Trabalhemos, pois!

E tornemos realidade as profundas e amorosas palavras de um poema gnóstico: "Se renovados fordes para o mundo, seu sofrimento vós podeis findar. Ide, por isso, agora ao trabalho, obra da Gnosis vinde realizar! "

14. AUTOCONHECIMENTO

Resumir as etapas de transformação humana propostas pela Escola não é tarefa simples. A única forma honesta de expressá-la é relatar a experiência pessoal. Mas expressar algo universal de um ponto de vista pessoal é limitador.

 Recorrer a livros é utilizar a memória para relatar a vivência de outrem, o que impede uma conexão mais profunda entre a experiência pessoal e o aspecto universal da tão necessária transformação. Obviamente não se despreza o suporte fornecido pela literatura da Escola nem de outros livros da literatura universal, eles são ferramentas fundamentais que permitem ao aluno manter a conexão interior. O conhecimento universal fala desse caminho através de parábolas, lendas e símbolos, ou mesmo de lições práticas. Entretanto, o aprofundamento de cada um em si mesmo é o aspecto mais desejado nesse processo; é preciso buscar em si as razões mais profundas e a força para a transformação.

Na Escola aprende-se a trabalhar a partir do quadrado da construção, cujos elementos são: o objetivo único (princípio norteador), a ausência de luta (objetividade), a harmonia no intercambio das atividades (autonomia) e a unidade de grupo.

O trabalho em grupo funciona como catalizador, que estimula e fornece elementos para o desmascaramento do que cada um acredita ter e ser, de modo a desacelerar a cristalização, a retirar de cada um a ilusão de estar em paz, na presunção de já ter atingido um nível elevado de transformação e nada mais havendo a ser realizado.

O grupo também serve de espelho, onde cada um se enxerga nos demais como seu reflexo, permitindo perceber suas próprias limitações, defeitos e qualidades, seu bem e mal e tudo o que chama de eu. Quando se está disposto ao real autoconhecimento, esse processo permite um aprendizado muito eficaz.

Para a reconstrução completa do ser humano tríplice original são necessárias força e sabedoria. Nessa reconstrução, é preciso que cada um identifique qual aspecto do ego tríplice predomina em si. Alguns tem na razão o elemento mais evidente de sua vida, outros são movidos mais pelo aspecto emocional, e outros têm na ação o impulso mais relevante em sua existência. Assim, alguns são mais introspectivos, planejam mais, outros sentem mais, e são conduzidos pelas emoções, e outros agem antes de tudo.

No grupo se tem visão mais clara dessas qualidades humanas. Aprende-se a respeitá-las e a respeitar a si mesmo. O que nos falta está em nosso semelhante e vice-versa. Com a presença dessas diferentes tendências (cabeça, coração e mãos) criamos nossas relações de aprendizado mútuo. Aprendemos sempre, pois sob o impulso do Corpo Vivo da Escola, tendo o olhar voltado ao objetivo único, cria-se uma ligação inabalável. O trabalho do verdadeiro autoconhecimento, com base no princípio divino, sempre deve nortear nosso caminho.

O quadrado é o sólido alicerce para que a construção seja edificada: com compreensão justa, baseada no anseio que arde no coração, e mediante uma atitude de vida séria como consequência dessa condição, o aluno pode elevar o quadrado e o triângulo - os verdadeiros princípios latentes em seu ser - e com isso equilibrar o triângulo interior da alma, essas três verdadeiras usinas de energia que são nosso pensar, sentir e agir. É por esse motivo que a Escola nos alerta para cuidar de forma ininterrupta, sem descuido, desses três centros energéticos, pois a partir deles construímos o mundo e a nós mesmos.

Independentemente do nosso tipo humano básico, todos temos condições de atravessar e transformar completamente a forma como nos conhecemos, como nos relacionamos com nosso ego tríplice, de forma a resgatar os três santuários: o do coração, o da cabeça e o da vida. Este é o bom combate, sempre impulsionado pelo coração: por isso um coração puro é fundamental! Mesmo sabendo que a centelha divina é quem nos impulsiona e dá força para a transformação, é preciso cuidar para manter o coração puro. Num coração puro não cabem as emoções exageradas, a ironia, o medo primordial, o sarcasmo consigo mesmo e com os outros. Um coração puro é simples.

Buscamos o princípio, o começo de tudo, nossa verdadeira identidade. O princípio revela-se a si mesmo e somos parte dessa revelação. Chegamos ao momento que tanto buscamos, vagando pelas nossas próprias projeções e limitações. Finalmente nos encontramos. Essa é a dadiva, o milagre de nossa condição de alma. Por isso todo o cuidado com essa pérola, com essa pedra preciosa, essa pedra fundamental, é absolutamente necessário.

Um coração protegido, liberto dos automatismos, ilumina constantemente a nossa mentalidade e nos leva à auto compreensão, ao auto comprometimento, ao combate que nos liberta das nossas próprias ilusões. Para o ser humano contemporâneo esse combate é difícil, pois nossa forma de pensar é conduzida através de labirintos. Sem autoconhecimento esse combate é impossível, pois toda a cultura moderna exalta o racionalismo como principal método de vida. Precisamos nos manter despertos, pois as distrações na região do pensamento são infinitas. E são as distrações que nos fazem perder a visão do todo e de nós mesmos.

Apesar desses desafios, o ponto mais alto do ser humano sempre foi comparado ao cume de uma montanha: no cume, o sol é sempre visível e mantém o topo da montanha sempre iluminado, a visão é mais clara e enxerga longe.

A verdadeira transformação da vida só pode ser conquistada a partir de um coração puro e de uma mentalidade desperta.

Este estado pode ser mantido pelo autoconhecimento, que nos revela todas as maneiras pelas quais conspurcamos o nosso coração e desmascara todas as maneiras pelas quais nos distraímos. É o profundo conhecimento de si mesmo que protege a pureza do coração, e assim mantém aberta a porta do coração que ilumina a cabeça. E desta mesma forma ganhamos forças para nos manter atentos e despertos.

Com a ligação coração e cabeça estabelecida e ativada por um discipulado vivo, é possível ir ao campo de batalha para a conquista do santuário da vida. Estado de consciência é estado de vida! Esse é o princípio que rege a vida humana.

No livro As Núpcias Alquímicas de Christian Rozenkreuz há uma alusão velada sobre o papel do ego tríplice humano como escadas, cordas e asas. Jan van Rijckenborgh diz a esse respeito que os alunos da Escola que ainda não avançaram na transformação do ego tríplice percebem o caminho de três maneiras: um o vê como filosofia, outro como anseio e um terceiro como tarefa.

Contudo, aquele que avançou na sua própria transformação é assim descrito:

"A posse da escada alude [...] a quem colocou conscientemente a ênfase a ação, que em sua preparação para a vida libertadora procurou vivenciar completamente cada novo passo, e construiu o resultado disso como uma plenitude de experiências em seu próprio sistema [...]

Quem prepara, abre e torna puro esse caminho mediante a ação libertadora, mediante a nova atitude de vida, sempre tem acesso a uma senda [...] ascendente [...] Semelhante ser humano pode [...] entrar no mais elevado aspecto do estado de personalidade, com o que o Espírito pode ter contato".[15]

---

15 Rijckenborgh. *As Núpcias Alquímicas de Christian Rosenkreuz*, segunda parte, p.200.

O objetivo humano é voltar a pertencer conscientemente à universalidade, ao círculo universal que abrange tudo e todos. Quadrado, triângulo e círculo, em um perfeito equilíbrio, permitem a descida do princípio original - como uma manifestação orgânica no ser humano - e a realização do seu verdadeiro processo evolutivo - em esferas vibratórias cada vez mais elevadas.

Para avançar nesse processo é preciso unificar filosofia (cabeça), anseio (coração) e tarefa (ação) em uma vivência individual e diária, que possibilite utilizar de maneira consciente toda a plenitude divina ofertada a cada um, em conexão com a ideia universal. O desenvolvimento desse processo é totalmente acessível àqueles que assim se orientam.

"Depois que o mundo houver despertado do seu sono de embriaguez, o homem irá ao encontro do sol nascente, ao raiar do dia, com o coração aberto, a cabeça descoberta e os pés nus, jubiloso e transbordante de alegria".[16]

Nada se perde: tudo o que poderia constituir pedra de tropeço, torna-se marca de reconhecimento no caminho ao Uno.

Essa é a alegria de viver o presente absoluto, a alegria de ir ao encontro do sol espiritual que está em nós e que nos eleva individual e coletivamente, acima do tempo e do espaço.

15. ESTÁGIOS NA TRANSFORMAÇÃO DA CONSCIÊNCIA

Todos os seres humanos vivem condicionados pelo tempo e isso é realidade para nossa consciência. Geralmente dividimos a vida em três fases: o passado, o presente e o futuro. E o que determina cada uma dessas fases é a nossa percepção.

16 Rijckenborgh. *O Confessio da Fraternidade da Rosacruz*

Quem é você? Você é a mesma pessoa, quando comparada com o que era há 10 anos? Provavelmente não. Mas o que realmente mudou: você ou a percepção de si mesmo?

Nossa vida e nossa consciência criam um tecido complexo que chamamos de realidade, e o que percebemos dessa realidade é o que nos determina. O que é consciência? Como ela surgiu? Consciência pode ser descrita como aquilo que determina o que cada um de nós é. Consciência é o que nos faz dizer: eu sou!

Para chegar ao ponto de se perceber como indivíduo autônomo, e dizer 'eu', a consciência passou por diversas fases: o reino mineral - a consciência da matéria, o início da formação do corpo material; o reino vegetal - a consciência começa a se lançar para fora de si mesma e se eleva para o alto, a formação do corpo etérico; o reino animal - depois de começar a se expandir, a consciência começa a se manifestar em um grupo, uma consciência grupal, que corresponde à formação do corpo astral; e o reino humano - a individuação da consciência: pela primeira vez o ser se percebe como algo distinto do grupo e pode dizer, 'eu'. Isso marca o início da formação do corpo mental.

Essa última é a fase em que nos encontramos e em que, de certa forma, atolamos, porque a partir do momento que o ser se individuou, ele deveria continuar seu caminho de transformação em direção ao próximo estágio de autoconsciência, que é o de Manas, o verdadeiro pensador. Manas indica a consciência que se percebe, mas que através dessa percepção se volta para o ser eterno em si mesmo - para a mônada - e inicia o caminho em direção à consciência universal.

Foi a partir dessa quarta fase, em que se inicia o processo de autoconsciência e a formação do corpo mental, que surgiu a percepção do tempo: perceber e dividir o tempo é uma característica do ser humano. Os animais não têm essa percepção, não vivem divididos em memórias do passado e expectativas sobre o futuro: eles vivem unicamente o presente, pois não percebem a passagem do tempo.

A percepção do tempo tem relação com uma das propriedades do corpo mental: o pensamento, e uma das características do pensamento está relacionada à estruturação. O corpo mental concreto deveria servir como o catalizador das sugestões recebidas da mônada – através do corpo mental abstrato ou corpo alma - e manifestar essas sugestões em ações transformadoras. E como o corpo alma é um corpo sempre dinâmico, porque influenciado diretamente pelas ações do Espírito - que tem por natureza a constante transformação - o corpo concreto não se prenderia a nenhuma imagem ou conceito, ele seria o veículo de revelação das imagens do Espírito.

E o que aconteceu? O corpo mental está aprisionado pelo corpo astral, pela fase que tem como característica o surgimento da consciência de grupo que, entre outras coisas, tem como prioridade a busca da sobrevivência. O resultado é que o corpo mental está preso em uma determinante que pode ser descrita como atacar ou fugir. Ele permanece preso na tentativa de preservar o que lhe causa bem-estar, e atacar ou fugir do que lhe dá a sensação de mal-estar, relacionado - de forma direta ou indireta – à ameaça à vida.

E qual é a ferramenta utilizada pela consciência astral para garantir esse padrão? A memória. É a partir da memória que vamos construindo nossas relações com o mundo, com as pessoas e situações. É a memória que nos leva a dividir a vida em fases e a oscilar entre o passado e o futuro. O passado como algo a ser preservado ou evitado, e o futuro que deve nos trazer segurança para que as situações do passado não ocorram novamente ou, se forem positivas, que tornem a se manifestar.

Preste atenção à sua vida e veja se se identifica com uma ou mais dessas situações: dor ou trauma que você passou, guarda em sua memória, e não quer passar de novo; mágoa de uma pessoa ou situação que revive constantemente, e que sempre vem à tona; situação que marcou sua vida positivamente e que você gostaria de repetir.

Veja o padrão: evitar - repetir; ataque ou fuga - reforço. Percebe o que foi feito do corpo mental? Um instrumento de cristalização de imagens repetidas da consciência astral, seja para evitar ou fugir de algo, seja para reforçar um padrão ou situação. E a partir dessa situação ficamos escravos do tempo. Como não conseguimos ser livres para manifestar no presente a realidade sempre dinâmica do Espírito, oscilamos entre a memória do passado e a expectativa do futuro. O resultado disso é bem claro: não vivemos o presente.

Mas há uma saída; para descobri-la devemos procurar no único lugar que faz sentido: dentro de nós mesmos. Essa saída começa pelo autoconhecimento. Devemos nos conhecer e saber se queremos realmente ser livres. A isto se relaciona o papel fundamental de uma Escola Espiritual: oferecer o campo de força, um verdadeiro laboratório, para que comecemos a nos libertar da prisão astral, e se torne realidade a manifestação do corpo mental guiado pelo Espírito.

E por onde e como podemos começar a nos conhecer verdadeiramente? Não adianta ficar isolado estudando, lendo, acreditando que isso possa trazer o autoconhecimento. O conhecimento de si mesmo não é um estudo, mas a própria vida.

E essa vida é determinada pela relação com pessoas, coisas, situações; percebendo como somos, como interagimos e reagimos com o mundo ao nosso redor. Mas atenção: percebendo como somos e não como gostaríamos ou imaginamos ser.

Esse conhecimento de si não é um processo intelectual. O que pensamos conhecer sobre nós - e sobre os outros - é sempre baseado no passado. Dessa maneira não saímos do lugar, porque vamos olhar para nós mesmos, os outros, situações etc., com base naquilo que construímos até hoje. E isso não está relacionado apenas à nossa memória recente, desta vida, mas a memórias de várias vidas acumuladas no microcosmo e que, dessa maneira, se manifestam no hoje.

Portanto, o segredo para sair dessa situação é o seguinte: o verdadeiro autoconhecimento está sempre no presente. E o presente sempre se manifesta em uma ação. Percebe a diferença? O conhecimento está sempre no passado. E muitas pessoas usam o passado como zona de conforto ou como muleta para não fazer nada, porque afinal, é tudo muito pesado para mudar: "a vida, as pessoas, as situações etc., me fizeram assim..."

Vivemos uma era que coloca o conhecimento em um pedestal: queremos conhecer, entender, escrutinar. É comum ouvirmos de alunos: "Mas será que não ajudaria meu processo se eu fizesse mais alguma coisa? A Escola não tem alguma prática ou exercício que pode ajudar nisso tudo? Sinto falta de algo mais". Quem expressa isso ainda não percebeu o que é o verdadeiro autoconhecimento. Nessa situação ainda se está muito ocupado com o conhecimento, ou seja, com o passado.

O processo da Escola não se baseia no estudo de uma filosofia ou método, mas na ligação direta com o Espírito. E como o Espírito é constante transformação, tudo é sempre novo. Por isso não adianta tentar reter o conhecimento de uma escola espiritual.

O corpo alma é um corpo sempre novo, que se renova sempre. Não pertencemos a uma instituição que se baseia em dogmas, mas os dogmas estão dentro de nós. "Vivemos de certa maneira, seguimos certos padrões de pensamento, somos determinados pelo que acreditamos, por nossos conceitos e preconceitos. Não queremos nos lançar em algo novo se não estivermos bem seguros do que nos espera: afinal, já passamos por muitas coisas no passado e não queremos que isso se repita".

Não queremos nos lançar em algo novo porque, no fundo, temos medo. Toda vez que saímos do momento presente, conscientemente ou não, começamos a pensar no que pode acontecer no futuro ou que algo do passado volte e nos prejudique. Temos medo ou do passado ou do futuro, porque o medo não existe no presente.

Vejam alguns exemplos de expressões comuns:

- "Tenho que ter cuidado para que isso não aconteça de novo".

- "Tenho que me preparar para o futuro".

- "Hoje eu tenho algo mas posso perder a qualquer momento".

- "Posso morrer amanhã".

Somos dominados por nossos medos, seja o medo da morte, medo de perder algo etc. E isso nos impede de viver o presente. As associações da memória nos fazem viver de lembranças e projeções. Lembranças são sempre velhas e as projeções não existem, são como a neblina que impede a passagem da luz do sol. Mas o sol está brilhando apesar da neblina. Quando percebemos um pensamento recorrente, ele não é novo. É algo que já aconteceu, talvez com uma roupagem um pouco diferente, mas a essência é a mesma.

Não se está afirmando que devemos viver de qualquer jeito, sem planejar nada; isso seria somente o outro extremo da situação. O pensamento é necessário pois, como já foi dito, ele é responsável por criar estrutura. O problema acontece quando ele se torna escravo dos fantasmas do passado e das projeções sobre o futuro; quando isso acontece, paramos de viver o que acontece, para viver o que aconteceu ou poderá acontecer.

A mente está sempre ocupada com algo; nós a mantemos ocupada para não olharmos para nós mesmos; temos medo de ficar a sós conosco e nos vermos como realmente somos.

O que é o tempo? Não o tempo que podemos medir e contar em anos, meses e horas, mas a percepção do tempo. O tempo é aquilo que separa uma ideia da ação. A ação é sempre imediata, ela está sempre no presente. Mas toda vez que adiamos uma ação, estamos saindo do presente e nos colocando novamente na gangorra do passado e do futuro:

- "Amanhã eu serei feliz".
- "Quando eu tiver tal coisa, tudo ficará bem".
- "Quando minha vida estiver mais equilibrada eu poderei trilhar o caminho de autoconhecimento com mais afinco".

Com essas atitudes, adiamos a ação e voltamos a brincar na gangorra do tempo. Qual é então a verdadeira proposta da Escola Espiritual? Como podemos transformar o passado em um verdadeiro tesouro de experiências? Quando passamos a viver no presente. E viver no presente é agir.

Quando nos abrimos para a mônada, para o verdadeiro ser dentro de nós, as experiências se tornam um verdadeiro mapa que nos mostra o que devemos aprender, o que devemos transformar. A Escola Espiritual não tem a intenção de apagar nosso passado ou resolver nosso futuro. A proposta da Escola Espiritual é transformar nosso presente através de ações libertadoras, ações que nós mesmos temos que realizar.

Um dos fundadores da Escola Espiritual da Rosacruz Áurea, Z.W. Leene, escreveu a seu irmão Jan Leene, que mais tarde adotaria o nome de Jan van Rijckenborgh:

"Busquem em seu coração a fonte de seus sofrimentos e fechem esta fonte a cada minuto do dia. Não façam ou digam algo sem pensar para não criar motivos para novas tristezas.

Pensem que o mais forte é sempre aquele que vence a si mesmo.

Se a dor tomar conta de vocês, recobrem a calma e não escapem através do entorpecimento ou mentiras, mas olhem para tudo sob a luz de suas múltiplas relações.

Entendam que isso é como um fogo purificador que queima e limpa os ferimentos.

Vocês têm que levar adiante essa purificação apaixonadamente, porque vocês não poderão ser um marco no caminho a não ser que tenham dado à luz uma nova Fênix.

Não olhem para o passado, nem esperem que o futuro se manifeste, porque a eternidade vibra em cada segundo.

Isso pode ser de grande ajuda em seu caminho porque nem a inveja, nem o ódio, nem o ciúme podem prosperar no presente".

Que todos nós possamos perceber a realidade absoluta do Espírito, que se manifesta em cada segundo, no presente vivo. Que a verdadeira nova consciência possa se manifestar em nós e através de nós, a nova consciência que torna tudo sempre novo.

"A santificação da consciência parte da convicção: 'Hoje deverá realizar-se!'

 Vivei no radiante presente como em uma festa diária!

O passado não importa, nem o futuro, e sim o presente absoluto.

A santificação da consciência é necessária para que se possa vivificar a magia gnóstica na prática". [17]

16. OS TRÊS MISTÉRIOS

As questões fundamentais da vida, às quais todo ser humano é chamado a encontrar respostas, são abordadas sob os mais diversos ângulos pela filosofia, pela ciência, pelo esoterismo, pela religião e pela arte. Na Antiguidade elas também foram o principal objeto de reflexão e trabalho das escolas iniciáticas ou escolas de mistérios. Apesar de nunca terem sido revelados ao profano, há indícios desses ensinamentos nos textos sagrados de todos os tempos.

Por diferentes razões esses ensinamentos eram denominados de "mistérios": o sentido mais comum é porque só eram divulgados a quem tivesse passado por determinadas cerimônias de iniciação, sob o compromisso de sigilo. A palavra mistério pode levar à compreensão errônea, como algo secreto e misterioso num sentido banal. Esse termo se origina das palavras gregas mysterion (rito ou doutrina secreta), mystes (pessoa iniciada em segredos, iniciado) e myein (fechar), porque a pessoa que vivenciava tais experiências metaforicamente fechava os olhos e a boca para não ver com os olhos materiais nem revelar os segredos que tinha aprendido nas escolas iniciáticas.

Esse sigilo era exigido por diversas razões. Acreditava-se, por exemplo, que o acesso a certos conhecimentos era peri-

---

17 Petri; Rijckenborgh. *Rosa Mystica*, verso 80

goso, pois dava poder a quem os possuía, poder que poderia ser desvirtuado por interesses egoístas. Além disso, em alguns períodos, houve perseguição a quem detivesse determinados conhecimentos e concepções sobre a vida. Por exemplo, já no século V a.C., os pitagóricos do sul da Itália foram perseguidos e massacrados. A História dá testemunho da perseguição a vários outros grupos que também estavam de posse do conhecimento iniciático, como os cristãos gnósticos, os maniqueus e os cátaros.

Na Antiguidade, como grande parte da humanidade possuía consciência mágico-mítica, a linguagem da mitologia era utilizada para esclarecer os mistérios. A linguagem atual é a da ciência, da filosofia e do esoterismo que, na prática, também têm caráter mitológico.

Independente da forma exterior que assumam, esses mistérios podem ser distinguidos em sua natureza tríplice, através de três perguntas: "Quem eu sou?"; "De onde vim?"; e "Para onde vou?". São as questões relacionadas ao ser, à origem e ao destino do ser humano e do universo. Esses três mistérios existem apenas em decorrência da limitação da consciência humana; percebendo a realidade a partir de sua consciência egocêntrica, ele tenta enxergar através dos densos véus impostos pelo egocentrismo. Esses véus o impedem de perceber a natureza mais íntima da realidade, ele vê apenas suas sombras, como apontou Platão no mito da caverna. Mas a realidade está presente e quer se revelar, quer deixar de ser mistério.

"A Luz brilha nas trevas, e as trevas não a compreendem", lê-se no prólogo do Evangelho de João, uma das joias que revelam os mistérios cristãos. Cristo é justamente a luz que revela os mistérios, o incognoscível, ou seja, é através do Filho que o Pai se revela.

Os mistérios, portanto, não são mistérios em si, mas é nossa consciência limitada que cria um véu entre nós e a realidade que brilha por trás desse véu. E uma verdadeira escola de mistérios não é, portanto, uma escola cheia de segredos, mas uma escola de revelação dos mistérios, pois possibilita que cada um de seus alunos rasgue os próprios véus. Isso não se dá através da leitura dos livros da Escola ou do ensinamento universal, mas através da vivência real de um processo de transformação da consciência e da vida.

Considerando que os mistérios fundamentais são os três citados, também três são os véus que encobrem os mistérios, e três são as verdades que querem se revelar, provindas do santuário oculto da Fraternidade Universal.

Essas três verdades nos despertam para o autoconhecimento (quem eu sou), para o conhecimento de nossa origem (de onde vim) e para o caminho de transformação interior (para onde vou). Toda busca e todo esforço humanos são tentativas de responder a essas três indagações. Toda arte, ciência, filosofia e religião provieram daí. Mesmo o ser humano totalmente direcionado para a busca de poder, fama e bens materiais age sob a influência desses três mistérios.

Comecemos pelo primeiro mistério (quem somos), pois sua compreensão já contém a resposta às outras duas questões. Temos orgulho de ser buscadores da verdade, inquietados pelos mistérios fundamentais; no entanto, se nossa busca não for direcionada para a realização efetiva do caminho de libertação interior, a busca não passa de uma reação biológica exterior aos mistérios, que não conduz a nenhuma transformação fundamental.

Em relação a isso, coloquemo-nos diante da seguinte imagem descrita por Jan van Rijckenborgh no livro O Novo Sinal: a tampa de um poço é retirada e, em consequência da forte luz que o invade, os vários tipos de insetos que estavam ali se espalham para todos os lados, inquietados pela mudança. Se a tampa não for recolocada, tais seres irão se adaptando lentamente à nova situação, embora nada compreendam dessa luz. Seu movimento foi apenas uma reação biológica à luz, e por fim nada se modifica em essência.

Se os insetos pudessem, como nós, refletir a respeito do acontecimento, teriam impulsos para melhorar e modificar a existência, e sob condições puramente biológicas, iriam ocupar-se com os mistérios do ser, da origem e do destino.

Concluímos que todos nós vivemos e nos encontramos sob a influência fundamental do tríplice mistério. Particularmente agora, quando os raios de Aquário atuam com mais intensidade sobre a consciência humana, percebemos uma inquietação vinda de todas as partes. Na maioria dos casos, essa inquietação leva a consciência egocêntrica a barganhar com as novas forças, opondo-lhe resistência sem nada modificar de fundamental em si.

Então cabe a pergunta: "como alunos da Rosacruz, em que situação nos encontramos? Nossa busca é igualmente mera reação biológica ou encontra-se acima disso?" Cada um deve responder a essas indagações com sinceridade e lucidez.

Se nos encontramos apenas no nível horizontal comum, continuamos no movimento circular da consciência egocêntrica, e de modo algum nos aproximamos dos mistérios, embora eles nos mantenham em movimento. Ainda é, porém, o movimento do conformismo, da repetição, da ilusão, que tem seu valor apenas na medida em que nos leve aos limites do eu e nos impulsione para além desses limites.

Porém aquele que se eleva para além dos caminhos egocêntricos experimenta a força do tríplice mistério divino de forma completamente nova. O que era apenas um toque, um chamado, torna-se uma força transformadora, pois é acolhido de forma consciente pelo sistema humano. Nesse caso os mistérios se revelam de fato, não mais para o intelecto ou para a sentimentalidade humana, mas para todo o ser, redirecionando toda a vida. E o que assim se revela é, antes de tudo, o primeiro mistério, o mistério do ser, o que ele de fato é.

Entre os mistérios, este é o essencial, pois a partir de sua revelação os outros se abrem. Em outras palavras, o fundamento de todo o caminho espiritual é o autoconhecimento, é a descoberta do ser, a resposta à questão "quem sou eu". Nesse processo de autoconhecimento, o ser humano se reconhece como consciência egocêntrica. Não como teoria compreendida intelectualmente, mas como verdade percebida em cada fibra do ser.

Esse reconhecimento também aponta para outra realidade mais profunda, pois é a descoberta da natureza ilusória da consciência egocêntrica que abre a possibilidade para a atuação do ser real. Só quando a ilusão se desfaz, há espaço para o real. Neste momento se ingressa no domínio transcendente, ao qual nossa lógica e palavras não têm acesso. Por isso, os que entraram em contato com essa realidade interior tiveram que descrevê-la de forma simbólica ou indireta.

Uma das formas de fazer isso é utilizar o método negativo, que encontramos nos textos da sabedoria chinesa, hindu e outras. Isto é, enuncia-se tudo o que não é o ser real, para que no final só reste Ele. Por exemplo, não podemos caracterizar nosso ser único – aquilo em nós que de fato "é" – com as atividades da percepção, do pensamento, do sentimento ou com os hábitos que adquirimos, pois todos esses padrões se modificam ao longo da nossa existência – e este é o melhor dos casos, pois, caso contrário, seríamos seres cristalizados. Todos esses elementos são envoltórios e instrumentos, mas não são a própria realidade do ser.

Em essência não somos o corpo físico, apesar de este ser um instrumento útil e necessário enquanto vivemos na matéria densa. Não somos os órgãos dos sentidos, que têm a função de nos mostrar um retrato interior limitado da realidade exterior ilimitada. Tampouco somos a energia vital que nos circunda, apesar de ela constituir uma estrutura coerente ao nosso redor, o corpo vital ou etérico. Sentimos, desejamos, nos emocionamos, queremos, mas também não somos o veículo em que todas essas forças se individualizam na consciência, nosso corpo astral. E tampouco somos os pensamentos ou toda a programação que se cristalizou em nós como corpo mental, após todo o condicionamento biológico, cármico e educacional. Esse corpo mental é, para a maior parte da humanidade, apenas uma parte do corpo astral, o "kama-manas" da literatura teosófica. Não somos tampouco a ilusão de identidade criada pela programação mental, a consciência egocêntrica ou eu comum.

O que restou então? Se não somos nada disso, o que somos? O budismo prefere dizer que resta o vazio, pois querem evitar o risco de confundir qualquer manifestação com a essência atemporal, para além de qualquer descrição. Outra forma de descrevê-lo é falar que somos o ser real ou o eu verdadeiro, chamado de Atman pelos sábios hindus da Antiguidade, e de núcleo microcósmico ou rosa do coração pelos rosacruzes da atualidade.

Somos o ser real, atemporal, que se encontra no recôndito mais sagrado do ser humano, que não se confunde com todos os elementos transitórios que gravitam ao seu redor. Para ele, não há passado ou futuro, pois sua realidade é a do eterno presente. Este é o espaço puro de consciência que tudo percebe, nada julga e com nada se identifica. É a subjetividade absoluta, para a qual mesmo o eu comum é objeto de percepção. Esse ser não pode ser acessado pela memória comum, mas apenas pela memória mais essencial, que na literatura da Escola é denominada de reminiscência.

Como explicado anteriormente, a memória ligada à vida exterior nos afasta da realidade do presente vivo e nos leva para as ilusões geradas pelas lembranças e projeções. A reminiscência, por outro lado, é como uma memória da eternidade, que só se manifesta no presente vivo. Esta reminiscência é uma vaga intuição de que há o ser real em nós, aquele que era, é e há de vir, o verdadeiro eu, o verdadeiro "eu sou", que está para além de toda ilusão egocêntrica, seja do eu inferior, seja do eu superior cármico.

A esse respeito, escreveu Shânkara:

"O Atman é pura consciência, claramente manifesta como subjacente aos estados de vigília, de sonho e de sono sem sonhos. É experimentada interiormente como consciência ininterrupta, a consciência de que 'eu sou eu'. É a imutável testemunha que experimenta o ego, o intelecto e tudo o mais, com suas várias formas e mudanças. É compreendido no fundo do nosso coração como existência, conhecimento e bem-aventurança absolutos. Realiza esse Atman no santuário do teu próprio coração.

O tolo vê o reflexo do sol na água de um jarro e pensa que o reflexo é o sol. Enredado na ignorância de sua ilusão, o homem vê o reflexo da Pura Consciência nos seus invólucros e o confunde com o Eu verdadeiro.

Para olhar o sol, deves afastar-te do jarro, da água e dos reflexos do sol na água. O sábio sabe que estes objetos só são revelados pelo reflexo do sol, que brilha por si mesmo. Não são o próprio sol".[18]

Nesse ser, nesse ponto central de nosso microcosmo, toda a sabedoria do universo está presente. E temos acesso a ela pela pré-memória ou reminiscência. Talvez ainda não estejamos conscientes de sua realidade. Mas o fato de se sentir durante toda a vida como uma mesma pessoa, como alguém que se mantém imutável entre todas as mudanças permanentes – esse sentido do ser, mesmo que apagado e desvirtuado pela memória exterior - é como um vislumbre do ser real, de nosso núcleo microcósmico, da rosa do coração.

E a inquietação que nos afasta do exterior e nos dirige ao núcleo mais interno do ser é um sinal claro de sua atuação. É através desse ponto de apoio imutável que podemos todas as coisas; sem ele, nada podemos.

Contraditoriamente, é na manifestação do ser real que descobrimos, por um lado, nossa individualidade verdadeira e, por outro, nossa unidade essencial com o todo. O cristianismo descreve essa condição através da afirmação de Cristo de que "eu e o Pai somos Um".

É também por isso que, na revelação do primeiro mistério, revela-se também o segundo, o mistério de nossa origem divina, não como teoria, mas pela vivência de que o ser real

18 Shankara. *A Joia Suprema do Discernimento.* p.48

emana do Pai, e continua a ser uno com Ele no eterno agora. Podemos dizer: é apenas na luz do Filho que o Pai se revela. Ou, nas palavras do Cristo: "Ninguém vem ao Pai senão por mim".

Na certeza dessa ligação, o terceiro mistério, o do destino humano, é também revelado, pois a premente necessidade de um caminho de transformação interior se manifesta para a consciência do candidato. Ele reconhece a unidade, ele sabe ter sido acolhido na luz da nova vida, e por isso mesmo se sente impulsionado para o alto, para um caminho de ascensão de força em força, de glória em glória. Ele trabalha em si para possibilitar a ascensão, a realização, no Espírito que santifica, no Espírito que transforma, transmuta e transfigura.

17. ALÉM DA RODA DO TEMPO

Após refletir sobre o passado, como transformá-lo em tesouro de experiências, e como nos conectarmos ao eterno presente, encontrando respostas às questões fundamentais da existência, lancemos o olhar sobre o futuro, e como a consciência humana o constrói com suas projeções.

Indo além dos meros sonhos, utilizando a perspectiva dos que buscam o sentido espiritual da existência, podemos dizer que a maior e mais elaborada projeção de futuro que o homem criou até agora foi a da vida após a morte. Reconhece-se que essa construção mental seja talvez a mais improvável e controversa projeção que a mente humana tenha criado, demonstrando quão distantes estamos da realidade. Não há nenhuma evidência tangível que prove qualquer uma das especulações que se tecem a esse respeito.

Porém, mesmo diante da evidente falta de substância a respeito do que se encontra nas diferentes religiões, são essas especulações sobre uma vida após a morte que servem de justificativa para muitos comportamentos humanos. A noção de pecado, de condenação eterna da alma, de céus e infernos, de recompensas eternas por sacrifícios feitos neste mundo material, tudo isso justificou e em parte ainda justifica muitos comportamentos totalmente antinaturais, desde as penitências e privações, aos sistemas de castas e de desigualdade social entre classes, até mesmo aos comportamentos de extremistas religiosos. Todos os sistemas religiosos baseiam-se nisso, pois sem a promessa de um céu ou a ameaça de um inferno nenhuma religião teria qualquer sentido, e seu poder de influenciar o comportamento dos seres humanos seria muito limitado. Por isso, todos esses sistemas baseiam-se em uma construção fantasiosa do futuro, cujo objetivo real é o controle do comportamento da massa humana pelas elites, confirmando a máxima de que a religião é o ópio do povo.

Toda escola espiritual de boa-fé afasta-se totalmente de qualquer sistema religioso, mesmo sabendo que seus alunos, pelo condicionamento ao qual foram submetidos ao longo de suas vidas, tentarão sempre de novo encaixar os seus ensinamentos no paradigma de uma religião. A abordagem de uma escola espiritual sempre parte de um ponto de vista totalmente diferente, a saber, a realidade, sabendo que seus ensinamentos sempre serão distorcidos e mal interpretados.

Seguramente ela utiliza símbolos e imagens que já se encontram na psique dos seres humanos como pontes conceituais, porém ela o faz apenas até que surja neles um conhecimento interior e autônomo, que substitua gradualmente o antigo sistema de símbolos e imagens. Com base nessa posse interior, de um conhecimento que emergiu na própria consciência, de maneira livre e autônoma, e com base na experiência e na vida, é que o ser humano que trilha um caminho verdadeiramente espiritual torna-se livre dos dogmas dos sistemas religiosos. Só assim ele compreenderá que todos esses sistemas, com seus conceitos e dogmas, não passam de pontes simbólicas que tentam ligar o ser humano à sua essência mais real e profunda, que não possui nome, crença ou definição.

É a respeito dessa ligação à essência que Jan van Rijckenborgh e Catharose de Petri se referem quando afirmam que a Escola Espiritual pode ser comparada a uma religião real e sacerdotal. Em outras palavras, os fundadores da Escola da Rosacruz Áurea não tinham por objetivo que os alunos substituíssem seus antigos dogmas e conceitos religiosos por outros, que tivessem sido formulados pela Escola como se fosse uma nova religião. Seu objetivo era que os alunos compreendessem que qualquer sistema simbólico, inclusive o nosso, serve apenas como ponte para levá-los a encontrar a origem dos símbolos em si mesmos, despertando a fonte essencial do conhecimento interior e verdadeiro.

Por essa razão a Escola Espiritual construiu símbolos e locais externos, para funcionar como espelhos, como vasos de contenção para a nova consciência, que talvez de maneira ainda imatura e embrionária cresce em cada um de nós. E o mesmo se dá em relação a tudo o que a Escola Espiritual traz como conceitos e símbolos no tocante a esse suposto futuro da vida humana, quando tenta esclarecer como funcionam a vida após a morte e a reencarnação.

Tudo o que a Escola descreve em relação a esses assuntos tem o único objetivo de nos ligar a um conhecimento interior a respeito de nossa própria vida, permitindo que a transformemos de fato. É com esse mesmo objetivo que nos acercaremos deste assunto, a seguir.

Do ponto de vista do ser humano material, a afirmação mais honesta é que não existe reencarnação, e todas essas construções mentais não passam de pura fantasia, utilizadas como narcóticos para uma vida aparentemente sem sentido. A vida se encerra com a dissolução do corpo, e não existe nada além disso.

Quando fala sobre a dissolução do corpo, a Escola Espiritual refere-se também aos campos energéticos que o interpenetram, e que são utilizados como suportes de manifestação da consciência. Não se entrará aqui em descrições detalhadas sobre esses campos energéticos - comparando-os, por exemplo, a corpos sutis - pois qualquer tentativa para descrevê-los resvala em especulações: se estará utilizando descrições feitas por outras pessoas, tomando-as como verdadeiras, pois mesmo a clarividência (faculdade de ver os campos sutis) sempre vem distorcida pelas imagens mentais de quem supostamente as vê.

Os fatos aceitos e comprovados hoje em dia são de que matéria e energia são um continuum inseparável. Assim como os corpos celestes e mesmos objetos possuem campos magnéticos, o ser humano também possui campos energéticos ao redor do corpo físico, o interpenetrando. Quando o corpo físico deixa de funcionar, tais campos energéticos se volatilizam em curto espaço de tempo, pois sua fonte de energia - que é o corpo físico - já não existe.

Nessa situação, a percepção do tempo pela consciência muda, pois o que nos permite perceber o tempo como o fazemos é o corpo físico. E, como o pêndulo de um grande relógio, ele gera nossa percepção rítmica do tempo que é marcada pelos seus ciclos e funcionamento. Porém, quando o corpo físico deixa de funcionar, o breve tempo de dissolução dos campos energéticos que suportam a continuidade da manifestação da consciência é percebido de maneira totalmente diferente. Sem o corpo físico, a percepção do tempo se dilata. Quanto mais intensa é a percepção, mais o tempo aumenta, e um instante pode parecer durar uma eternidade.

Fazendo aqui um paralelo com a teoria da relatividade: sabemos que quanto maior a energia e a velocidade, mais o tempo se dilata. Nesse estado, o que define a intensidade da percepção do tempo é o quão marcantes e profundas foram as experiências da consciência. Portanto, os símbolos de céus e infernos, com sua suposta alegria ou danação eternas, podem ser melhor compreendidos ao entendermos como o tempo se dilata ao se reviver as experiências quando os campos energéticos da consciência se dissolvem depois que o corpo físico deixa de funcionar. E, quando os campos energéticos da consciência se dissolvem totalmente, sua energia retorna aos campos dos quais foram formados, que seguem existindo como campo energético coletivo da humanidade.

Isso também vale para todos os seres vivos, animais, plantas e mesmo para as rochas e minerais quando se decompõem. A inteligência universal não permite que nada se perca, desde uma partícula até a uma experiência vivida, absorvendo tudo nos grandes campos energéticos coletivos da vida manifestada. Com base nessa realidade é que as escolas espirituais do passado cunharam símbolos a respeito dos diferentes reinos da natureza, com seus respectivos espíritos de grupo.

Nessa visão sóbria e sem divagações sobre a existência humana, fica evidente que não existe reencarnação alguma e que, após a dissolução do corpo material, os seus invólucros energéticos se volatilizam totalmente, e assim a consciência é reabsorvida pelos campos energéticos coletivos de origem. Contrariando o dogmatismo religioso comum, a Escola Espiritual sempre afirmou e continua afirmando claramente que: a personalidade quádrupla é mortal; a alma natural é mortal e não reencarna; e todos os supostos céus e infernos não passam das experiências vividas pela própria consciência durante a dissolução de seus corpos sutis.

Pode ser que exista uma experiência suficientemente forte e profunda, um instante tão intenso vivido por uma consciência, que a leve a seu próprio limite. A relatividade nos ensina que ao atingir a velocidade da luz, o tempo para. Certamente existem diferentes tipos de experiências de consciência, e cada uma delas gera determinada quantidade de energia e de velocidade de percepção interna.

A experiência mais poderosa é a de tornar-se consciente de si mesmo e, nesse tornar-se consciente, perceber a ilusão da existência separada do todo. Essa experiência leva a consciência ao seu limite energético e de velocidade interior de percepção. É como se interiormente ela atingisse a velocidade da luz e, nesse ponto, a luz a tocasse. Esse ponto na consciência é inundado por imenso cabedal de energia, até então desconhecido para ela, que lhe chega da força do próprio universo, e não se explica pelos campos energéticos coletivos que a formaram.

Na Escola Espiritual chamamos essa força, que tocou o núcleo desperto da consciência, de centelha do Espírito. Esse ponto encontra-se além da barreira do tempo, pois ele se manifestou nesse instante de onipresença interior, pelo toque da luz. Assim, esse ponto não pode mais ser dissolvido nem reabsorvido pelos campos energéticos coletivos da natureza quando o corpo material cessa de existir. Ele é um ponto fora do tempo, uma centelha da luz, uma centelha do Espírito, imortal, atemporal, imperecível.

Na verdade, não há palavras para descrevê-lo. Os que o conhecem, por terem suas consciências movidas por ele, usam símbolos para expressá-lo e nos ajudar a aproximar interiormente dele. Na Escola é descrito simbolicamente como o ponto imortal no centro da esfera infinita, como uma imagem resplandecente do grande universo, como um microuniverso, o microcosmo.

Todo o ser humano em quem arde esta centelha sabe o que se quer dizer. Não porque alguém o tenha convencido disso, pois isso seria impossível. Mas porque ele sabe, por si mesmo; porque ele se lembra, sem nunca o ter ouvido. Trata-se da reminiscência de seu próprio ser, que nele ecoa livre do espaço e fora do tempo.

Isso, esse indefinível, é o que nos une. É o que permite nos chamarmos de irmãos e irmãs, pois no âmago de nosso ser arde uma centelha da luz universal, que nos une a tudo e a todos nos quais ela arde e brilha. A partir desse ponto, dessa partícula indefinível, toda a consciência pode renascer se ela for levada ao seu limite, em cada experiência de sua vida. Esse é o verdadeiro sentido do sábio conselho: "Conhece-te a ti mesmo".

Não se trata mais de projetar futuros, de crer em dogmas, de perseguir sonhos, construindo paraísos futuros de continuidade do eu, seja no céu, na terra, ou abaixo da terra. Na centelha do Espírito o único espaço que existe é aqui; o único tempo que existe é agora; a única experiência que existe é ser.

Quantos instantes ainda temos em nossas vidas? Basta apenas um para que despertemos para essa possibilidade e transformemos todos os outros instantes em uma grande oficina de trabalho. Na grande oficina de trabalho de nossa existência, onde cada experiência pode enfim tornar-se uma centelha da eternidade, se temos a coragem de nos desvendar a nós mesmos, pela energia infinita da luz, da luz infinita, da centelha da luz em nós.

Mas, para isso, precisamos estar dispostos a abandonar toda a ilusão, todas as imagens ilusórias, todas as sombras, todos os dogmas e crenças, tudo o que de certa forma nos dá esperança e segurança de continuidade. Sim, abandonar todas essas imagens falsas, para apenas ser e viver do único ponto em nosso ser que se encontra além de toda a manifestação do tempo e do espaço.

Estamos dispostos a isso? Estamos dispostos a despir-nos de todas as teorias, de todos os sistemas esotéricos de explicações e especulações? Estamos dispostos a nos tornar novamente como uma criança, despindo-nos das certezas e dos condicionamentos do passado, como nos pede a luz em nós?

Se estamos dispostos a isso, então não nos aventuramos mais a especular sobre o futuro, sobre a vida, sobre a morte, ou sobre o que vem além dela. Essas coisas já não terão importância alguma, pois o futuro já terá chegado para nós. Um futuro que une em si mesmo o passado e o próprio futuro, no eterno presente.

Certa vez, um poeta, tocado por essa luz, ousou fazer o convite para que vivêssemos em um mundo sem ilusões, no mundo real que ele, apenas em um vislumbre intuitivo, conseguiu divisar. Ele disse algo mais ou menos assim: "Imagine que não há paraíso, que sob seus pés não existe inferno, e que sobre sua cabeça, existe apenas o firmamento do céu. "

Para alguns isso é sonho, pois estão convencidos que suas ilusões são a própria realidade. Para outros, porém, que despertaram de suas ilusões, isso é a nova vida, em seu eterno fluir.

Que possamos despertar das ilusões que ainda carregamos. Que a única realidade possa tornar-se visível aos olhos de nossa consciência, e que tudo isso possa tornar-se verdade em nossas vidas e na de todos os que foram tocados e despertados pela luz!

18. A PRISÃO DO TEMPO

De O Livro de Mirdad:

"Não há paradas e começos no Tempo. Nem há caravanas onde os viajantes possam parar para refrescar-se e descansar.

O Tempo é uma continuidade que se sobrepõe a si mesmo. Sua popa está ligada à sua proa. Nada é finalizado e descartado no Tempo; e nada tem início nem fim.

O Tempo é uma roda criada pelos sentidos, e são os próprios sentidos que a fazem girar na vastidão do Espaço.

Vós sentis a estonteante mudança das estações e acreditais, portanto, que tudo está preso nas garras da mudança. Entretanto admitis, com isso, que o poder que vela e desvela as estações é eternamente único e sempre o mesmo.

Sentis o crescimento e a decadência das coisas e, desalentados, declarais que a decadência é o fim de tudo que cresce. Contudo, reconheceis que a força que faz as coisas crescerem e decair, ela mesma, não cresce nem decai.

Vós sentis a velocidade do vento em relação à da brisa e dizeis que o vento é, de longe, o mais rápido, mas apesar disso admitis que o que move o vento e o que move a brisa é um e o mesmo, e nem corre com o vento, nem engatinha com a brisa.

Quão crédulos sois!

Como vos deixais enganar com cada truque que vossos sentidos vos aplicam!

Onde está vossa imaginação? Somente com ela podeis ver que todas as mudanças que vos deixam atônitos não são mais do que truques de prestidigitação.

Como pode o vento ser mais rápido do que a brisa? Não é a brisa que dá origem ao vento? Não carrega o vento a brisa consigo?

Vós, andarilhos na Terra, como medis as distâncias que caminhais em passos e em léguas? Tanto faz irdes perambulando vagarosamente como a galope, não estais sendo carregados pela velocidade da Terra por espaços e regiões para onde a própria Terra está sendo levada?

Não é, pois, vossa senda igual à senda da Terra? Não é a Terra, por sua vez, transportada por outros corpos, tendo sua velocidade igualada à desses corpos?

Sim, o lento é a mãe do célere. O célere é o veículo do lento. E a lentidão e a celeridade são inseparáveis em cada ponto do Tempo e do Espaço.

Como dizeis que o crescimento é crescimento e a decadência é decadência e que um é inimigo do outro? Alguma coisa já nasceu senão de algo decaído? E já alguma coisa decaiu senão de algo em crescimento?

Não estais crescendo por meio de uma decadência contínua? Não estais decaindo por meio de um crescimento contínuo?

Não são os mortos o subsolo dos vivos e os vivos os celeiros dos mortos?

Se o crescimento é filho da decadência e a decadência, filha do crescimento; se a Vida é mãe da Morte e a Morte, mãe da Vida, então em verdade ambas são uma só em cada ponto do Tempo e do Espaço. Em verdade, vossa alegria por viver e por crescer é tão tola quanto vossa dor por morrer e por decair.

Como dizeis que só o Outono é a estação das uvas? Em verdade vos digo que a uva também está madura no Inverno, quando ela não é mais que seiva sonolenta pulsando imperceptivelmente e sonhando seus sonhos na videira; e também na Primavera, quando ela surge em tenros cachos de bagas de esmeralda; e também no Verão, quando os cachos se espalham e as bagas incham e suas bochechas se tingem com o ouro do Sol.

Se cada estação traz em si as outras três, então, na verdade, todas as estações são uma só em cada ponto do Tempo e do Espaço.

Sim, o Tempo é o maior prestidigitador, e os homens, os maiores simplórios. Muito semelhante ao esquilo em sua roda é o Homem que, tendo posto a roda do Tempo a girar, está tão cativo e arrebatado pelo movimento, que já não pode crer que é ele mesmo o motor, nem pode ele 'achar tempo' para fazer parar o burburinho do Tempo.

A roda do Tempo gira na vastidão do Espaço. Em seu aro estão todas as coisas perceptíveis pelos sentidos, que nada podem perceber, senão no Tempo e no Espaço. Assim, as coisas continuam aparecendo e desaparecendo. O que desaparece para um, em certo ponto do Tempo e do Espaço, aparece para outro em outro ponto. O que pode ser em cima para um, é embaixo para outro. O que pode ser dia para um, para outro é noite, dependendo do 'Quando' e do 'Onde' do observador.

Uma só é a estrada da Vida e da Morte, ó monges, sobre o aro da roda do Tempo, pois o movimento em círculo jamais pode atingir um fim e jamais se consome. E todo movimento no mundo é um movimento em círculo.

Então, o Homem jamais se libertará do círculo vicioso do Tempo? Sim, o Homem se libertará, pois ele é herdeiro da santa Liberdade de Deus. A roda do Tempo gira, mas seu eixo está sempre em repouso. Deus é o eixo da roda do Tempo.

Embora todas as coisas girem à volta d'Ele no Tempo e no Espaço, Ele é sempre eterno, ilimitado e estático. Embora todas as coisas procedam de Seu Verbo, Seu Verbo é tão eterno e ilimitado quanto Ele.

No eixo tudo é paz. No aro, tudo é comoção. Onde preferis estar?

Digo-vos, deslizai do aro do Tempo para o eixo e vos poupareis da náusea do movimento. Deixai o Tempo girar em volta de vós, porém não gireis vós com o Tempo.

[...] Como pode o Homem, criatura do Tempo, libertar-se das garras do Tempo?

Assim como a Morte te livrará da Morte e a Vida te libertará da Vida, assim o Tempo te emancipará do Tempo. O Homem ficará tão cansado da mudança, que tudo nele ansiará, e ansiará com irredutível paixão, por Aquilo que é mais poderoso do que a mudança, e com certeza ele o encontrará em si mesmo.

Felizes os que anseiam, pois já estão no limiar da Liberdade.

Porém, ai daqueles que impulsionam as voltas do Tempo e tentam encontrar nisso sua liberdade e sua paz. Tão logo sorriem pelo nascimento, já são forçados a chorar pela morte. Tão logo se saciam, e já são exauridos. Mal acabam de capturar a pomba da paz, e ela se transforma, em suas mãos, no abutre da guerra. Quanto mais pensam que sabem, menos em verdade conhecem. Quanto mais avançam, mais, na verdade, retrocedem. Quanto mais alto sobem, mais baixo caem.

Para esses, minhas palavras serão vagos e irritantes murmúrios, serão como orações no hospício ou como tochas acesas diante de cegos. Enquanto também eles não ansiarem pela Liberdade, não abrirão os ouvidos.

Deixa que aqueles que riem quando sentem as cócegas dos dedos astutos do Tempo chorem quando sua pele for despedaçada pelas unhas dele.

Deixa que aqueles que dançam e cantam à radiante Mocidade cambaleiem e gemam às rugas da Velhice.

Deixa que os foliões nos carnavais do Tempo cubram a cabeça com cinzas nos funerais do Tempo.

Tu, porém, deves sempre estar sereno. No caleidoscópio da mudança, procura somente o imutável.

Nada há, no Tempo, que valha uma lágrima. Nada há que valha um sorriso. Tanto a face que sorri como a que chora são igualmente indecorosas e distorcidas. Queres evitar o sal das lágrimas? Evita, então, as contorções do riso.

Uma lágrima, ao evaporar, torna-se uma risada. Uma risada, quando condensada, torna-se uma lágrima.

Não sejas nem volátil para a alegria nem condensável para a tristeza, mas serenamente igual para ambos". [19]

Do livro O Evangelho Aquariano:

"Não houve um tempo em que o homem não existisse.

Se a vida do homem tivesse um começo, teria que ter um

19 Naimy. *O Livro de Mirdad*, cap. XVIII e XIX

fim.

Os pensamentos de Deus não podem ser limitados. Nenhuma mente finita ou intelectual pode entender o infinito.

Tudo que é finito é mutável. Tudo que é finito deixa de existir porque houve um tempo em que não existia.

Os corpos e as almas dos homens são finitos e, portanto, eles precisam ser transmutados ou chegará o dia em que não existirão mais.

Mas o homem não é seu corpo nem sua alma. Ele é Espírito, parte do Espírito Cósmico.

O Fiat Criador deu ao homem o Ego Humano; o Espírito do Homem, uma alma, para que ele possa agir no plano intelectual consciente; e um corpo, para atuar no plano físico das manifestações corporais.

Por que o Fiat Criador deu ao Espírito humano uma alma para que ele pudesse agir no plano intelectual consciente?

Ouçam-me agora, mundos, domínios, poderes e tronos.

Ouçam-me agora, querubins, serafins, anjos e homens.

Ouçam-me agora, protoplasma, terra, planta e animal.

Ouçam-me agora seres que rastejam na terra, peixes que deslizam nas águas, pássaros que voam.

Ouçam-me agora ventos que sopram, trovões e raios do céu.

Ouçam-me agora, Espíritos do fogo, da água, da terra e do ar.

Ouça-me agora tudo o que é e será porque é a Sabedoria que fala do plano Supremo da vida espiritual.

O homem é um pensamento de Deus. Os pensamentos de Deus são infinitos. Eles não são medidos no tempo, porque tudo o que permanece no plano onde há tempo tem um começo e, portanto, terminará.

 Os pensamentos de Deus vêm do passado sem fim e se estendem até os dias sem fim do futuro. E também o homem, o homem espiritual.

Mas o homem, como todos os outros pensamentos de Deus, não passava de uma semente, uma semente dentro da qual os poderes de Deus estavam contidos, exatamente como toda semente da planta da terra contém em suas profundezas os atributos de cada uma das partes dessa planta especial.

Assim, o homem espiritual, como semente de Deus, contém em si os atributos de cada uma das partes de Deus.

Porém, as sementes são perfeitas, tão perfeitas quanto aquele que lhes deu origem é perfeito, mas elas não são desenvolvidas no plano das formas manifestas.

A criança no útero é tão perfeita quanto a mãe.

O homem, a semente, deve ser plantado profundamente em um solo que permita que ele cresça e se desenvolva, exatamente como o broto se transforma em uma flor.

A semente humana que veio do coração do próprio Deus foi designada para ser o senhor do plano da alma e do plano das coisas que têm uma forma corporal.

E assim Deus, o Semeador de tudo o que é, jogou esta semente humana no solo da alma, e ela cresceu e o homem se tornou uma alma vivente e, assim, tornou-se o senhor de todo o reino da alma.

E agora ouçam-me todas as criaturas: o plano da alma nada mais é do que o éter do plano espiritual vibrando em frequência mais baixa e, é no ritmo lento desse plano que as essências da vida se manifestam: perfumes, odores, sensações, e tudo o que é emoção e amor.

E esses atributos da alma se tornam a beleza do corpo.

No plano da alma, o homem precisa aprender uma infinidade de lições, e permanecer ali por muitas eras até que tenha aprendido suas lições.

Nos limites do plano da alma, o éter começou a vibrar com menor frequência e, em seguida, as essências tomaram forma: perfumes, cheiros, sensações e amor foram revestidos de formas corporais e o homem foi revestido com uma aparência mortal.

E como o homem perfeito tem que percorrer todos os caminhos da vida, a natureza carnal se manifestou nele, uma natureza que emergiu das coisas carnais.

Sem inimigos, o soldado nunca conhece sua força. O pensamento deve ser desenvolvido pelo exercício da força.

E assim, essa natureza carnal logo se tornou o inimigo com o qual o homem teve que lutar para que ele conhecesse e fosse a força de Deus na manifestação.

Que todos os seres vivos parem e ouçam.

O homem é o Senhor de todos os planos das manifestações: do protoplasma, do mineral, da planta e do animal. Mas ele abandonou seus direitos inerentes simplesmente para agradar seu Ego Inferior, seu Ego Carnal.

Mas o homem recuperará seu estado perdido, sua herança, embora a recuperação seja uma luta que não há palavras para descrever.

Ele sofrerá múltiplas tristezas e provações.

Mas, deixe que ele saiba que os querubins e os serafins que governam as estações do sol, e os Espíritos do Deus Todo-Poderoso, que governam as estrelas solares, são seus protetores e guias, que o levarão à vitória.

O homem será totalmente salvo, redimido e aperfeiçoado por seus sofrimentos nos planos físico e da alma.

Quando o homem conquistar o plano físico, sua forma corporal terá cumprido sua missão e desaparecerá e não existirá mais.

Sem correntes, o homem encontrará inúmeros inimigos que deverá vencer, vencê-los um a um.

Assim, a esperança sempre será o seu farol. A alma humana não falhará porque Deus a guia e, portanto, sua vitória é certa.

O homem não pode morrer. O homem-Espírito é um com Deus. Enquanto Deus viver, o homem não pode morrer. Quando o homem vencer todos os inimigos da alma, a semente terá germinado completamente; ela se tornará o alento sagrado.

Assim, a forma da alma terá cumprido sua missão e o homem não precisará mais dela.

E então, o homem alcançará a bênção da perfeição e se tornará um com Deus." [20]

Do Evangelho dos Doze Santos:

"Estando Jesus sentado a oeste do templo com seus discípulos, eis que passaram alguns carregando um morto para ser sepultado, e alguém lhe disse: 'Mestre, se um homem morrer, viverá ele novamente?'

E ele respondeu: 'Eu sou a ressurreição e a vida, eu sou o bem, o belo e a verdade; aquele que crer em mim, não morrerá, mas terá a vida eterna. Assim como todos morrem em Adão, assim também todos serão vivificados no Cristo.

Bem-aventurados são os mortos que morrem em mim, e são perfeitos em minha imagem e semelhança, pois estes descansam de seus trabalhos, e suas obras os acompanham. Eles venceram o mal, e se tornaram colunas no templo de meu Deus, e dali não mais sairão, pois repousam no Eterno.

Morte e nascimento repetidos não mais têm poder sobre eles; para eles a roda do eterno não revolve mais, pois alcançaram o centro onde há perpétuo repouso; e o centro de todas as coisas é Deus'. " [21]

---

20 Downling. *O Evangelho Aquariano*, Prólogo.
21 Ouseley, *O Evangelho dos Doze Santos*, cap. 69

19. A NOVA ESCOLA ESPIRITUAL

Nos últimos meses de isolamento social, em que os encontros presenciais na Escola foram substituídos por encontros remotos, alunos manifestam diferentes reações ao que temos vivido e à forma encontrada para levar adiante o trabalho da Escola.

Muitos manifestam gratidão pelos serviços terem sido mantidos dessa forma: dezenas de alunos licenciados, que já não podiam participar presencialmente das atividades, e os que residem em cidades distantes, puderam envolver-se de maneira plena, participando mais dos serviços e conferências. O resultado é que a frequência aos serviços transmitidos virtualmente entre os anos de 2020 e 2021 tem sido mais de dois terços superior à presença física do ano de 2019, o que seguramente demonstra sua efetividade.

Outros lamentam não podermos nos encontrar fisicamente, e se perguntam se de fato estamos realizando o trabalho ao não nos reunirmos nos templos. Há também quem questione a necessidade de templos físicos, se aparentemente podemos realizar o trabalho de outra forma.

Essas questões ficam mais claras quando se compreende a natureza do trabalho da Escola Espiritual, a real natureza do Corpo Vivo, e se decifra a aparente contradição entre, de um lado, precisar dos centros de conferências e núcleos e, de outro, poder realizar plenamente o trabalho da Escola de forma virtual, com o auxílio da tecnologia. Tal compreensão permitirá que cooperemos com o trabalho atual, sendo simultaneamente co-criadores de uma nova forma de atuação da Escola Espiritual que emerge neste momento, repleta de desafios e grandes e novas oportunidades. Falamos aqui de uma nova Escola Espiritual para o Século XXI, que vem sendo gestada dentro do Corpo Vivo, e que agora precisa de fato nascer e manifestar-se plenamente.

O que diferencia a Escola Espiritual de outros grupos e movimentos é a existência e a manifestação de seu Corpo Vivo. Se nosso trabalho se limitasse à transmissão de conceitos esotéricos ou de conselhos práticos sobre uma maneira melhor de viver, seguramente já teríamos naufragado no mar de novos conteúdos que surgem diariamente na internet.

Porém, se prestarmos atenção ao que está acontecendo em nossos serviços, percebemos um fluxo sutil e não definível, algo como um toque, ou na ausência de outra palavra, uma força, que está atuando neste momento. Neste instante, é possível que estejam reunidas várias centenas de alunos. E todos estão unidos não pelas palavras, mais sim pela força que se encontra detrás delas, e que não está associada necessariamente ao que se diz e muito menos com quem o diz. Na verdade, essa força além das palavras e seus conceitos, esse som inaudível por detrás do que se ouve, é o fluido etérico e astral do Corpo Vivo em sua plena manifestação.

O que torna este momento especial e o transforma em um verdadeiro serviço, e que nos une no campo etérico do mundo, além das barreiras físicas, lado a lado no grande templo branco da Fraternidade Universal, é a pura radiação etérica e astral do Corpo Vivo da Escola Espiritual.

O ser de cada um experimenta essa força, mas é preciso compreender sua verdadeira natureza para não só experimentá-la interiormente, mas também cooperar com o trabalho que disso resulta.

Acima foi dito que a nova Escola Espiritual para o Século

XXI está sendo gestada dentro do Corpo Vivo. Pense em uma mãe que carrega, cheia de amor e gratidão, a nova vida que se desenvolve em seu ser. Dentro de si mesma ela carrega um milagre invisível da natureza, um processo que toca e revoluciona todos os aspectos de sua vida e de sua alma. Quem passou por essa experiência, descrevem-na como algo que mudou suas vidas.

Ainda que não a tenhamos vivido dessa forma, todos nós somos o seu produto, ao termos sido gerados e gestados nesse espaço interior, tão íntimo e misterioso, dele surgindo para ingressar nesta vida. Esse mistério, do gerar e gestar em si um novo ser, pode ser utilizado como metáfora para compreender o processo espiritual em suas três grandiosas dimensões: a dimensão do aluno - daquele que carrega em si o embrião do novo ser-alma; a dimensão do grupo - onde o embrião da nova vida em cada um é acolhido e protegido no grande espaço materno do Corpo Vivo; e, finalmente, a dimensão do trabalho mundial da Escola Espiritual - onde o Corpo Vivo está constantemente gestando, em si mesmo, a sua manifestação seguinte, em um processo de contínua renovação e transformação daquela que deve ser a eternamente jovem Fraternidade Gnóstica.

Partindo da base real e intuitiva do trabalho interior, que nos permite conhecer a realidade do novo ser interior que gesta dentro de nós, mergulhemos mais fundo na dimensão coletiva do trabalho, na qual o Corpo Vivo torna-se o grande campo materno em que os embriões da nova alma são gestados até o pleno nascimento do novo ser. No ventre da mãe encontra-se o embrião de um novo ser, gerado pela união dos dois grandes princípios universais da vida, que confluíram um no outro.

Esse novo ser, tênue e frágil, precisa de um espaço fechado, isolado e protegido, como se fosse um pequeno mundo dentro do grande mundo, onde ele possa ser resguardado para poder crescer e se desenvolver. Esse espaço é o ventre da mãe, onde o embrião repousa, a ele se ligando e dele recebendo toda a proteção e sustento necessários para o seu crescimento.

O embrião liga-se ao ser da mãe por um vínculo físico muito claro que, com o tempo, se transforma no cordão umbilical. Além de encontrar-se literalmente dentro do ser da mãe, o embrião encontra-se física e corporalmente ligado a ela, formando, durante toda a sua gestação, um único ser. Por meio desse órgão de ligação física entre a mãe e o embrião fluem todos os nutrientes necessários para que ele comece a se transformar, gerando seus próprios órgãos, à imagem e semelhança da mãe.

O novo ser cresce e se desenvolve, movimentando-se dentro de um espaço protetor que o envolve, preenchido por uma atmosfera especial, o líquido amniótico, que permite ao bebê um movimento livre e essencial, protegido das ameaças do mundo exterior, às quais não sobreviveria se exposto prematuramente.

Tudo isso encontra-se envolvido por diferentes camadas protetoras, da placenta às paredes de órgãos e tecidos da mãe, que crescendo junto com o bebê, formam a esfera protetora do útero em seu ventre, como um microuniverso, único e singular, dentro do qual cresce essa nova vida.

Quando o bebê atinge pleno desenvolvimento, ele nasce, e sua ligação e relação com a mãe mudam completamente. Ele dcixa para trás o cordão que fisicamente o ligava a ela e as camadas de contenção que o envolviam. Ele respira uma nova atmosfera, abre os olhos e vê, pela primeira vez, os olhos amorosos de mãe que agora o fitam diretamente, e o acolhem dando as boas-vindas ao novo mundo em que passará a viver.

Assim como a mãe possui em seu ser esse espaço sagrado, reservado à manifestação de uma nova vida, da mesma forma a Escola Espiritual também possui em seu ser esse espaço materno, destinado à gestação do embrião de um novo ser-alma. Esse espaço não foi formado pela Escola Espiritual. Ele é um arquétipo original da natureza, gravado no éter do mundo, como uma matriz que toma forma na Escola Espiritual, assim como ocorreu com todas as escolas espirituais do passado. Essas escolas, simbolicamente denominadas de fraternidades precedentes, serviram como fiéis guardiães desse espaço.

Assim como uma menina traz em si o potencial para tornar-se uma futura mãe no momento correto da vida, quando os órgãos correspondentes nela crescem e amadurecem, transformando-a em uma mulher adulta, que pode conceber em si uma nova vida, da mesma forma isso ocorre com uma escola espiritual. No momento correto ela deixa de ser apenas um campo de ideias puras e originais, para se tornar o espaço gerador de uma nova vida. É nesse momento que ela herda o tesouro de sabedoria de todas as escolas precedentes, que nela tomam forma, como a continuidade de um trabalho imemorial e sagrado, assim como a jovem ao tornar-se mãe encarna em si a sabedoria inata de todas as mães que a precederam.

Esse campo materno tomou forma na Escola Espiritual, permitindo-lhe auxiliar de maneira muito concreta o trabalho universal da gestação dos incontáveis embriões do novo ser-alma. Esse embrião surge quando a centelha do Espírito toca o núcleo da alma no âmago do coração do ser humano. Nesse momento, os dois princípios universais encontram-se e unem-se para formar uma nova vida. O Espírito toca o núcleo da alma, e dele surge o tenro e frágil embrião do novo ser.

Em um primeiro momento, esse embrião é acolhido no puro campo etérico do Cristo cósmico, a grande alma do mundo. Nesse campo o embrião do novo ser-alma é protegido, até que, como a semente de uma nova vida, ele esteja pronto para germinar em solo fértil e protegido, que é o espaço mais interior do Corpo Vivo de uma escola espiritual, daquela mãe que pode receber em si o embrião de uma nova vida concebida diretamente pelo Espírito, e assim dar-lhe guarida, e sustentá-lo em seu processo de crescimento.

Todo aquele que encontra uma escola espiritual traz em si essa semente, esse embrião da nova vida em potencial, que nasceu pelo toque da centelha do Espírito no âmago de sua alma. É esse embrião que é acolhido no Corpo Vivo da escola espiritual. A partir daí, estabelece-se uma ligação direta, íntima e particular entre os dois. O embrião do novo ser é uma semente da árvore da vida, de um ser cuja origem encontra-se no campo etérico original e não conspurcado da natureza. Por isto ele precisa ser nutrido por um fluido etérico que, no início, ainda não pode ser gerado de maneira autônoma e contínua pela consciência do aluno.

É nesse momento que entra em cena o trabalho gerador e absolutamente fundamental de uma escola espiritual, que como uma mãe amorosa, provê o alimento imprescindível ao embrião da nova vida que nela cresce, o alimento etérico puro transmutado pelo Corpo Vivo. Ela provê esse fluido etérico a partir dos próprios órgãos de seu corpo, assim como a mãe doa ao bebê os fluidos e nutrientes gerados em abundância em seu próprio corpo.

Na Escola Espiritual esses órgãos são os Centros de Conferências e os Núcleos que gravitam ao seu redor. Como os órgãos de nosso corpo físico, eles são a imagem material de grandes fluxos etéricos e energéticos, que neles se concentram de maneira tão particular e poderosa, e que deles partem em todas as direções, em constantes ondas rítmicas.

A força de amor do Corpo Vivo da Escola Espiritual - desta imagem da grande mãe universal - vem até nós com sua força, luz e fluxo das forças originais da natureza, atinge o âmago do embrião do novo ser-alma em nossos corações, e o vivifica, nutre e o transforma gradualmente no pleno ser da nova vida. Por isso precisamos dessas grandes estações transmutadoras, desses grandes reatores da força etérica original dos átomos, pois é a partir dela que podemos atuar poderosamente no campo etérico do mundo, nele espargindo essa força, como puro orvalho de rosas, não somente para aqueles que se ligaram a ela em seus corações, mas em prol de todas as sementes potenciais do Espírito, no coração de todos os seres.

É para isso que nos reunimos em nossos templos, em nossos serviços e conferências. Não apenas para vivificar esse grande fogo que brilha no campo etérico do mundo, mas também para fortalecer nossa ligação com ele, uma ligação que, realizada no plano mais concreto da matéria, o mundo físico, torna-se o ponto de concentração, irradiação e grande circulação no campo etérico. Essa ligação física é como o cordão umbilical que une fisicamente os corpos da mãe e do bebê. Porém, ela não é uma restrição, uma corrente, ou um grilhão que limita ou prende. Muito pelo contrário, ela é a ponte que une, e pela qual flui um rio de novas energias; uma ponte que nutre e vivifica.

Assim como por detrás da forma física de um templo encontra-se o verdadeiro templo etérico onipresente, da mesma forma por detrás de tudo o que realizamos na matéria, encontra-se o verdadeiro objetivo, que é o forjar de uma ligação etérica permanente. Quando o embrião cresce e começa a desenvolver seus próprios órgãos, ele precisa afastar-se da parede do útero de mãe, e mergulhar no grande espaço preenchido pela atmosfera formada pelo líquido amniótico que o envolve. Para ele, isso equivale a flutuar no vazio, em um espaço imenso e desconhecido. Porém, ele pode e deve fazê-lo a partir da ligação do cordão umbilical, que o mantém unido de maneira segura e indissolúvel ao ser da mãe.

Para todos nós, o período de distanciamento que vivemos impôs o afastamento de nossas atividades físicas, causando insegurança e incerteza para muitos, e isso é absolutamente natural. Porém, assim como o embrião que se torna um bebê com contornos definidos e próprios, devemos utilizar esse momento para tomar consciência de nossa verdadeira ligação, da ligação que nos une de maneira indissolúvel. Por nosso trabalho concreto e real na Escola Espiritual é construído não somente um vínculo físico, mas acima de tudo uma ponte etérica.

Quando o embrião se descola da parede do útero para avançar em seu crescimento, ele faz seu cordão de ligação crescer e se fortalecer, justamente para permitir que ele se mantenha ligado ainda mais fortemente ao ser da mãe. Da mesma forma, quando mergulhamos no insondável espaço etérico interior, precisamos nos tornar ainda mais conscientes da ligação que já trazemos em nosso ser, para permitir que ela cresça e aumente seu fluxo das novas forças etéricas e astrais, que como alimento puro e poderoso, asseguram o crescimento do novo ser em nós.

Esse tornar-se consciente equivale ao crescimento do novo

ser em nós. É ele que permite que os órgãos da nova consciência comecem a tomar forma em nós, que possamos prosseguir o trabalho da Escola Espiritual, e que o estejamos realizando de maneira ainda mais profunda e dinâmica neste momento. É esse tornar-se consciente, com sua correspondente ligação interior cada vez mais forte, que assegurará o poderoso fluxo etérico e astral que nos permitirá crescer e amadurecer, até que nos tornemos espiritualmente autônomos.

Quando o bebê cresce plenamente no ventre da mãe, ele novamente toca as paredes internas desse espaço protetor que o acolheu durante todo o tempo de sua gestação. Porém, esse momento marca o começo de uma nova vida para ele. Ao tocar novamente as paredes do pequeno mundo que o acolhia, para ele chega o momento de ir além, de ingressar no grande e vasto mundo que se encontra além do véu. Assim, o embrião do novo ser-alma nasce no grande mundo, o novo ser torna-se consciente no novo campo de vida, e agora une-se à mãe universal que o gerou, como um novo elo da grande corrente, como um novo órgão no Corpo Vivo da Fraternidade. Agora ele trabalhará para gerar e manter o amoroso e contínuo fluxo de forças, para todos aqueles que ainda gestam, como embriões, no ventre materno do Corpo Vivo.

É assim que o trabalho pode e deve continuar. É assim que a jovem mãe, a jovem Fraternidade Gnóstica prossegue, de força em força, ao adicionar sempre um novo elo autônomo, um novo ser espiritualmente maduro e consciente, que nasceu no novo campo etérico do mundo, e que pode auxiliar, de maneira livre, espontânea e amorosa, no grande trabalho de libertação do mundo e de todos os seus seres.

Que o momento em que tocarmos novamente as paredes

físicas dos templos de fogo da Escola Espiritual possa ser também a marca dessa nova etapa de nosso discipulado. Uma nova etapa em que não mais utilizamos o contato com os centros de conferências e núcleos como uma relação inicial de dependência, mas a de um novo momento, lúcido e maduro, em que utilizamos nossa presença física para potencializar a realidade interior de nosso discipulado e nossa ligação ao campo de força, luz e vida da Escola Espiritual. Um momento em que o grande fogo do coração do Corpo Vivo poderá se elevar ainda mais alto, tocando, despertando, e impulsionando incontáveis seres humanos, em sua senda rumo à iluminação e à plena libertação!

Essa é a nova Escola Espiritual que nos aguarda!

20. O SILÊNCIO

A Escola Espiritual da Rosacruz Áurea ensina a necessidade do silêncio, da introspecção e do calar interior. É preciso compreender o seu real significado e importância no despertar de uma nova consciência.

Um dos materiais destinados aos jovens da Escola diz o seguinte a respeito do silêncio:

Você sabe o que é silêncio?

Silêncio?!

Oh, sim, responderá você, isso eu sei com certeza! Silêncio é quando a gente não ouve mais nada! Você não ouve mais falar, nem rir, nenhum passo sequer, e também não se ouve uma porta bater. Até mesmo o suave murmúrio do vento e o sussurro das folhas silenciam.

Nesse caso, realmente, tudo está quieto. Mas será isso 'o silêncio'?

Naturalmente, exteriormente não há ruído algum ao redor, mas, como está seu interior? Há também silêncio em seu coração e em sua cabeça? Será que não há uma infinidade de pensamentos que atravessam vertiginosamente a sua cabeça? Eles são muitos e se revezam com grande velocidade. Às vezes você nem percebe.

Também o coração deseja sempre algo novo, está cheio de agitação. Só raramente você percebe essa agitação.

Pois bem, quando falamos do silêncio não nos referimos apenas ao silêncio perceptível fora de nós, porém, ao verdadeiro silêncio em cada ser humano. Esse silêncio perfeito, que é mais silente do que o silêncio que nós conhecemos, encontra-se em nós.

E, veja, quando tudo silenciou, então a chama da alma principiará a viver.

Ó jovens da Rosacruz, vocês, cuja centelha aguarda ansiosa em seus corações, queiram silenciar para, então, poderem ouvir a voz do coração, pois ninguém poderá impedi-los de ouvir essa voz que se encontra em vocês.

Segundo Jan van Rijckenborgh, o silêncio desempenha papel fundamental - papel de primeira ordem - no processo alquímico da transfiguração. Para viver do silêncio, do verdadeiro silêncio, são necessários abertura, interesse e prontidão interior para se submeter a ele.

A vida diária é repleta de ruídos, o que torna o silêncio uma prática difícil, tanto para observá-lo, para senti-lo, quanto para harmonizar-se com ele. A sociedade atual, sujeita à tecnologia, praticamente baniu o silêncio. Tudo contribui, no homem e fora dele, para encobrir o silêncio, para bani-lo. Os seres humanos de hoje pensam que a vida corresponde ao conjunto de seus comportamentos, em geral condicionados pelos seus pensamentos. Costuma-se dizer que vida é movimento, ação, mas enquanto o movimento, a ação, provier da consciência habitual, da consciência egocêntrica, não haverá silêncio.

Em nossa época movimentada e agitada, milhões de seres se erguem uns contra os outros, para defender seus próprios interesses e pontos de vista. O pensamento egocêntrico teceu um véu de ilusões e o homem se identificou com essas ilusões e as defende com grande afinco. Desde que haja ocasião, esse homem põe-se em movimento, impõe-se, reage, transforma, inventa, fala e ouve, olha, quer estabelecer contato com qualquer coisa para dar a si mesmo a ilusão de que vive.

Os seres humanos, de certa forma, fogem do silêncio. As pessoas falantes se sobressaem às silenciosas, tornando raros os momentos de pausa. Para muitos, discutir ou discursar longamente é, muitas vezes inconscientemente, uma tentativa de fugir do silêncio. Outros se apegam a toda sorte de distrações e ocupações, pois não suportam o silêncio, que lhes pesa como verdadeira ameaça. Em determinadas ocasiões, o ser humano até aspira ao silêncio, mas quando o encontra, ele mesmo faz-lhe obstrução. Ele não se deixa penetrar facilmente pela essência do silêncio.

Por que as pessoas têm tanto medo do silêncio? Seria por causa da angústia que delas se apodera? Quando o exterior silencia, nosso ruído interior se mostra mais claramente. Medos, preocupações, ansiedades, angústias se tornam mais evidentes. E isso, muitas vezes, é doloroso; tentamos evitá-lo voltando-nos para o exterior. Quando não o evitamos, caímos num labirinto sem fim de pensamentos e sentimentos, que nos aprisionam e nos mantêm distantes do silêncio interior.

No silêncio, o ser humano - identificado com as projeções de seu egocentrismo - deixa de receber novos estímulos e, dessa forma, perde seu quadro de referências, sua identidade ilusória, o que, em geral, o assusta. Todo movimento, toda ação e reação do pensamento nascido do ser egocêntrico, toda identificação com suas projeções, deve desaparecer antes que ele possa perceber o silêncio. E isso não de modo forçado, por métodos ou práticas impostos do exterior, porém, por escolha própria e, principalmente, através da compreensão de que o caos de pensamentos e sentimentos se tornou o grande adversário da verdadeira vida.

Não podemos alcançar o verdadeiro silêncio senão através de uma transformação interior. Não aplicando nele nossa reflexão, nem fazendo dele um objeto de especulação, mas sim despedindo-nos de todas as ilusões dos sentidos. Pois o domínio do silêncio está além da competência do intelecto.

O homem quer possuir, é sua natureza querer, desejar, mas ele não pode, em virtude dessa predisposição, entrar na posse do silêncio. Por isso fala-se da não-ação. A não-ação é o estado que precede o silêncio interior, pela inteira rendição ao princípio espiritual no coração. É desse princípio que deve nascer a verdadeira ação.

Em um trecho do livro O Pequeno Príncipe, de Antoine de Saint-Exupéry, o narrador encontra o pequeno príncipe no deserto.

"Quando o principezinho adormeceu, tomou-o nos braços e pensou: O que eu vejo não é mais que uma casca. O mais importante é invisível... O que me comove nesse príncipe adormecido é sua fidelidade a uma flor; à imagem de uma rosa que brilha nele como a chama de uma lâmpada, mesmo quando dorme..."[22]

Nessa narrativa há dois aspectos simbólicos importantes: o primeiro, o deserto, que para o ser humano que está despertando representa a esterilidade da vida egocêntrica; o segundo, o pequeno príncipe, que representa a pureza do silêncio sereno, o princípio vivente de outra dimensão.

Inspirados pela fé íntima na rosa, pelo princípio espiritual que deseja continuamente entrar em atividade em seus corações, muitos seres humanos tomam consciência de que alguma coisa falta às suas vidas. Eles sofrem de um desejo insatisfeito, falta-lhes a calma, o silêncio. Buscam algo novo que lhes preencha a vida e os ajude a encontrar a paz interior, e dirigem essa busca a textos, livros, ensinamentos, métodos e práticas das mais diversas.

Quantas tentativas e experiências desse gênero um ser humano deve acumular para compreender a voz silenciosa da alma, que é a fonte desse desejo? A essência de Deus, a Verdade, é o silêncio. Quem busca a Verdade, em amor, é silencioso. O verdadeiro silêncio é uma dimensão da alma divina.

A calma interior e o silêncio são indícios de um coração purificado e de uma maturidade de alma. A fonte da verdadeira sabedoria e do caminho do despertar espiritual está no coração. "O que o coração não reconhece, não entra na cabeça". Por isso, é no coração que devemos travar a grande batalha.

No livro *Luz no Caminho*, de Mabel Collins, lemos:

"Porque através do teu coração vem a única luz que pode iluminar a vida e que pode esclarecê-la a teus olhos.

Escuta a canção da vida. Procura-a e escuta-a primeiro em teu próprio coração. A princípio talvez digas: 'Não consigo

22 Saint-Exupéry. *O Pequeno Príncipe.*

encontrá-la; ao procurar, encontro apenas discórdia'. Procura mais fundo. Se ficares de novo desapontado, detém-te e busca mais fundo ainda. Existe uma melodia natural, uma fonte oculta em todo coração humano."[23]

O coração humano é um turbilhão de sentimentos, e essa fonte oculta se encontra por de trás desse turbilhão. Quando buscamos essa fonte oculta em nosso coração, esse turbilhão nos suga, nos arrasta, pois ainda estamos profundamente identificados com os sentimentos. Mas nós não somos esses sentimentos, somos algo muito além e maior que eles. Em verdade, todo esse turbilhão não é nada mais que impressões de um passado recente ou remoto, ou de expectativas e projeções de um futuro incerto. Quando nos damos conta disso, deixamos de lutar contra eles, e nos tornamos apenas seus observadores. Tornamo-nos aquele que observa esse fluxo interminável e, assim, deixamos de alimentá-lo com nossos pensamentos; pouco a pouco seu poder vai diminuindo e nosso coração silenciando. Desse modo, pouco a pouco vamos nos aproximando do presente vivente, da vida que se manifesta realmente no agora.

A purificação do coração é, portanto, a imensa tarefa que nos aguarda. Isso é tornar retos os caminhos. Sem começar por isso, sem obter uma vitória nesse campo, nosso discipulado não avança. Uma grande calma deve ser gerada e o desejo egoísta deve ser neutralizado, não de modo a recalcá-lo, mas sim manter-se continuamente vigilante, em observação objetiva.

A Gnosis do único e verdadeiro bem é o silêncio divino, que apazigua todos os sentidos. E o apaziguamento dos sentidos conduz à mudança de nosso olhar, que do exterior passa a se dirigir para o interior. O selvagem turbilhão natural é dimi-

23 Collins. *Luz no Caminho*.

nuído, a esfera aural cessa de ser perturbada e desnaturada por novas especulações mentais, e o danificado poder analítico do pensamento, conferido a cada ser humano como uma espécie de sexto sentido, recebe, nessa calma, a possibilidade de se desligar dos hábitos, do sangue, e das formações intelectuais. Ele se restabelece da pressão sob a qual teve sempre que trabalhar.

A partir desse momento o silêncio divino se instala no coração, e então se nota extraordinária modificação em nosso campo de respiração. O cessar da agitação habitual traz, como consequência, real benefício, grande bênção, pois permite que algo da luz cósmica de Cristo, que é onipresente, penetre o pensamento acalmado e tranquilo, em livre observação. Penetrando nas profundezas do coração, sentimos nova força, a força da essência divina.

Mikhail Naimy assim fala dessa força da essência divina do silêncio:

"O silêncio em que vos farei entrar é aquela expansão interminável na qual o não ser passa a ser e o ser passa a não ser.

É aquele vácuo venerável onde todo som nasce e é silenciado; onde toda forma é moldada e esmagada; onde todo ser é gravado e desgravado; onde nada existe, a não ser Isto.

A não ser que atravesseis esse vácuo e essa expansão em silenciosa contemplação, não sabereis quão real é vosso ser, nem quão irreal o não ser.

Nem sabereis quão firmemente ligada está vossa realidade com toda a Realidade..."[24]

Ao penetrar no silêncio de nosso ser e ultrapassar todas as convicções e tradições que nos moldaram, poderemos conhecer a unidade. Religue o poder do seu pensamento à alma.

24 Naimy. *O Livro de Mirdad*, cap. XX

Não espere que isso venha sossegadamente. A luz nasce da luta em puro anseio, e isto é justamente a autorrealização, a grande obra, o Mysterium Magnum.

A Fraternidade da Rosacruz Áurea está conosco em qualquer tempo e em quaisquer circunstâncias. Perseveremos! Perseveremos e avancemos, até o bom fim!

Assim, ingressamos na Realização! Assim, adentramos nos átrios do sagrado silêncio do novo campo de vida!

21. A FORMAÇÃO DO TEMPO

O que é o tempo? Do que ele é feito? De onde ele surge? E para onde ele vai? Crianças não se acanham de perguntar essas coisas, mas, quando crescem e se tornam adultos responsáveis, já não se sentem à vontade para fazer esse tipo de pergunta.

O ser humano moderno normalmente não questiona o tempo. Ao invés disso, limita-se a correr atrás dele. A vida é tão tensa e agitada, que o tempo só é mencionado pela sua falta: "Não tenho tempo para isso. Não vai dar tempo. Acabou o tempo. Se eu tivesse tempo". Se tempo é dinheiro, como dizem, então a grande maioria das pessoas é muito pobre.

E mesmo quem tem mais tempo livre, ou se ocupa além da conta, ou o gasta com inutilidades, sentindo depois sua falta quando de fato precisa dele. Se isso já acontecia quando o ritmo da vida era outro, o que dizer de hoje, nesta sociedade líquida, em que o tempo literalmente virou fumaça. O acúmulo de tarefas, a instantaneidade dos prazos e o estresse que disso decorre se tornou tão comum, que muitos já nem falam mais a respeito. Entre um tropeço e outro levam-se os dias, até que finalmente chega o fim.

Gautama Buda afirmava que a miséria humana é "viver como se nunca fosse morrer, e morrer como se nunca tivesse vivido". Com isso ele afirma que o ser humano vive no tempo, porém não compreende sua real natureza e por isso não o sabe utilizar ao longo da vida.

Refletir sobre o tempo, sua origem, propósito e natureza é incômodo. E a melhor maneira de afastar esse incômodo é livrar-se dele, preenchendo o tempo com afazeres e inutilidades, como faz todo adulto respeitável no mundo ocidental. Isto é trágico, pois cria uma sociedade que estrutura sua vida para escapar dela, preenchendo cada espaço e instante livres com algo interessante. Até mesmo a solidão foi eliminada, de forma prática e conveniente, pelos espelhos mágicos dos onipresentes celulares. Casais silenciosos, frente a frente em um belo restaurante, cada um com o rosto colado em seu smartphone, são exemplos frequentes e eloquentes. E assim, o tempo voa, o tempo escoa, sua fonte seca, e morremos como se nunca tivéssemos vivido.

Porém, um ser humano que busca a verdade não consegue se contentar com isso. A inutilidade de tal existência é tão flagrante que ele não consegue se conformar com ela, mesmo que se esforce. E assim, mesmo que sua vida gire alucinadamente no carrossel de suas obrigações e afazeres, ele se pergunta:

- "O que é, realmente, o tempo?"

- "De que matéria, éter ou vibração ele é feito?"

- "De qual dimensão ele surge?"

- "Ele possui um fim? Ele é um ciclo? Ele se repete? Afinal, para onde ele vai?"

O ensinamento universal afirma que a única realidade se manifesta fora do tempo como o percebemos. Ela se manifesta no que é denominado eternidade, ou eterno presente. Eterno presente é expressão muito usada na Escola, e por isso pode nos levar a acreditar que sabemos do que se trata, e a fazer analogia com conceitos e ideias que já possuímos sobre o tempo.

Eternidade não é o oposto do tempo. Ela vai muito além do raciocínio binário com que se especula sobre o que não se conhece, quando se afirma, por exemplo, "Bem, se o tempo acaba, a eternidade não acaba. Se o tempo tem fim, a eternidade não tem fim. Se a vida mortal é marcada pelo fim inevitável, a vida eterna deve ser algo como essa vida, porém, sem passar pela morte".

O ensinamento universal nunca afirmou tais coisas. Tais afirmações são distorções da doutrina original, que vem até nós de fora da esfera do tempo, e que a humanidade transforma em dogmas, ao agarrar-se às sombras dos símbolos utilizados para transmiti-la. Esses símbolos, metáforas e alegorias buscam explicar algo complexo de maneira simples e intuitiva, assim como explicar como um pássaro voa mostrando a sua sombra que se move no chão. As parábolas de Jesus, as alegorias de Platão, as epopeias de Gilgamesh e do Mahabharata são apenas exemplos desse contínuo esforço de comunicar o transcendente através de símbolos.

Vamos abordar as perguntas iniciais sobre o tempo utilizando uma alegoria muito singela, esperando que nos leve a uma visão interior mais ampla e profunda. Imagine uma criança, caminhando tranquila e despreocupada por um lindo bosque. De repente, entre uma curva e outra do belo caminho entre as árvores, ela se depara com um grande lago de águas límpidas e cristalinas. Hipnotizada pela visão encantadora, aproxima-se da margem, e fica a admirar sua beleza.

Perdida em pensamentos, começa a atirar pequenas pedras, uma após a outra, bem no centro da superfície do lago. As pedras afundam, mas o que cativa sua atenção são os círculos perfeitos que surgem e se espalham pelas águas do lago, como infinitas ondas. A cada nova pedrinha que atira no centro do lago, surgem novas ondas concêntricas, que se espalham até desaparecerem nas suas margens. A dança rítmica dessas ondas prende o olhar da criança como se fosse um gigantesco imã, e ela não pode fazer outra coisa a não ser continuar lançando pedra, uma depois da outra, para que novas ondas surjam sem cessar. Subitamente ouve o chamado em alta voz da família que, preocupada, a procura no bosque. Sem perceber, ela se perdera em devaneios, e a noite já se aproxima.

A fonte do tempo não se encontra fora de nós, mas sim dentro, na mente e em seu fluxo. Com nossa mente criamos a percepção do espaço, e dentro desse espaço de percepção, nós nos movimentamos. Porém, nossa percepção é muito limitada. Nossos olhos conseguem focalizar apenas uma pequena parte do espaço ao seu redor. Nossos ouvidos conseguem ouvir apenas determinadas faixas sonoras.

Olhos, ouvidos, e os outros sentidos são as janelas da sala fechada da mente. Eles deixam entrar apenas uma pequena parte de todas infinitas informações que nos rodeiam. Essa limitação nos faz perceber o espaço e o tempo de maneira muito distorcida.

Nossa mente funciona através de contínuos impulsos. Assim como o coração pulsa, a mente também pulsa. Os impulsos gerados pela mente são extremamente velozes e complexos. Eles vão desde as sinapses no cérebro, aos aspectos energéticos dos corpos sutis e o inteiro circuito dos cinco fluidos da alma. Cada um desses infinitos impulsos pode ser comparado a uma das pequenas pedras atiradas no centro do lago.

Como ficaria a superfície desse lago se nela fosse lançada uma série repetitiva e infindável de pequenas pedras, uma após a outra? Sua superfície ficaria totalmente tomada por ondas concêntricas, que se acumulariam até não ser mais possível sequer perceber uma superfície, mas apenas uma ondulação contínua e crescente.

Cada vez que a mente pulsa e emite um impulso, ela gera uma oscilação energética, como um campo magnético muito sutil ao seu redor, assim como as ondas do lago. Todos esses impulsos partem do centro da consciência-eu na cabeça, e retornam ao seu criador no mundo dos desejos inconscientes, no santuário da vida.

A Escola Espiritual afirma que os pensamentos e os desejos são uma única força com dois polos, em constante circulação. Nesse caminho, eles atravessam a superfície de contato entre ambos, que se encontra no coração, e lá geram infinitas ondas que se espalham ao nosso redor, preenchendo todo o nosso campo de respiração. A circulação entre desejos e pensamentos gera o campo magnético de nosso campo de respiração, e assim criamos uma realidade coesa ao nosso redor, que tem vibração e características próprias e únicas.

As leis gravitacionais que regem os astros determinam que o tempo transcorra em velocidades diferentes em corpos celestes com diferentes campos magnéticos. Isto também se dá com cada ser humano. Pela interação dos três núcleos de nossa consciência, formamos um campo magnético único e totalmente particularizado, que manifesta nuances diferentes sobre como o tempo e o espaço são organizados e, principalmente, percebidos.

Imagine que a superfície do lago de sua alma em seu coração não fosse plana, e que as ondas de seus pensamentos não se espalhassem como círculos em um plano, mas como esferas em todas as direções ao seu redor. Se você estivesse no centro do lago esférico, o que você veria? Você teria a impressão de viver dentro de incontáveis esferas, sim, tantas e tantas esferas que em um determinado momento já não veria mais a realidade ao seu redor, mas tão somente as ondas geradas por sua própria consciência.

Pois bem, é algo mais ou menos assim que ocorre, porém não com a água de um lago, mas com os éteres de seu campo de respiração, que são substâncias muito sutis. Cada pensamento gera uma nova onda, uma nova esfera de vibração. Esfera dentro de esfera, como infinitas camadas translúcidas, uma encobrindo a outra. Até que a consciência já não consegue perceber mais nada, a não ser o reflexo de si mesma.

Por essa razão a Escola diz que não percebemos a realidade, mas apenas o reflexo de nosso estado de consciência, e que esse estado de consciência cria, de fato, um campo particular, ou seja, um estado de vida. Disso decorre que o tempo é percebido por diferentes pessoas de formas diferentes, e que sua relação com o espaço ao seu redor, ou seja, sua interação com a realidade material e com as pessoas ao seu redor, seja diferente de uma pessoa para outra.

Depois dessas considerações, voltemos às perguntas iniciais para extrair algumas conclusões.

- "O que é, realmente, o tempo?" O tempo é um fenômeno individual de percepção do espaço, criado pelo funcionamento de nossa consciência.

- "De que matéria, éter ou vibração ele é feito?" Para a consciência humana, o tempo é a soma de todos os impulsos e vibrações do campo energético; portanto, é uma esfera de percepção e de vida única e particularizada.

- "De qual dimensão ele surge?" O tempo é a dimensão de manifestação da própria consciência, por isso o ser humano não o percebe exteriormente, da mesma forma como percebe um objeto no espaço, com altura, largura e profundidade. Para a consciência é como se o tempo fosse ela mesma, a sua própria vida, suas memórias, suas ligações, enfim, o seu próprio campo de existência. O tempo é o véu, o próprio veículo de expressão da consciência, e por isso ela está totalmente identificada com ele e não o percebe exteriormente.

- "O tempo possui um fim? Ele é um ciclo? Ele se repete? Afinal para onde ele vai?" A resposta a essa última questão é ainda mais instigante, pois ela nos leva a uma conclusão inescapável. A maneira como a consciência vê a si mesma distorce sua percepção do tempo. E, como ela vê apenas as ondas que ela mesma cria, ela se sente encapsulada, enclausurada dentro dessas ondas, como se fosse sua prisioneira. Por isso a consciência sempre se sente refém do tempo. Por não conhecer a si mesma, ela se sente atacada por todos os lados pelas consequências de impulsos que ela mesma criou e pôs em movimento. E, por estar totalmente presa ao tempo, e às formas que se manifestam dentro dele, quando as formas se desfazem, a consciência se desfaz com elas.

Essa é a grande ilusão, a soma de todas as outras ilusões criadas pela consciência. A grande ilusão de um estado de consciência que a aprisiona de maneira quase inescapável. É esse estado de consciência que precisa ser compreendido, demolido e transformado. Esse é o objetivo da Escola Espiritual e de todo o seu trabalho.

22. A TAREFA DO ALUNO

Como se pode sintetizar o processo proposto pela Escola Espiritual? Em que consiste a tarefa do aluno na senda interior? Como a alma pode atravessar a esfera do tempo e ingressar na eternidade?

Essas perguntas, feitas por buscadores e alunos, expressam o anseio por um novo estado de vida. Eles sabem que as respostas são a chave para realizar o novo estado de vida tão ardentemente buscado. No íntimo, também sabem que as respostas não vêm de algo ou alguém fora deles, mas precisam ser forjadas no seu interior, na fornalha do laboratório alquímico de seu ser.

O que a Escola Espiritual pode fazer por seus alunos é lhes prover indicações para que eles mesmos descubram as ferramentas e os materiais de construção que já se encontram neles, e por seu próprio trabalho e esforço interior, tornem-se os livres-construtores de si mesmos.

Três palavras sintetizam a tarefa do aluno em sua senda interior: Despertar - Perceber – Transformar. O capítulo anterior descreveu em detalhes o processo pelo qual a consciência humana cria sua própria esfera de vida, através da interação de seus três focos, situados nos santuários da cabeça, do coração e da vida. Essa interação foi resumida através de uma imagem: a mente produz infinitos e sucessivos impulsos, qual pedras atiradas em um lago; o inconsciente reage a tais impulsos, como as águas agitadas pelo golpe das pedras; e do coração partem incontáveis ondas astrais, como as ondas na superfície do lago. Essas ondas astrais preenchem nosso campo de respiração e formam a esfera de vida particular, através da qual percebemos o tempo e o espaço, interpretando e interagindo com as pessoas e as situações. Assim a consciência se fecha e se isola da realidade universal que a interpenetra.

Esse é o quadro em que o buscador da verdade se encontra quando se coloca diante do portal da senda interior. Por essa razão é fundamental que, em primeiro lugar, ele compreenda isso em profundidade, antes de tentar dar qualquer passo nessa senda. Essa também é a razão pela qual uma escola espiritual legítima não utiliza qualquer tipo de técnica de aprimoramento - seja ocultista, mística ou mágica - pois tudo isso apenas mobiliza a interação já existente entre os três focos da consciência e agrava ainda mais o já tão conturbado quadro em que ela se encontra. Portanto, a base a ser utilizada inicialmente na senda interior não pode ser essa.

A Escola Espiritual sempre aponta para um princípio totalmente diferente, que já despertou no ser humano que busca a verdade. Esse princípio precisa estar fora do circuito fechado da consciência, e não pode estar submetido ao automatismo de sua interação habitual. Ao longo dos séculos, o ensinamento universal chamou esse princípio de diferentes nomes e, atualmente, na Escola Espiritual ele é chamado de centelha do Espírito. Sabemos que essa centelha não pode ser despertada pela consciência, ao contrário, é a centelha que desperta a consciência.

Sendo esse o principal fundamento de uma escola espiritual legítima, ela não ensina qualquer técnica que desperte qualquer coisa na consciência comum. Quando a Escola fala em um despertar, como o primeiro passo na senda interior, ela se refere à utilização da força da centelha, que se encontra ativa no âmago da consciência. Em outras palavras, não é preciso despertar nada, mas sim utilizar o impulso que já nos despertou. E como isso funciona?

A tarefa do aluno neste ponto inicial da senda consiste em utilizar uma faculdade de sua consciência que normalmente foge ao seu controle, que é a sua atenção. Quem nunca passou pelo momento embaraçoso em que não conseguia prestar a atenção na fala de alguém, e depois teve que se desculpar por não o(a) ter ouvido? Onde estava sua atenção naquele momento? Seguramente estava no que ela, de fato, desejava fazer, e não naquele encontro. Isso ocorre sempre, porque aquilo que chamamos de atenção é o foco da consciência. E esse foco é dominado pela força astral dos desejos. Por isso não se consegue prestar atenção no que é preciso, mas somente no que de fato se deseja.

É a isso que nos referimos quando afirmamos que o toque da centelha desperta um anseio diferente, que nos transforma em buscador da verdade. Quando esse princípio, essa centelha do Espírito desperta no foco de nossa consciência, ele gera uma onda astral totalmente diferente que parte do coração. Essa comoção interna é tão grande, como uma onda que neutraliza todas as outras em uma fração de segundo. Ela gera um insight tão poderoso, claro e reconhecível, que imediatamente atrai toda a nossa atenção. Ela desperta a consciência, tornando-a consciente de si mesma e de tudo ao seu redor, libertando-a, durante uma fração de segundo, das suas amarras.

Nesse lampejo, a consciência desperta. Todos nós, que buscamos a verdade, passamos por isso, e nos lembramos disso não uma, mas incontáveis vezes. Esses instantes são os pontos de contato entre a centelha e o foco da consciência, portanto, de sua atenção. Por isso a Escola diz a seus alunos no início da senda interior: “Preste atenção a seus sentimentos, pensamentos e à atividade de sua vontade!”

O que isso significa? Por que seria útil? E como pode nos transformar? Prestar atenção a algo que não se deseja é impossível. Do mesmo modo, pedir à consciência-eu que preste atenção, confronte e dissolva o emaranhado de desejos, pensamentos e reações que a compõe é algo impossível de ser feito, pois ela não quer, ela não deseja, porque isso não traz estímulo, recompensa ou ganho algum para a consciência-eu.

Tentar prestar atenção a desejos, pensamentos e reações a partir da consciência egocêntrica comum é o mesmo que convencer uma criança a estudar gramática em um parque de diversões, não vai funcionar. E é isso que se tenta explicar aos alunos quando, desolados, eles afirmam que também não conseguem fazê-lo. A Escola não lhes responde: "Tente de novo, com mais fé e vontade, e você conseguirá!" Ao contrário, a Escola diz: "Ótimo! Você descobriu 'porque' não funciona?"

Quando a Escola afirma que o eu não consegue realizar o processo, ela não está dizendo que não se pode nem se deve fazer nada em nossa senda. Ela está afirmando que tentar mudar o estado de consciência através de um mero treino ou esforço da própria consciência é algo impossível. Portanto, para que insistir, se é totalmente ineficaz?

Porém, por mais que se ouça, só se aprende passando pela experiência. E aprender e tornar-se consciente é o verdadeiro sentido do desmascaramento. Isso significa saber, por experiência própria, que nossos mecanismos automáticos de consciência sempre agem para nos pregar peças. E assim, não é preciso usar a máscara de uma aparência ilusória.

Quando a Escola diz "preste atenção" ela está se dirigindo àquela parte de nossa consciência que de fato despertou, àquele ponto em nós que pode, de verdade, prestar um tipo de atenção totalmente diferente sobre si mesma. Mas esse ponto não é estável. Ele não surge mediante um comando da vontade comum. Portanto, ele não pode ser ativado quando se deseja ou quando nos convém.

Uma bela alegoria do ensinamento universal afirma que "o Espírito, como o vento, sopra onde quer, como quer e quando quer..." Isso também vale para a centelha do Espírito: ela desperta o foco de nossa consciência em um momento inesperado, inusitado e incontrolável para a consciência comum. É justamente nesse momento que temos "a atenção para prestar atenção". É como estar no escuro e, de repente, há um instante de luz. Qual o esforço a ser feito? É óbvio: "use a luz! Preste atenção a ela! Ouça, veja e compreenda a si mesmo, nessa luz!". É assim que funciona, é para isso que serve, e é assim que isso nos transforma!

Ao realizar esse esforço a cada toque, a cada insight que brota da centelha do Espírito, a consciência finalmente desperta de maneira definitiva. É mediante esse esforço contínuo, que nela se forma um núcleo de atenção permanente e totalmente diferente da consciência egocêntrica comum. É o princípio de uma nova consciência, de uma nova alma, formado por uma força poderosa e totalmente diferente do emaranhado de ondas astrais de desejos, de formas-pensamento e geometrias etéricas da consciência comum.

O primeiro esforço do aluno na senda interior é forjar em si esse princípio pois, com base nele, o aluno pode começar a trabalhar realmente. Porque esse princípio se torna algo permanente, como uma segunda natureza, como o olho aberto de um observador interior, que não se fecha mais nem desaparece, pois foi desperto pela centelha do Espírito no eterno presente.

E que trabalho ele deve agora realizar com base no princípio da nova consciência? O aluno deve utilizá-lo para perceber. E o que isso significa?

Com base nesse novo e sólido ponto de apoio, o princípio da nova consciência, essa fonte de atenção permanente em si, ele deve voltar seu olhar para dentro e perceber a real natureza de sua prisão. Assim, ele percebe claramente o seu ser em pleno funcionamento e como os impulsos de seus pensamentos agitam seu santuário da vida, e mantém em constante movimento o seu coração, em infinitas ondas astrais. Ele percebe como essas ondas se tornam a maneira como ele encara, reage e interage com todas as situações da vida, formando o conjunto de suas crenças, opiniões e hábitos.

Um novo espaço de percepção cresce dentro dele. Um espaço preenchido por algo que até então era completamente desconhecido. Um espaço preenchido de silêncio. Não um silêncio como mera ausência de ruído, ou um vazio interior, muito pelo contrário! Um silêncio real, tangível, sereno, como uma força poderosa, uma paz que ultrapassa todo entendimento. Um silêncio que não precisa ser criado, mas que sempre esteve lá: o silêncio do eterno presente.

No santuário de seu coração, algo surpreendente aconteceu. A interminável agitação astral que surgia da luta entre os pensamentos, desejos e reações, deu lugar à superfície serena, límpida e cristalina, a um verdadeiro espelho da alma. E, nesse sereno e límpido espelho interior da nova alma, agora ele pode ver. Assim como os infinitos corpos celestes no firmamento refletem com precisão a sua imagem na superfície límpida e serena de um lago, da mesma forma o aluno pode agora contemplar a imagem do absoluto refletida no espelho de sua alma. A imagem, o plano e a força para realizá-lo tomaram forma em seu coração purificado, no espelho de sua alma. Ele dá início à transformação de si mesmo, e se torna um transformador do mundo. Despertar - Perceber - Transformar! Eis aqui a Chave! Utilizemo-la!

23. O ETERNO PRESENTE

O tempo não é uma linha. Ele é um círculo, uma esfera multidimensional perfeita, dentro da qual a consciência constrói seu campo de manifestação. Quem ingressa no eterno presente vê claramente o fluxo contínuo dos ciclos do tempo; vê como a consciência humana o mantém quais ondas concêntricas, que vibram e se expandem sem cessar, em todas as direções, preenchendo os espaços do cosmo.

Para a consciência-eu, presa à forma, o tempo é uma linha imprevisível, um constante caos de eventos incertos e surpreendentes. Para quem despertou no eterno presente, o tempo é um ciclo e todos os acontecimentos estão interligados, qual infinita esfera de causas e efeitos inseparáveis.

A consciência-eu luta contra o tempo, agarra-se ao que chama de bem e foge do que chama de mal; a consciência do eterno presente enxerga o tempo como um fiel servidor que cumpre a grande lei do eterno retorno, a lei do semear e do colher, a lei do amor universal. A consciência-eu luta para impor sua vontade ao curso dos acontecimentos; a consciência do eterno presente se encontra no meio do mundo e, de lá, enxerga, no curso dos acontecimentos a vontade do todo, e coloca-se a seu serviço.

A consciência do eterno presente compreende que tudo o que foi, é e há de vir são a mesma onda, o mesmo ciclo temporal, criados ao mesmo tempo, na substância original da eternidade. Ela não se agarra e nem rejeita os frutos da colheita do tempo; ela os aceita e acolhe a todos, em humildade, compreensão e amor. Sabe que o tempo sempre entregará a seu criador o fruto de sua criação. Assim, ela não luta com o tempo, mas trabalha pela elevação da consciência humana, pois quando esta se transforma, o mundo também se transforma. Quando ela se liberta dos véus do tempo, o campo da eternidade se revela.

Vivemos tempos desafiadores. Porém, em sua essência, eles não são novidade. A humanidade resiste em abandonar seu estado de consciência egocêntrico, e vive as consequências disso. O egocentrismo do século XX ainda não foi dissolvido. A consequência é que, em muitos aspectos, vivemos a repetição de seus problemas.

Em 1918 uma pandemia forçou a interrupção da primeira guerra mundial. Os países, em bancarrota, mergulharam em longa crise econômica que desembocou no fascismo. A crise de saúde gerou a crise econômica; a crise econômica gerou a crise política; e a crise política gerou a guerra. Cem anos depois esse ciclo histórico dá novos sinais de manifestação. A pandemia mal se estabiliza e a depressão econômica já surge no horizonte. Com ela, a polarização política já existente pode se acentuar, e o populismo, o nacionalismo e o fascismo, sempre presentes em minorias extremadas, já tomam a cena política de grandes nações.

Diante disso, é dever se perguntar: O que devemos fazer? Como cidadão, um verdadeiro rosacruz jamais apoia, em sua vida privada ou pública, qualquer tipo de atitude baseada no medo e obscurantismo, e assim se afasta dos que cegamente defendem o supremacismo, o racismo, a discriminação, a misoginia, a homofobia, o totalitarismo, o negacionismo da ciência, o dogmatismo religioso, o descaso com o meio-ambiente e a supressão dos direitos individuais e democráticos. O rosacruz sabe que tudo isso sempre esteve contra a verdade e a luz, e foi utilizado para perseguir e atacar seus defensores, como os primeiros cristãos, os maniqueus, os cátaros e muitos outros. Isso é óbvio, e não é necessário estender esse assunto aqui.

Mas, como candidatos à senda interior da Fraternidade da vida, seguramente temos uma responsabilidade maior no curso dos acontecimentos. Precisamos manter-nos lúcidos e despertos, para não sermos arrastados pelas grandes ondas de choque que se avizinham, a colheita de décadas de puro e inconsequente egocentrismo da grande maioria da humanidade. Seguramente temos um papel nesse grande cenário, qual seja o de intervir no curso dos acontecimentos a partir de sua causa raiz e não de seus efeitos superficiais: é mudar a semente que é semeada e não rejeitar ou atacar inutilmente os seus frutos.

Nosso papel é permitir que o campo da vida original, esse grande espaço onipresente da matéria do silêncio, possa manifestar-se em nosso microcosmo e também no cosmo. É ingressarmos conscientemente no eterno presente, para que ele flua dentro do coração da esfera do tempo; é permanecermos no coração do mundo, para que dele se erga aquilo que não é deste mundo.

Não estamos sozinhos nessa tarefa. Nosso trabalho é uma pequena pedra de construção na gigantesca obra mundial da Fraternidade da vida. Mas, neste momento, todos precisam realizar o seu trabalho, todos os verdadeiros e livres construtores de si mesmos precisam aportar sua pedra de construção para a grande construção de uma nova realidade. Isto é o que todos os obreiros da Fraternidade da vida fizeram antes de nós. Isso é o que nos incumbe também agora realizar.

Anualmente, próximo à data do aniversário de fundação de nossa Escola, celebramos renovando a promessa de fidelidade de nosso trabalho e de nossas vidas à serviço da obra da Fraternidade da vida. Às vésperas do 96º aniversário da Escola Espiritual, renovamos nossa promessa de fidelidade à obra da Fraternidade, e declaramos, como grupo e como alunos, que não nos desviamos da única e estreita senda, nem para a direita, nem para a esquerda, e que nos esforçamos por cumprir, até o último alento, a tarefa que nos foi confiada.

Neste momento, a senda estreita requer que todos nós realizemos o novo ser em nosso ser. Ela requer que vivamos o eterno presente no coração do tempo, que estejamos no coração do mundo, como cidadãos de dois mundos: o mundo dos homens e o mundo da luz. Os acontecimentos mundiais seguem seu curso. Cumpramos nossa tarefa no agora, cheios de energia e positividade. E o futuro libertador para o mundo e para a humanidade desponta no horizonte do tempo!

E como selamento deste voto e desta promessa, lembremos as palavras de Jan van Rijckenborgh em uma de suas alocuções proferidas no pós-guerra, e que nos colocam de maneira clara e positiva diante do momento crucial em que nos encontramos:

"Em nosso trabalho podem surgir situações onde ocorram divergências entre opiniões profundamente arraigadas, às vezes sérias e dolorosas. Mas isto certamente não acontece quanto às questões políticas, pois elas não nos afetam. Pelo contrário, podem ser muito esclarecedoras e quando surgem, sabemos que o conflito que resulta disso acabará levando finalmente a uma escolha decisiva: querer ou não querer ser aluno da Escola Espiritual, no pleno sentido da palavra, e querer ou não querer trilhar a senda da Rosacruz. [...]

A Escola da Rosacruz Áurea propaga o ensinamento universal, portanto, não há motivo para debates pois não estamos transmitindo a nossa opinião pessoal. Podeis considerar esta filosofia esclarecedora ou primária, perigosa ou libertadora, mas isso não é importante para nós. Nosso objetivo é apenas fazer contato com aqueles que pertencem ao nosso campo de trabalho, e eles virão, apesar de tudo.

Como temos dito frequentemente, estamos em meio a uma revolução mundial e os anos que estão por vir serão marcados por violentas perturbações. Tudo o que irá se desenvolver será de tamanho interesse que, por natureza, prenderá a atenção ao máximo. Todos serão chamados a participar cada vez mais, e sentirão o ímpeto de desenvolver incessante atividade na linha horizontal. Isto pode criar a impressão de que nós também não poderemos deixar de tomar parte nessas coisas.

Entretanto, a Rosacruz alerta seus alunos para não tomar partido neste vasto turbilhão de atividades dialéticas, para não se lançar de cabeça nesse fogo de destruição, mas para guardar sua capacidade, sua força e vitalidade para o trabalho que a Escola Espiritual requererá deles. E esse trabalho será muito concreto, claro e vital.

É preciso compreender nitidamente que não estamos querendo que vos retireis da vida dialética, mas que a posição da Rosacruz é simplesmente uma consequência da senda que ela proclama e ensina a seus alunos, pois essa senda os leva a 'estar neste mundo, mas não ser deste mundo'. E, antes de tudo, o aluno deve cuidar de já não pertencer a este mundo, pois só assim poderá agir no mundo, segundo as exigências da Hierarquia. Então, ele será um mestre, um possuidor da Pedra. [...]

Entretanto, o possuidor da Pedra não é conservador nem reacionário, não pende para a direita nem para a esquerda. Coloca-se com os seus dons do Espírito, representados [...] pelo ouro, e com os da alma, representados pela prata, a serviço exclusivo do governo de Deus – o que significa que conhece a Hierarquia de Cristo e está a seu serviço na dialética. Ele não serve a nenhum esforço nascido de pensamentos dialéticos. Ele se mantém afastado de todos os acontecimentos políticos, sociais e econômicos deste mundo, e também de todos os governos que personificam e simbolizam esses eventos.

O possuidor da Pedra vê, do alto, um torvelinho infernal, uma luta no campo de vida dialético. Ele busca uma saída que existe! Ele busca uma luz que existe, uma solução que existe! Em resumo: ele verifica a existência de uma profunda e imensa insanidade – o descarrilamento da máquina mundial. Então, ele já não se põe a gritar com as hordas presas na ilusão. Já não prega no peito um distintivo dialético, mas se prepara para trabalhar neste inferno, como lhe foi incumbido pelo governo de Deus, pela Hierarquia de Cristo. Portanto, o que ele faz é perfeitamente justificado do ponto de vista da ciência gnóstica. Isto pode acontecer em toda parte. [...]

Como o mestre da Pedra é ativo no mundo material, ajudado pelos seus auxiliares e seu campo de força, as pessoas querem aproveitar-se dele para seus próprios fins. [...] Mas os trabalhadores da Escola Espiritual não farão isto. Eles seguem sua própria linha de ação. Apesar de estarem no mundo, não são deste mundo.

O que acabamos de ver nos faz compreender por que os grupos que desejam realizar objetivos dialéticos empregam o nome de Cristo. Cada um encontra seu próprio texto, de acordo com suas próprias conveniências, sejam de extrema esquerda ou de extrema direita. Isso também explica por que eles acham que podem usar a Rosacruz para qualquer finalidade de sua escolha, supondo que sua filosofia possa tomar qualquer direção. [...]

Contudo, a Rosacruz não se deixa, absolutamente, influenciar por nenhuma dessas condutas. Seus alunos servem ao governo de Deus e trabalham juntos para uma total revolução espiritual. [...]

Aqueles que nos compreendem virão e trabalharão conosco. Aqueles que não tiverem esta compreensão, não poderão vir e trabalhar conosco. Então, o trabalho será feito sem eles, mas ainda assim, será feito para eles.

A Hierarquia de Cristo tem várias tarefas a cumprir. Em primeiro lugar, Ela estabeleceu uma Escola Espiritual para guiar os que estão prontos para a senda ascendente e despertar os que possuam a pré memória para trilhar a senda. Esse é um trabalho de ressurreição. Porém, mais dois outros trabalhos são também necessários: um trabalho de demolição e outro de preservação. [...]

Estes processos representam a realidade das palavras de Cristo: 'Eu vim para uma ressurreição ou para uma queda'. É por isso que Cristo sempre foi e sempre será vencedor. Isto significa que aquele que não pode atingir a ressurreição nunca fica entregue a si mesmo, mas, para sua própria proteção, é demolido, de acordo com esta natureza, de uma maneira ou de outra, talvez junto com muitos milhões de outros.

Quando alguém pergunta: 'Você pode imaginar Cristo com uma arma de fogo? Nossa resposta é: 'Não. '

Entretanto, podemos representá-Lo como a personificação da lei universal, à qual Ele liga nosso ser pela unidade do sangue, e essa lei, como uma lei do Reino, tem um efeito demolidor sobre esta natureza, isto é: seu efeito é ou regenerador, para uma ressurreição, ou degenerador, para uma queda.

A Fraternidade Universal trabalha dia e noite a fim de vivificar para todos a primeira atividade da lei universal. Se isso não puder ser feito, e de fato não poderá sê-lo, então o restante da humanidade será colhido pela segunda atividade. [...]

O aluno que trilha a senda se colocará a serviço do governo de Deus, da Fraternidade Universal de Cristo. Assumirá o seu lugar em meio aos acontecimentos mundiais em concordância com a tarefa que lhe foi designada pelo governo de Deus. Mas alguém poderia dizer: 'Estou fazendo isto ou aquilo a serviço do governo de Deus, então, ajudem-me a fazer assim ou assado. Sou um enviado, façam isto ou aquilo por mim. ' Porém, se um indivíduo for um aluno leal da Escola Espiritual e lhe for dada uma tarefa, jamais dirá uma coisa dessas e permanecerá em silêncio. Ele somente poderá pedir e obter o auxílio necessário daqueles que, através da consciência, se enobreceram para a compreensão. Onde há compreensão, deixa de haver divergência de opinião. Todo o resto, tudo o que é imposto ou pressionado de cima não passa de exploração.

É por isso que a Escola da Rosacruz é uma Escola onde o aluno alcança compreensão. Somente através da compreensão pode surgir o tipo de colaboração correta. Na Escola da

Rosacruz não há lugar para a fé apoiada na autoridade."[25]

25 Rijckenborgh, *Filosofia Elementar da Rosacruz Moderna*, cap. XXII.

24. UMA ÉPOCA DE TRANSIÇÃO

Os rosacruzes, entre outros tesouros, receberam como herança de seus predecessores o conhecimento a respeito dos períodos de desenvolvimento da humanidade. Já no século XVII, os rosacruzes clássicos anunciaram um novo período em que a humanidade poderia ingressar, com palavras como estas:

"Depois que o mundo houver despertado do seu sono de embriaguez, bebido na taça envenenada, o homem irá ao encontro do sol nascente, ao raiar do dia, com o coração aberto, a cabeça descoberta e os pés nus, jubiloso e transbordante de alegria."[26]

Esse período anunciado na Confessio Fraternitatis é atualmente denominado de era de Aquarius referida, de forma simbólica, como um apocalipse, uma revelação. As forças aquarianas são forças de colheita de frutos, de concretização, de finalização e renovação absolutas. Elas ocasionam um fim que é também um novo início. Só um fim definitivo pode abrir a possibilidade para novos desenvolvimentos, que estão em nível mais elevado.

O desenvolvimento da consciência deixa de ser automático, à medida que a autoconsciência passa a ser posse de muitos indivíduos. No lento processo de aquisição da autoconsciência, o ser ganha a possibilidade de agir com liberdade cada vez maior e se torna gradativamente corresponsável pelo seu próprio desenvolvimento. Apesar de lento, esse processo não é linear e, em alguns momentos, exige saltos de um estágio a outro. Todavia, para realizar esses saltos, uma energia superior precisa ser aceita e assimilada pelo sistema.

Há, nesses instantes, um encontro e um conflito entre as for-

26 Rijckenborgh. *O Confessio da Fraternidade da Rosacruz.* pg.9

ças de transformação e as forças de conservação, que resistem à mudança. Vivemos atualmente um desses momentos, que é a transição entre a era de Piscis e a era de Aquarius. Nesses momentos de transição, em que os velhos padrões de um período são destruídos, sem que novos padrões ainda tenham sido erigidos e cristalizados, há como uma janela de oportunidade, um silêncio entre dois ruídos, uma brecha através da qual a luz da eternidade pode brilhar no tempo. É quando existe a possibilidade de que algo realmente novo aconteça, que a humanidade abandone os ciclos de repetição e crie um novo futuro.

Em períodos assim, há um grupo que vai à frente, como que dando testemunho, abrindo caminho e chamando os demais para seguirem com ele. Eles já estão maduros o suficiente para assimilar a nova energia de forma positiva; eles vislumbram a possibilidade de um novo dia e avançam rumo à nova manhã, à nova consciência, antes que os primeiros clarões da aurora se ergam. Por isso, eles constituem um grupo de pioneiros, num sentido muito especial.

As escolas espirituais que se apresentam no final de uma era e início de outra são, particularmente, escolas desse tipo de pioneiros. A Rosacruz Áurea é uma escola aquariana justamente por anunciar o novo período e trabalhar, juntamente com outros grupos e indivíduos, pela sua plena concretização.

Essas escolas tem uma tarefa decisiva, como a história universal demonstrou diversas vezes. Sua ação, no entanto, é a partir do alto, ou seja, está solidamente fundamentada na Gnosis, no Tao, no Espírito, na força da Unidade, muito além dos conflitos entre as forças gêmeas da consciência egocêntrica. Porém, como sabemos, "o que está embaixo é como o que está em cima" e, de acordo com essa lei universal, o rumo dos acontecimentos mundiais pode ser transformado a partir da renovação fundamental do estado de consciência e da vida de . indivíduos e grupos que se conectam a essa força da Unidade.

Esforçamo-nos por ser um grupo desses pioneiros, e nossa tarefa central é auxiliar as forças aquarianas em seu trabalho, porque há também forças opositoras, forças de resistência à mudança, que querem nos encaminhar para trás, para o passado que precisa ser abandonado, para a repetição. Em circunstâncias como as atuais, essas forças também se concentram numa tentativa desesperada para impedir que ocorra qualquer mudança fundamental.

Portanto, vivemos em uma época de grandes contradições, com possibilidades imensas, mas também com grandes obstáculos a superar. As forças aquarianas já atuam em todo o sistema planetário, criando ao nosso redor uma nova atmosfera astral e etérica, que se amplia continuamente. Há entre nós aqueles que, em diferentes níveis, se abrem a essas forças e com elas realizam uma nova construção interior – muitos deles em escolas como a nossa, onde são orientados sobre como fazê-lo. Há também aqueles que tentam se ajustar apenas exteriormente às novas forças, buscando compromissos, meras mudanças exteriores, mas mantendo a ilusão egocêntrica intacta. Finalmente, há aqueles que - fortemente estabelecidos no período anterior - utilizarão de todos os meios para se opor às mudanças e manter seu poder sobre as consciências.

Os integrantes do primeiro grupo precisam se conscientizar de que sem o seu auxílio a nova realidade não se concretizará plenamente. A parte da Fraternidade que atua a partir dos domínios espirituais necessita das escolas espirituais situadas na região da matéria densa para, juntos, executarem sua tarefa. Há um plano por detrás desse trabalho, uma ciência e um sistema precisos e solidamente fundamentados. E, em sintonia com esse plano, cada colaborador que se liga ao grupo de pioneiros é perfeitamente preparado para sua tarefa, desde que tenha a disposição e a coragem de se renovar interiormente.

Ao observar o mundo, vemos um cenário desafiador. E, diante dele, pode não parecer realista falar de um novo período, nem sobre as possibilidades de uma nova consciência. É de fato uma época delicada, em que se antevê uma mudança tecnológica radical, a chamada singularidade tecnológica, que precisa ser acompanhada de uma mudança também radical de consciência, para assim dar origem a uma sociedade harmoniosa e livre, e não a uma distopia, com meios sofisticados de controle das consciências.

É um mundo com desafios enormes, como a atual pandemia, a superpopulação, a possibilidade de uma nova guerra fria entre nações com armamento nuclear, o terrorismo, a redução acelerada de inúmeras espécies, a destruição de ecossistemas em larga escala e as mudanças climáticas, apenas para citar alguns. Há, no entanto, questões ainda mais difíceis de serem resolvidas, pois obscurecem a consciência humana e fortalecem a divisão e o obscurantismo.

Atitudes como o supremacismo, o racismo, a discriminação, a misoginia, a homofobia, o totalitarismo, o negacionismo da ciência, o dogmatismo religioso, o descaso com o meio ambiente, a supressão dos direitos individuais e democráticos são movidas por um egocentrismo exacerbado. É um mundo dividido em extremos, um mundo de pós-verdades, em que pessoas se deixam guiar facilmente por informações falsas e pelas mais absurdas ideias conspiratórias, quase escolhendo acreditar no que for mais confortável, ou naquilo que não abale sua crença em seus líderes políticos e religiosos. Abdicam, assim, de qualquer filtro interior e mesmo de qualquer bom senso.

Tudo isso constitui uma cegueira coletiva, que é justamente o que impede a percepção clara das questões centrais do nosso tempo e, consequentemente, dificultam ações de correção. Além disso, quem se deixa levar por essas visões distorcidas da realidade se envolve em uma realidade astral envenenada de mentiras e enganos, de parcialidade e de ódio ao diferente.

Lembramos que qualquer acontecimento no plano físico está relacionado com a criação de uma imagem correspondente no plano astral, no campo psíquico coletivo. Quando uma mentira ou a distorção de um fato é criada, também se cria ali a imagem distorcida do fato, que acaba sendo atraída pela imagem original. Ambas as imagens – a distorcida e a original - são incompatíveis, e seu encontro gera uma espécie de explosão no campo psíquico coletivo, que por sua vez ocasiona todo um envenenamento astral. Este envenenamento acaba levando a consequências destrutivas tanto no plano astral, como nos planos etérico e físico – ocasionando, por exemplo, problemas psíquicos e físicos, que podem atingir indivíduos ou até toda uma população.

Nosso século é uma época sem igual, que pode deixar como herança o fim da civilização em um planeta inabitável por muito tempo, ou uma civilização completamente nova. Parece não haver nenhum meio termo possível. O que podemos realizar, como indivíduos e como grupo, para auxiliar a humanidade a perceber lucidamente os obstáculos que têm pela frente e superá-los? Como podemos auxiliar a manifestação plena e positiva das forças aquarianas?

Só temos condições de esboçar algumas respostas. Podemos dizer que é necessário o surgimento – e há evidências de que está surgindo – de um pensamento de vanguarda, que nasça de uma consciência estruturalmente nova, que possa liderar a coletividade humana a um novo período, através da autotranscedência. Já há indícios de que transformações positivas estão ocorrendo. Só para citar alguns exemplos: (1) uma quantidade grande de pessoas, de diferentes maneiras, está buscando uma renovação de consciência e questionando antigos valores e padrões; (2) muitos tentam modificar sua ação no mundo, abandonando hábitos pessoais e de consumo que prejudicam o planeta; e (3) incontáveis são aqueles, principalmente entre os mais jovens, que já não toleram qualquer tipo de discriminação e elevam juntos sua voz em direção à aceitação mútua e à igualdade entre todos.

Ainda assim, precisamos compreender que, sem uma superação real do egocentrismo, pelo menos por um grupo de vanguarda, pelos pioneiros, nós continuaremos a nos mover e efetuar modificações apenas externas, mantendo-nos ainda no giro horizontal da roda, da consciência dual, repetindo o passado de novas maneiras.

De um lado, temos atualmente a situação dos muitos que se deixam levar pelo fanatismo, pelo extremismo religioso e político e pelo negacionismo científico. De outro, existem muitas pessoas que têm superado velhos padrões, mas apenas para criar novos, não modificando em essência nada em si mesmas e até tomando como base uma compreensão materialista das coisas, que nega não apenas a realidade do Espírito, mas da própria consciência. Ambos os grupos ainda estão restritos a uma determinada concepção de mundo, a um paradigma, seja antigo ou novo, que de qualquer forma os mantêm dentro dos limites do pensamento concreto, do ego, da vida egocêntrica e sua percepção dual.

Nosso ego avança de um paradigma a outro e, como dizia Max Planck, "os velhos paradigmas morrem quando os últimos crentes em velhos paradigmas morrem", mas o egocentrismo permanece intocado em sua essência. Em outras palavras, se agimos assim, avançamos de Piscis para Aquarius apenas exteriormente; vivenciamos mudanças exteriores, mas nada de fundamental se altera. A vida continua sendo sofrimento, o ser humano continua escravizado pela roda de repetições, aprisionado pelos próprios desejos e apegos.

Tudo isso é, até certo ponto, natural. Apenas constatamos a realidade, tentando compreendê-la de um ponto de vista superior, para poder descobrir nosso próprio papel nisso tudo. Mas dessa forma, como coletividade, continuamos a manter e ampliar um campo astral extremamente poluído ao redor do planeta. Sem uma modificação fundamental, que altere o foco de nossas vidas do egocentrismo para a nova consciência espiritual, nada de efetivo poderá ser feito com relação a isso.

Foi por isso que Jan van Rijckenborgh destacou tantas vezes a necessidade de construir e manter uma esfera astral pura, a Casa Sancti Spiritus, para "derrubar a prisão astral na qual a humanidade se encontra cativa e substituí-la por um estado astral totalmente diferente, se o ser humano assim o desejar, para que aí ele possa encontrar um refúgio e um lugar de trabalho".

Esse campo coletivo, construído, fortalecido e mantido pelas escolas espirituais e seus alunos, trabalha em absoluta sintonia com a força da Unidade, que se exterioriza atualmente através das forças aquarianas e da nova atmosfera astral criada por elas. Para se promover uma modificação real e ampla da consciência coletiva, é necessário agir a partir de um campo astral com esse. Isso só será possível se atuarmos também de forma pura e neutra, em sintonia com a natureza desse campo.

Não é possível avançar de forma forçada, tentando impor uma condição a consciências que ainda não estão preparadas. Ao longo da História houve tentativas de alterar de fora para dentro o ser humano, o que só provocou ainda mais dor e sofrimento. É necessário avançar, mas sem uma compreensão dos estágios prévios – que podem até ser descritos como menos conscientes, menos complexos e menos inclusivos – cria-se um campo de tensão entre o velho e o novo que acaba ocasionando reações desmedidas.

É por isso que nossa atuação precisa se dar a partir do elemento intermediário, da nova consciência, que harmoniza os extremos. Novos valores têm que surgir e ganhar espaço, mas devem ser inseridos na sociedade através do exemplo, da compaixão, da humildade e da compreensão. Um novo estágio de consciência deve transcender e incluir os estágios anteriores, não os desprezar nem os excluir e odiar, o que só ocasiona reações correspondentes. É fundamental, portanto, permanecermos acima do burburinho de nosso tempo, não nos deixando arrastar pelos ânimos da consciência dual, que se acirram nessas épocas de transição.

Todos os alunos sinceros de nossa Escola e todas as pessoas que, por sua transformação interior, estabeleceram uma conexão com a Fraternidade Universal, têm como dever manter, fortalecer e ampliar esse campo astral regenerativo sobre o mundo e a humanidade, através de sua própria transformação interior e de sua doação impessoal ao mundo e à humanidade.

Esse grupo deve, dessa forma, constituir a ponta de lança de uma real mudança planetária. Se isso for bem sucedido, se uma quantidade suficiente de pessoas conseguir atingir uma certa condição de superação da ilusão egocêntrica, um ponto de inflexão pode ser atingido, conduzindo a humanidade além dos seus limites, como nunca foi visto anteriormente.

Esperamos que compreendam toda a nossa responsabilidade e que abandonem resolutamente os caminhos da ilusão, para adentrar no novo dia, o novo dia aquariano, o dia da nova consciência espiritual.

25. INTELIGÊNCIA, INTELECTUALIDADE E O FUTURO

É sabido que o ser humano ainda não possui a faculdade mental plena, mas apenas um princípio mental ou, melhor dizendo, apenas um corpo mental concreto ativo. Partindo desse conhecimento, investiguemos a relação entre a mentalidade humana e o futuro da humanidade tomando como fio condutor o livro O Verbo Vivente de Catharose de Petri, pois ele traz a explicação sobre os limites da intelectualidade e o papel da inteligência.[27]

A intelectualidade é o resultado de um cérebro bem treinado. A inteligência, por sua vez, exige um novo poder mental desenvolvido, que se manifesta como o espelho do Espírito humano que ilumina a razão, aclarado por uma reação correta aos impulsos divinos. O caminho da intelectualidade, quando desconectado dessa inteligência, é sempre a especulação.

A diferença entre a especulação cotidiana e a especulação

27 Petri. *O Verbo Vivente*, cap 29.

cientifica é o método empregado. Graças ao corpo mental somos capazes de criar qualquer tipo de pensamento, e esse poder criador pode gerar grande confusão se for utilizado de forma descontrolada.

Na metodologia científica, parte-se de hipóteses que são testadas segundo métodos preestabelecidos o que, em tese, garante rigor e controle a respeito das projeções mentais. Por exemplo, quando vamos sair de casa e olhamos o tempo para escolher nossas roupas, especulamos sobre o tempo: está frio ou está quente? Nessa especulação podemos nos perder em pensamentos. Podemos também consultar um órgão de pesquisa sobre o clima, que ao utilizar métodos científicos estimam o comportamento do tempo a partir de parâmetros cientificamente preestabelecidos, o que não garante uma precisão absoluta, mas maior objetividade.

Ou seja, por mais refinada que seja a previsão, no melhor dos casos ela é o resultado de um cérebro bem treinado. O rigor da metodologia científica no campo do planejamento urbano, por exemplo, nos permitiu viver em cidades: sem uma organização muito complexa, seria impossível coordenar os fluxos populacionais nos grandes centros. E assim, a partir do domínio de técnicas refinadas de logística e de um conjunto de regras preestabelecidas, foi possível construir enormes aglomerações populacionais em grandes centros urbanos no mundo.

Hoje grande parte desses centros urbanos, considerando seu tamanho e complexidade, exige enorme grau de coordenação para não entrar em colapso. O trânsito das grandes cidades, por exemplo: imagine o que seria um dia comum, se todos os sinais de trânsito parassem de funcionar. Já vivemos algo parecido, quando o semáforo de uma via importante deixa de funcionar: imagine a situação se todos ficassem assim! O resultado seria o som ensurdecedor das buzinas e perigo para todos.

Os sinais de trânsito, tão comuns no nosso cotidiano, nasceram de um processo científico de tentativa e erro. As aglomerações populacionais nos grandes centros, a invenção e a popularização dos veículos exigiram que os planejadores urbanos estudassem fórmulas para literalmente organizar o caos.

Se no passado, quando o número de pessoas e veículos era menor, a solução da coordenação do trânsito por semáforos era satisfatória, hoje - futuro daquele passado - já não é suficiente. Atualmente sistemas computacionais acompanham o fluxo de carros nos grandes centros e, em tempo real, realizam as adequações necessárias para otimizar o fluxo de veículos; mesmo assim engarrafamentos são comuns nas grandes cidades. Portanto, por mais bem-intencionados que sejam os planejadores urbanos, suas especulações a respeito da necessidade de coordenação do trânsito ainda não foram capazes de apresentar soluções permanentes.

Portanto, por mais bem-intencionadas que sejam, na melhor das hipóteses as especulações humanas são soluções parciais para a coordenação da vida em sociedade, em determinado espaço e tempo. Essas soluções de curto prazo dizem muito sobre a forma como o ser humano reage ao ambiente externo: reagimos também de forma especulativa.

Toda vez que a situação social é desarmoniosa, quando não há uma eficaz coordenação econômica, política ou social, certo desespero se instala. O medo de uma ruptura social é terreno fértil para a busca de explicações mirabolantes sobre o futuro. Nessas situações é comum faltar serenidade, e ver pessoas se deixando envolver em debates aquecidos por puras especulações. Por que não permitimos florescer em nós a sabedoria, que pode nos levar além das fronteiras da intelectualidade especulativa?

A resposta é simples, mas as consequências são muito complexas. A resposta é: porque estamos condicionados pelos hábitos especulativos de pensar; porque precisamos nos contar uma história coerente para sentir segurança. A consequência desse condicionamento é muito relevante. Tentemos examiná-la do ponto de vista do processo de autoconsciência proposto pela Escola.

Se somos alunos sérios, possuímos uma conexão profunda, uma ligação de coração com o trabalho da Escola, e reconhecemos a ação do seu campo de força em nossas vidas. Porém, ao alimentar nosso campo mental com pensamentos especulativos, obstruímos o avançar do processo, pois impedimos a manifestação do corpo mental superior.

A rosa, ou a centelha do Espírito, ilumina nossa razão; mas se não utilizamos essa luz para identificar a velha forma de pensar, ficamos estagnados. Se não nos desvencilhamos do pensar especulativo, jamais teremos acesso aos impulsos do Espírito luz e, assim, estagnamos o nosso caminhar. É preciso conquistar a perfeita coordenação entre intelectualidade e inteligência, a partir de um processo que nos leve à autoconsciência.

Uma das principais tarefas do discipulado é a conquista do equilíbrio entre a inteligência e a intelectualidade. Quando Helena Blavatsky diz que "a mente é a assassina do real", ela se refere a esse tipo de utilização do mental concreto, à sua utilização especulativa, que impede a manifestação da verdadeira inteligência que se dá a partir do corpo mental abstrato.

A nossa vida é simbólica, cheia de sinais que indicam diversas direções. Os processos de agregação e desagregação são a própria respiração da vida. Ideias e hábitos vêm e vão. Problemas vêm e soluções surgem, que depois viram novos problemas.

Esse é o ritmo da vida, esse é o ciclo da vida natural limitada no espaço e tempo. Quando percebemos esse ritmo incessante e temos uma atitude de vida neutra, sem mobilizarmos nossas emoções, pensamentos e reações, verificamos de forma simples e objetiva qual é o nosso papel nesses movimentos.

Cada um de nós tem um papel a cumprir na sociedade, pois não somos ascetas: um papel objetivo, sem paixão, ódio ou sarcasmo, realizado de forma serena, a partir de uma compreensão do ritmo incessante da vida. Talvez reconheçamos que nossa tarefa na vida em geral é muito simples, mas necessária. Cada ser vivo com quem nos relacionamos, mesmo que por uma fração de segundo, é parte do nosso papel na vida.

Quando não idealizamos nada com especulações e mantemos uma mente concreta serena, que atua na vida comum de forma simples e objetiva, tudo ao nosso redor se acalma. Nesse estado não somos atingidos por nada do que lemos, vemos ou ouvimos a respeito do futuro. E assim, vemo-nos cada vez mais profundamente, pois, de forma neutra e sem paixões, permitimos que o brilho da alma ilumine nossa mentalidade.

Precisamos dessa serenidade, pois assim, de forma simples e objetiva, nossos espaços internos antes ocultos se revelam à própria mente. Sentimos os vislumbres da verdadeira sabedoria, da inteligência. É o florescer da mente abstrata. Nesse estado, a verdadeira batalha está pronta para começar. Aflorarão à consciência nossos medos acumulados, as acalentadas ilusões sobre nossa importância e as reações quando nos sentimos ameaçados.

Não precisamos morrer para termos acesso à regravação de nossas experiências. Isso ocorre quando a mente abstrata pode acessar nossa mente concreta. E nessa batalha, na qual nosso pensar, sentir e agir podem passar pelo processo de total transformação, há um momento capital: o deserto. O momento em que o tempo para e não há mais passado nem futuro. Nesse momento o aluno se defronta apenas com o medo fundamental, que precisa ser olhado e vencido. Não é o medo reativo que conhecemos tão bem: não! Mas o medo de deixar de existir. O medo de que, sem nossa velha forma de pensar, sentir e agir, desapareceremos; o medo de perder a nós mesmos.

Em muitas batalhas o medo vence! E com ele ressurge, com toda a intensidade, o medo do futuro. Como uma criança assustada que busca a segurança dos pais diante do desconhecido, o medo nos infantiliza. Buscamos em blogs, sites e livros histórias coerentes sobre o futuro da humanidade. Histórias que ficam bem em um romance, mas que aceitamos como verdades porque nos trazem a ilusão de conforto, a ilusão de controle. Abrimo-nos a espetaculares especulações e nos tornamos ainda mais receosos do futuro. Entupimos nossa mentalidade com hipóteses, cuja única base são as narrativas que aceitamos. Hipóteses que se tornarão ideias que passamos a defender ou a atacar. Literalmente enchemos nossa cabeça com ideias contraditórias e nos isolamos novamente na solidão do nosso corpo mental inferior, no mental concreto. Ou seja, tornamo-nos vítimas das ideias que buscamos: essa é a consequência complexa a que nos referimos. Esse processo acaba por nos esgotar. Pedimos ajuda, porém, no fundo, sabemos que somente nós mesmos podemos nos ajudar.

Se abrimos novamente espaço para o autoconhecimento, ele nos revela as contradições de nossas especulações sobre o futuro. Ele desmascara também as falsas certezas. Mas nunca estamos sós nessa batalha. A luz da centelha divina ilumina novamente nossa mentalidade a ponto de compreendermos mais profundamente que "a mente é a assassina do real". Assim, uma nova batalha interna se aproxima. O autoconhecimento nos leva ao desprendimento. Precisamos nos livrar dos pensamentos condicionados, sentimentos viciados, e de nossas reações automáticas.

Um novo sol se anuncia no horizonte da nossa mentalidade. A mente superior e a centelha divina estabelecem a verdadeira conexão cabeça e coração. Em nossa mente se estabelece a objetividade e, com ela, a clareza e a serenidade brotam. Com esses atributos é possível perceber um poder ainda desconhecido. Como um relâmpago que ilumina uma noite escura, é possível perceber em nosso interior a tarefa que precisa ser realizada. O seu futuro não existe, ele precisa ser construído agora, por você. O medo novamente surge, sua sede é o santuário da vida, mas agora estão presentes um coração puro e irradiante que nos propicia força e vitalidade até então desconhecidas; e uma mente concreta objetiva, que orienta os processos da vida, pois entende seu papel, e o cumpre sem ser dominada pela emoção.

Com esses atributos não há espaço para especulação, pois é possível perceber o limite da mente concreta, onde não há mais razão e espaço para especular sobre o futuro. Nesse espaço vazio, a mente concreta se rende à mente abstrata. O medo é então absorvido. Ele não acaba, mas perde poder sobre o sistema do candidato. O medo não acaba porque enquanto houver vida material estará presente o instinto de sobrevivência. Esse instinto poderá reocupar seu espaço, caso haja um momento de distração: "cinco minutos de pensar irrefletido podem comprometer o trabalho de cinco anos", como nos alerta Jan van Rijckenborgh.

Esse conselho é fundamental em todas as fases do processo de auto iniciação: o candidato precisa cuidar para não se perder novamente em devaneios especulativos. Um dos campos de maior devaneio é o conjunto de especulações a respeito do futuro da humanidade. Quando nos deixamos levar por isso, conectamos o nosso mental concreto com imagens ilusórias, com ameaças fantasiosas. Não há, nunca houve e nunca haverá um futuro predeterminado para cada ser humano. Ver o futuro dessa forma é ter uma visão ainda infantil do impacto da vida humana na natureza.

O que há de real é uma batalha, uma grande batalha que cada ser humano precisa enfrentar: a busca pela liberdade de si mesmo, liberdade de padrões de pensar, sentir e agir, isto é, livrar-nos do que acreditamos ser o 'eu sou'. A conexão entre o mental concreto e o abstrato produz a verdadeira autoconsciência. Em termos práticos, essa autoconsciência não significa o aniquilamento do corpo mental concreto, ao contrário: é a partir dessa autoconsciência que a intelectualidade e a inteligência andarão lado a lado.

Em outras palavras, essa autoconsciência dá um novo sentido à individualidade. Esse é o sentido da cruz, da liberdade de si mesmo, do verdadeiro acesso ao livre arbítrio; pois só a partir da liberdade de si mesmo o ser humano é capaz de reconstruir a sua vida toda: o passado, o presente e o futuro. Essa situação é representada pelo símbolo alquímico do mercúrio: um sol, com uma lua em cima e embaixo uma cruz.

Agora é preciso construir o futuro. E o futuro da humanidade é a resultante de forças. De um lado, a luta entre as forças conservadoras e as forças progressistas, forças que fazem parte do velho conflito dual, sempre presente na humanidade. A luta entre forças conservadoras e progressistas jamais capacitará a consciência para a transcendência; o máximo que podem fazer é produzir cansaço e desesperança. Por outro lado está a força transcendente, impulsionada por um número suficiente de seres humanos com coragem e força para avançar, para se desprender, e assim abrir o caminho para a transfiguração de si mesmos. Se esse grupo for suficientemente forte, a humanidade caminhará para a transformação de sua mentalidade, o que permitirá a renovação completa de toda a vida no planeta.

Esse é um futuro possível para toda a humanidade. Se trabalharmos intensamente para a renovação da cabeça e do coração, veremos em breve o florescer de uma nova inteligência, que está muito além da nossa intelectualidade. O novo corpo mental superior regerá os processos do pensar, atuando como uma nova intuição, quando isso for necessário.

No dia a dia, usaremos o mental concreto de forma prática e objetiva. E agindo assim, mantemos abertos os influxos da luz divina em nosso sistema, vindos do coração, como uma luz que ilumina e auxilia a nos mantermos despertos, atentos; vindos da cabeça, a partir do corpo mental abstrato que, em conexão com o fogo da vida original, nos orientará nos momentos necessários. Portanto, mais do que nunca, é necessário que nos engajemos no exercício de nossa autonomia, conquistada a partir da autoconsciência. Nada nem ninguém poderá impedir que isso ocorra, apenas nós mesmos.

26. CARMA, LIBERDADE E RESPONSABILIDADE

Ao rever o que se desenrolou em nossa vida até aqui, o que está acontecendo agora, ou o que pressentimos estar por vir, somos tomados por uma variedade de sentimentos. Então nos perguntamos: por que vivi isso ou aquilo? Por que isso ou aquilo está acontecendo agora? E o que virá amanhã?

Nesse exame, nossa compreensão imediata e intuitiva é levada ao que chamamos destino e, assim, esbarramos na conhecida deusa da justiça divina, Nêmesis, também conhecida como Karma-Nêmesis. Essa deusa - de olhos vendados e empunhando uma espada - pesa, regulamenta e coloca tudo em equilíbrio com sua balança. A venda nos olhos indica que seu poder é exercido sem preferências pessoais. Não tem preconceito, nem ódio, nem alegria. Sua espada com duas lâminas nos mostra que seremos recompensados ou corrigidos, sempre buscando o equilíbrio. Nêmesis leva em conta as tensões geradas por todos os pensamentos, sentimentos e ações, individuais ou coletivos, que foram vividos em total livre arbítrio e em autorresponsabilidade.

À soma de todas essas tensões damos o nome de carma. Essa lei atua no ser em quem a autoconsciência amadureceu a ponto de se tornar responsável por seus atos. No seu processo de desenvolvimento, quando ainda na fase infantil a humanidade não possuía autoconsciência para perceber o resultado de seu comportamento, ela era guiada do exterior. Mas o amadurecimento do campo mental e da consciência-eu, trazendo o livre arbítrio, a liberdade de ação e a autorresponsabilidade, permitiram que o ser humano pudesse escolher seu próprio caminho.

Contudo, em determinado momento dessa história, por decisão própria, o ser humano não se conectou com a realidade divina em si mesmo. Ele entrou em movimento contrário ao fluxo da vida universal e imediatamente passou a atuar a lei fundamental de recondução ao equilíbrio. A partir de então, acumulamos os resultados de nossas decisões e vivemos constantemente sob a ação auxiliadora dessa lei, que é divina.

Essa lei, que denominamos Karma-Nêmesis, é o único método capaz de levar o ser humano ao conhecimento de seu estado de ser. Ela age sobre ele de forma muito particular, mediante as heranças distintas acumuladas, individual e coletivamente, ao longo das encarnações. São tensões positivas ou negativas que se revelam e se equilibram pela ação de Karma-Nêmesis, no momento preciso, nesta ou em uma futura encarnação.

Lei corretiva e soma de tensões em desequilíbrio trabalham em perfeita sintonia. Aqui cabe o ditado: "Temos total liberdade para escolher o que quisermos, e nenhuma liberdade para fugir das consequências". Mas - e isso é fundamental - entre a lei que equilibra e o resultado inevitável de cada ação existe um espaço em que nossa consciência atua em liberdade e responsabilidade. Trata-se do livre-arbítrio.

Pode-se pensar que o carma restringe ou limita a ação do livre-arbítrio, mas é exatamente o contrário! Ao passarmos por múltiplas experiências, e as usarmos como ferramentas de transformação para o amadurecimento da consciência, é possível resgatar a liberdade para tomar as decisões corretas. Quando somos imaturos com relação a um determinado aspecto de nossa vida, o que se passa é o oposto: as causas anteriores se apresentam como efeitos atuais. É por isso que no estado atual de grande parte da humanidade, o carma atua provocando os giros incansáveis da roda de samsara, a roda do nascer, viver e fenecer.

Esse girar na roda não é castigo, mas uma chance preciosa de acumular experiências e, por meio delas, chegar à maturidade e à sabedoria para, então, novamente se deixar conduzir pelo Espírito. A experiência acumulada com relação a algum aspecto de nossa vida inverte o jogo, e os efeitos anteriores se tornam novas causas na atualidade. Por quê? Para a ampliação da consciência! Quando fortalecida, ela se torna um espaço de liberdade para a escolha correta.

Quando uma causa pregressa (resultado de um ato anterior) se manifesta como efeito na vida atual, simplesmente não há o que fazer, pois Karma-Nêmesis, com os olhos vendados, isenta de piedade e emotividade comuns, nos traz o que é necessário. Simples assim! Mas se, de tanto sofrermos de forma consciente os efeitos de atos anteriores, tivermos a sabedoria de utilizar cada experiência, nossa consciência aprende a estabelecer novas causas no presente. É somente assim que construímos o futuro.

Observamos aqui uma sutil, mas ao mesmo tempo enorme diferença. Tudo isso acontece porque essa pessoa está vivendo um processo de transformação da consciência, e passa a ver os fatos da vida de maneira diferente. Enquanto somos imaturos, somos impelidos pelo acúmulo de tensões internas que ainda não se equilibraram. A consciência é conduzida a um processo de amadurecimento, que acontece no mundo dos pares de opostos.

Mas qualquer que seja a situação, a consciência pode escolher o que vai ser feito. Quando a consciência começa a separar causa e efeito, diminui a pressão que vem dos hábitos, das trilhas mentais repetitivas, das neuroses de sentimentos, dos viciosos padrões de comportamento físico etc. e ela - a consciência - começa a agir em liberdade.

Por isso, o carma acumulado não é uma espécie de prisão cósmica de segurança máxima da qual ninguém escapa, mas um chamado à liberdade, para que possamos ultrapassar o limitado estado de existência por meio de uma mudança fundamental de percepção e de vida. Portanto, repetindo, o carma não anula o livre arbítrio; pelo contrário, nos convida a empregá-lo a favor da libertação. O livre-arbítrio nunca deixará de ser um atributo de nossa consciência, mas em um ser com consciência imatura, ele também é limitado. Nesse caso, a ação do carma está sendo exercida exatamente para promover esse amadurecimento.

Assim, o carma atua onde ainda não há sabedoria. Isso se confirma na frase hindu: "O Carma não dissipa a ignorância, pois ambos se acham na mesma categoria. Só a sabedoria dissipa a ignorância, do mesmo modo que só a luz dissipa as trevas". A grande reflexão que nos cabe quanto a isso é: como colocar ordem no mundo interior e assim transmutar o carma?

O que chamamos de discipulado na Escola visa exatamente isso. Quando o ser humano percorre o caminho da iniciação, avança da consciência no plano mental concreto para a consciência no plano abstrato. Então principia o caminho que leva a Manas, o verdadeiro pensador na matéria do silêncio, no campo da mente abstrata.

Nos degraus iniciais do discipulado da Escola, o primeiro e segundo aspectos, estão os fundamentos dessa transformação. A tarefa do primeiro aspecto é buscar a ligação com a força impulsionadora da centelha do Espírito em nós e investigar os véus que nos separam dela. Chamamos isso de verdadeiro autoconhecimento. A partir desse toque na consciência é possível criar ritmo de trabalho sobre os três centros da alma humana - nos santuários do coração, da cabeça e da vida - para que, em seguida, esse ambiente interno se torne um campo de desenvolvimento para a futura nova consciência.

A partir dos discipulados subsequentes, o ritmo de trabalho adquirido no primeiro e segundo aspectos pode se converter em um campo de trabalho. É nele que a consciência concreta tem meios para, paulatinamente, se converter na consciência do verdadeiro ser que pensa no silêncio. O aluno tem aberta diante de si a possibilidade de se reconectar à natureza divina original, onde a lei corretiva não mais age, pois a mente superior está acima da bipolaridade. Então esse aluno tem a possibilidade, mesmo que isso aconteça apenas em uma fração de segundo, de não mais agrilhoar-se ao carma. Nesse instante tal pessoa agiu em liberdade, responsabilidade e ciente das consequências positivas do que fez. Esse agir faz que ele, naquele momento, seja impulsionado no caminho da transfiguração, pois Karma-Nêmesis não o prendeu no ciclo da repetição, na roda da vida e da morte; naquele instante ele se ligou à espiral de ascensão. É assim que construímos o caminho de reconexão com o divino em nós.

Por meio do discipulado e da ação do Corpo Vivo recebemos forças impulsionadoras para o nosso desenvolvimento. Se as estancamos por ações que contrariam o objetivo dessas forças, geramos um movimento oposto, uma reação que, em determinado momento, se manifestará visando reequilibrar a situação que nós mesmos criamos. Isso nos leva a compreender que a tarefa iniciada não pode ser interrompida, embora tenhamos livre arbítrio quanto ao ritmo de nosso desenvolvimento.

No fundo é uma benção ser amorosamente recolocado em condições de percorrer o caminho que tanto buscamos. Quando compreendemos que a pressão cármica quer nos ensinar uma lição que não aprendemos no passado, olhamos para tudo o que acontece a nós e ao nosso redor com o olhar da aceitação compreensiva e inteligente. Pela aceitação, transformamos o temido carma em dharma: tudo em nossa vida é um ou outro, dependendo de nossa percepção, de nossa consciência. Desse ponto em diante, não usamos nossas energias para lutar contra a ação corretiva, mas para aprender a lição que nos está sendo mostrada.

Em vez de lutar contra o que nos aflige no campo físico, etérico, emocional ou mental, nos perguntamos: o que isso quer me ensinar? Esse é o justo emprego do presente. Ou seja, em vez de empregar nossas forças lutando para a autoconservação, nos entregamos ao fluxo das correntes divinas da transformação, que são a lei da vida. Isso é a ação justa, isso é dharma.

Fazer essa escolha está em nossas mãos, o que nos leva a perguntar: do ponto de vista do discipulado, o que é então liberdade? Quando a Escola fala de liberdade, ela o faz levando em conta a profunda e para muitos desconhecida missão espiritual que cada ser humano traz em si. Liberdade no discipulado é a possibilidade existencial de cumprir o plano de Deus em si mesmo, de adquirir a sabedoria por si mesmo, aprendendo com o que acontece na própria vida.

Alguém poderia perguntar: em nossa vida somos realmente livres para cumprir o plano divino? Se consideramos apenas os limites do corpo físico ou do etérico, o caos emocional que reina em praticamente todo ser humano e a prisão dos pensamentos que rodopiam em nossa mente, talvez caiamos no negativismo e dizer: "Não, não é possível ser livre e, muito menos, seguir o caminho da transformação interior. Talvez seja melhor apenas tentar viver minha vida...".

Mas é exatamente aqui que a Escola atua. O discipulado é, em verdade, uma possibilidade muito real de, apesar de muitos fatores contrários, dar início ao processo que tem como ponto final a verdadeira liberdade, a vida no Espírito. Essa verdadeira liberdade não é fazer ou deixar de fazer. É ter consciência quanto ao que convém ou não fazer, visando nosso progresso espiritual. É estar livre para deixar um estado interior de consciência e se abrir para a espiral seguinte, da mesma forma que a lagarta deixa seu estado de vida para se transformar em casulo, e abrir mão do estado de casulo para voar como borboleta.

Tal liberdade somente pode ser compreendida e vivida em plena autonomia. Muitos que dão início ao processo de transformação espiritual o fazem esperando que um mestre ou uma autoridade lhe sirva de apoio e de ajuda na transformação de sua carga cármica. Essa expectativa revela que a natureza fundamental interna não foi vencida: essa dependência é, no fundo, o desejo de um ego. Para alcançar essa liberdade é fundamental ter adquirido a certeza de que o verdadeiro mestre, o Espírito, está dentro de si mesmo. É essa a voz que se deve ouvir, pois é ela que vai lhe indicar suas escolhas. Se esse ser humano depende de outros para lhe dizer o que pode ou não pode fazer, o que é certo e o que é errado, ele ainda precisa de experiências para chegar à liberdade como um conceito vivo.

O livre arbítrio empregado para viver em um novo estado de vida é sempre acompanhado do desafio de se desvincular do anterior, que deve ser abandonado, como no exemplo clássico da lagarta-casulo-borboleta. Imagine uma lagarta querendo passar para o estado de casulo, porém mantendo seu estado de lagarta: isso seria impossível. Assim como a lagarta, se ficamos presos ao estado atual, o novo não encontra espaço para se manifestar, pois liberdade implica no reconhecimento do que precisa ser feito e assumir, responsavelmente, as consequências.

E o que é ser responsável ou ter responsabilidade? É assumir as consequências de nossas escolhas, qualquer que seja a situação. Sabemos que pela ação da lei de causa e efeito, o passado manifesta-se no presente e o presente determina o futuro. Se cada um de nós carrega o peso do passado e é responsável por tudo o que vai acontecer no futuro, de que modo iremos viver o agora, se quisermos fugir dessa responsabilidade ou mesmo rejeitá-la?

A saída para esse falso dilema está no uso responsável e correto do presente. Quem realmente está buscando o significado da vida irá certamente encontrar a única resposta possível para esta indagação, e compreenderá que é responsável por sua própria vida. Ele vive como qualquer outro ser humano, cumprindo seus deveres e usufruindo de seus direitos, mas para além disso, corre o silencioso rio subterrâneo da busca pela razão da existência.

Quando a pessoa incorpora essa busca em sua vida, seu nível de responsabilidade para com a vida em geral se eleva. Ela sabe que é responsável, em primeiro lugar, pelo desabrochar da centelha do Espírito em si. Ela também se percebe corresponsável pelo desenvolvimento espiritual da humanidade, pois se reconhece como uma célula do grande corpo planetário e o que nela se desenvolve impacta a coletividade; possivelmente não como a própria humanidade espera, mas como o Espírito deseja.

Esse ser humano sabe que seu desenvolvimento espiritual não é posse sua, mas em essência, de todos, pois como está no caminho de vencer a separatividade, ele intui que sua vida também é parte do infinito. Ter essa responsabilidade ampla como fator vivo é uma comprovação de que aquilo que temos como proposta teórica do discipulado começa a sair da esfera do simples saber e a tomar forma no concreto.

Isso é compreender e viver a verdadeira dimensão espiritual ou essência do ser humano, ou, citando Chardin, "sermos seres espirituais vivendo uma experiência humana". Esforcemo-nos, pois, para que a ponte que leva à compreensão superior das leis da vida seja logo erigida e transposta por todos nós, na certeza de que tudo o que for necessário para isso já está em nós.

27. A FORMAÇÃO DA CONSCIÊNCIA-EU

"Depois de um tempo indizivelmente longo, no curso de inúmeras etapas do desenvolvimento biológico, o homem afinal se mostrou capaz de assimilar a ideia através do pensamento, capaz de amar essa ideia e, mediante a vontade, concretizá-la em ações. Foi assim que nasceram, no campo de manifestação das mônadas, um estado de consciência e um estado de vida.

Na forma vivente mais refinada havia um centro[...], que denominamos 'alma'. [...] Todavia, quando o homem apareceu em sentido completo, de modo que a mônada podia expressar-se nele e através dele, transformando-o num ser consciente moral e racional, teria sido atingido o objetivo final do desenvolvimento biológico?

 O homem havia adquirido uma 'consciência-eu'. Ele se tornara o portador da imagem de uma ideia, de uma ideia cósmica, com o auxílio da qual podia atuar de maneira autorrealizadora. A partir desse momento, a criação humana no sentido terrestre estava completa. [...]

A partir desse momento o homem deveria elevar-se, com base na consciência-eu, a um bem superior, a um desenvolvimento ulterior, que permitiria às mônadas celebrar seu retorno definitivo ao estado original.

Porém, nesses tempos remotos, uma grande parte da humanidade não o fez. E essa é a tragédia da humanidade atual: ela abandonou a ideia original, a força de ideação primordial [...]

[...] Como consequência, todos os seus descendentes se desnaturaram e vagueiam com o legado de uma pesada carga monádica cármica em sua consciência-eu.

Eles tentam cultivar essa consciência-eu, a fim de elevá-la a um estado superior. Todavia, isso é impossível, porque a consciência-eu não era visada como o coroamento do processo original da gênese, mas apenas como uma fase. Quem se agarrar à consciência-eu, experimentará que ela se curva, retornando ao passado.

Por conseguinte, renunciar à consciência-eu não significa adotar certa atitude cultural, ser amável, modesto e silencioso. Não, essa renúncia significa uma mudança fundamental: captar de novo a radiação fundamental pura original e elevar-se a um estado de consciência que está muito acima de todos os demais estados de consciência-eu: a consciência-alma."[28]

O passado tem grande influência e poder sobre nós, e se diz que olhar o passado é importante para entender o presente e antever o futuro. O passado atua em nós principalmente através de nosso inconsciente. E quando dizemos passado, re-

---

28 Rijckenborgh, *O Mistério da Vida e da Morte*, cap.10, p.72.

ferimo-nos a diversos níveis de passado, desde o mais recente, cuja lembrança fica numa instância mais consciente de nosso ser, até passados mais longínquos que se manifestam através de nossas heranças sanguíneas, biológicas e cármicas. Essas heranças formam um manancial de forças e tendências, que se manifestam em nossas vidas independentemente do nosso controle.

A consciência humana tem detrás de si uma jornada de pelo menos seis milhões de anos, se nos ativermos apenas à manifestação de nossa onda de vida. E se voltarmos ainda mais no tempo, ao surgimento do nosso universo e, em particular, da Terra, podemos acompanhar o desenvolvimento da vida mineral, vegetal e animal até o ápice dessa cadeia evolutiva, o homem, herdando aspectos e características de tudo que o precedeu ao longo desse imenso passado.

É uma realidade absoluta que o passado faz parte de nossa existência atual. Lançando o olhar para a história de alguns milhares de anos, percebe-se que tudo o que consideramos novo é, em realidade, repetição revestida apenas de outra cultura, tecnologias e outras condições que movem a consciência atual. Num sentido mais sutil, vê-se que a felicidade e o sofrimento humanos, as alegrias e tristezas, as realizações ou a falta delas, continuam como sempre foram.

A mente concreta, com a qual nos relacionamos com o mundo, reflete as imagens do passado, das experiências felizes ou tristes, dos sofrimentos ou prazeres, das aventuras em nossa caminhada na vida. A forma como a mente concreta se manifesta é que nos impede de obter uma observação isenta das influências do passado. Como um espelho, ela reflete as imagens vividas e trazidas de nossas heranças de tempos imemoriais, arrastando nossa percepção para uma falsa realidade, que ilude nossa consciência e a mantém aprisionada.

Recorrentemente a Escola dirige nossa atenção para a existência do princípio de uma nova consciência, uma consciência livre da identificação com essas percepções ilusórias. Como alunos, à medida que nos dedicamos ao trabalho interior, vamos percebendo que a nova consciência, na verdade, ocorre a partir da transformação da nossa própria consciência atual. Quando falamos de consciência, referimo-nos, entre outras coisas, à forma como encaramos, percebemos ou vivemos nossa vida. Se não compreendemos nossas circunstâncias, se não compreendemos o que acontece dentro e fora de nós, nossos medos e inseguranças, desarmonias e conflitos, nosso sofrimento, é porque há um filtro em nossa consciência que impede que vejamos essas realidades interiores.

Também por causa desse filtro, não conseguimos perceber que tudo o que ocorre em nossas vidas, nossas relações pessoais, com o mundo e também com nosso interior, pode se tornar na própria matéria de transformação de nós mesmos e do mundo. Esse filtro, na verdade, é o direcionamento egocêntrico de nossa consciência, estado no qual a quase a totalidade da humanidade vive. Nessa condição, a consciência humana tem como características a separatividade, a eu-centralização e o isolamento, pois é incapaz de perceber a unidade e a integralidade de tudo e de todos. É uma consciência de si baseada numa falsa identidade, na ilusão de um eu separado, que vamos construindo ao longo de nossa existência, desde o nascimento, a partir de influências predominantemente exteriores, que não tem relação nenhuma com nossa essência mais profunda, com nosso ser real, com o aspecto transcendente em nós mesmos.

E que influências externas são essas, que utilizamos para

construir essa identidade ilusória? Elas podem ser agrupadas em três categorias principais: (1) nossa herança sanguínea, que provém de nossos pais, avós e antepassados como as características físicas, padrões de comportamento e de temperamento; (2) nossa herança cármica, que provém de vidas passadas, vividas em total inconsciência de nosso ser real, que determinam, muitas vezes, a natureza de nossos desejos, sentimentos e pensamentos nesta vida; e (3) as influências que recebemos através de nossa interação com o meio social, nossa família, país e povo, nosso ambiente escolar e profissional, nossas amizades, etc.

Uma analogia entre esse processo de construção da identidade egocêntrica e o desenvolvimento do corpo físico talvez permita entender melhor.

Na formação do nosso corpo físico, desde o embrião e do desenvolvimento do feto, percebe-se a existência de uma matriz genética, a partir da qual substâncias do meio exterior se aglutinam de uma determinada maneira, dando uma forma muito particular ao corpo físico. Portanto, o corpo físico é o reflexo daquela matriz, daquele arquétipo genético; dessa forma, o corpo físico é formado a partir das características herdadas dos antepassados.

O mesmo ocorre com a formação dos corpos sutis, invisíveis aos olhos, constituídos de energia em diferentes estados vibratórios: o corpo vital, responsável pela natureza de nossa vitalidade; o corpo emocional ou astral, responsável pela natureza de nossas emoções, sentimentos e desejos, e o corpo mental, responsável pela natureza de nossos pensamentos. Tal qual a matriz hereditária atua na formação do corpo físico, uma matriz cármica s determina a formação dos corpos sutis, fazendo valer a influência não apenas da herança sanguínea, mas também da herança cármica. Essas heranças agem como fortes tendências que nos impulsionam a agir, sentir, querer e pensar de uma determinada maneira. Elas também determinam a natureza de nossos corpos sutis e, portanto, estruturam fixamente nossa vitalidade, nossos desejos, sentimentos e pensamentos.

Essas heranças determinam, assim, o tipo e a natureza das substâncias sutis ou energias em seus diversos leques vibratórios que são atraídas e organizadas de forma a compor nossos corpos sutis, da mesma maneira que ocorre com o corpo físico. E, assim como nos identificamos com nosso corpo físico, fazemos o mesmo com nossos corpos sutis e com tudo o que neles circula, identificando-nos com esses aspectos, e criando nossa identidade egocêntrica.

Além das influências genéticas e cármicas, temos também um terceiro grupo de influências, aquelas provenientes de nossa interação com o meio social, que também contribuem para formação de nossa identidade.

Da mesma forma que o corpo físico um dia se dissolverá, assim também ocorrerá com os corpos sutis, e com eles com a identidade egocêntrica. Uma consciência identificada com sua forma física, sua forma de agir, sua forma de pensar ou sua forma de sentir se reconhece a partir de formas transitórias e ilusórias, que um dia se dissolverão qual fumaça. Essa consciência identificada, portanto, vivencia a morte quando esses elementos se dissolvem. Porém, para aquele que compreende que a identidade egocêntrica e todas as suas formas, densas ou sutis, são ilusórias também compreende que a morte é uma ilusão.

Por isso, podemos dizer que a síntese de nossa tarefa na senda interior é mudar a matriz de nossa identidade; não viver mais dessas heranças sanguíneas e cármicas - que são como como véus que não nos permitem ver a realidade das coisas - mas sim renascer inteiramente de uma outra matriz, a matriz que provém do ser real, do ser absoluto em nós, latente e esquecido, obscurecido por nossa identificação egocêntrica. Nesse ser, nessa essência mais profunda em nós, reside o arquétipo de uma nova consciência. Nesse ser está também o fundamento para a reconstrução de toda a personalidade quádrupla, a matriz de um novo ser humano. Essa matriz eterna é a fonte de toda a criação e todo o ser pode ser recriado a partir dela.

Enquanto não avançamos em nosso autoconhecimento e descobrimos em nós esse novo e único fundamento, continuamos vítimas das projeções do passado, que se manifestam no presente e projetam as condições do futuro. Nesse estado de coisas, mais cedo ou mais tarde tudo se repete, de uma forma ou de outra. E a isso normalmente damos o nome de destino, esse futuro que de forma recorrente repete o passado, que nada mais é do que a pura e simples repetição de memórias.

Diante desse processo, dessa memória que escraviza nossa consciência em si mesma e em seus veículos, que de encarnação a encarnação impede a manifestação da consciência que leva à unidade, perguntamos: podemos regressar ao passado e resgatar o momento em que esse desvio se estabeleceu? Como podemos alterar o futuro se não temos como voltar ao passado e corrigir a rota que foi traçada?

Mas a pergunta correta é: precisamos voltar ao passado?

Reflitamos: se a eternidade não é um intervalo de tempo, mas sim um instante no eterno presente, não teríamos aqui e agora, neste instante, a oportunidade de realizar a transformação que intimamente tanto desejamos?

28. A MEMÓRIA

Longo tem sido o desenvolvimento da consciência humana, até iniciar o caminho para a autoconsciência plena. Para atingir o ponto em que está, foram utilizados instrumentos que não podiam ser desprezados. Um desses instrumentos é a memória – não apenas a memória desta vida, mas toda a memória cármica, genética e social herdada de outras vidas.

Com base nessa herança, se desenvolveu a noção de identidade, uma imagem que chamamos de 'eu' ou 'ego', a consciência egocêntrica e o correspondente pensamento concreto. Toda a estrutura da personalidade funciona dentro dos limites desse eu, da memória e do tempo psicológico, cujo padrão básico de funcionamento é a repetição do passado e a criação de expectativas sobre o futuro.

O ser humano ficou aprisionado nessa fase de seu desenvolvimento - o da consciência egocêntrica. Para continuar seu caminho, é necessária uma nova construção, o renascimento a partir da matriz do ser real, do absoluto em nós, que contém o arquétipo do novo ser humano.

A memória, que é o tempo e o acúmulo do passado, nos trouxe até aqui. Temos à disposição o melhor que o jogo do tempo pode construir, e não precisamos mais do que isso. O que precisamos agora é construir numa outra dimensão, com reconhecimento, carinho e respeito por toda a nossa história, mas também com a coragem de assumir a nova tarefa. Para ser cumprida, essa nova tarefa exige deixar o passado em seu lugar, não ocupando um espaço indevido, porque é preciso construir um futuro que não seja uma simples repetição do passado com nova roupagem.

Compreender interiormente como ocorre a programação temporal de contínua repetição do passado é um passo em direção à sua superação. Por exemplo, suponha que você se magoou psicologicamente no passado e que ainda carregue o peso dessa vivência, mesmo que nas profundezas do inconsciente. O que foi magoado dessa forma? A imagem que você tem de si mesmo, que é extremamente frágil, que chama de "eu".

Esse eu é o resultado direto do processo temporal, pois é criado a partir da percepção de si como um elemento separado, isolado, distinto da realidade exterior. Ao perceber-se assim, o sistema se protege e se aferra ao passado, à memória, àquilo que já conhece. Identifica-se com tudo isso e tenta se projetar com esse passado no futuro. O eu é a imagem criada de si mesmo através dessa identificação.

Quando se vivencia novas experiências a partir dessa idenficação não se vive plenamente o novo, pois tudo é filtrado pelos óculos emocionais das experiências passadas – por exemplo, através da mágoa, da ferida, causada em sua autoimagem. Pois nós enxergamos, escutamos, tateamos, cheiramos e sentimos gosto não apenas a partir dos órgãos dos sentidos, mas também através dos filtros emocionais construídos a partir da memória. Mesmo que as pessoas envolvidas sejam outras, ao passar por uma nova experiência, alguma coisa – talvez um cheiro, uma cor, um gesto, uma fala – pode trazer todo o conteúdo do passado à tona e impedir que se a vivencie com abertura. Assim, não há um relacionamento aberto com o mundo e com as outras pessoas, pois nos fechamos para tentar proteger nossa autoimagem, para que não seja ferida novamente.

Existe outro lado ao qual é preciso estar atento. Ao compreender como essas cargas emocionais nos limitam, pode-se negar as memórias emocionais e nos comportarmos como se elas não existissem nem nos incomodassem. Pode-se tentar criar um futuro diferente, transformando-nos de acordo com um determinado ideal, como o de um aluno perfeito, de um ser humano liberto, iluminado, transfigurado. Mas esses ideais não são a realidade, sendo também projeções do passado, daquilo que conhecemos. E isso, portanto, ainda nos mantém no jogo horizontal do tempo psicológico – o jogo da memória e das projeções do futuro. Dessa maneira não conseguimos ir além desse esquema, ainda que, como alunos sinceros, sintamos a necessidade de ir além.

Temos também a necessidade de autonomia e de liberdade de consciência, que não são possíveis dentro dos limites impostos pela programação do passado. Essa liberdade tem que ser conquistada, tem que ser construída de maneira autônoma. E isso é crítico em nossa época.

No entanto, o pensamento egocêntrico comum, o pensamento concreto, em toda a sua complexidade, não é livre, porque é uma simples programação mental, um algoritmo. Fomos programados pelo passado como um computador, e toda a nossa atuação é mecânica. Temos a ilusão de ter algum controle sobre nossas vidas, mas pensamos, sentimos, queremos e agimos de acordo com essa programação. Vivemos num mundo subjetivo, em que dizemos gostar de algumas coisas e não de outras, de algumas pessoas e não de outras, mas na verdade não temos muita escolha. Achamos que liberdade é agir segundo nossos desejos, mas nossos desejos são simples programações cármicas, hereditárias e sociais.

Por que é assim? Porque mesmo o pensamento concreto, o elemento mais elevado da personalidade, sempre funciona mecanicamente, segundo toda essa programação prévia. Porque ainda estamos a caminho da real autoconsciência e o que chamamos de consciência lúcida é ainda muito frágil e obscura. Ainda estamos adormecidos para a realidade mais essencial do ser, que transcende toda programação do passado.

Na ilusão da consciência egocêntrica, inconscientes da unidade de toda a consciência humana, vivemos iludidos pelos padrões de um pensamento que tem como essência a divisão: divisão entre o eu e os outros, entre a minha e a sua família, o meu e o seu país. Somos todos partes de uma consciência coletiva construída de acordo com uma mesma programação mental e emocional, com pequenas diferenças secundárias. Nosso próprio senso de individualidade não deixa de ser também uma programação e não constitui uma individualidade verdadeira. Esta programação nos estimula a enxergar as diferenças, seja de que natureza for, e por isso não percebemos esta verdade tão óbvia, a de que no fundo não há diferença.

Independente do país que habitemos, da cultura em que estejamos inseridos, independente de nossas tendências religiosas, esotéricas, científicas ou artísticas – todos funcionamos de forma muito semelhante, e todos sofremos da mesma forma descrita por Buda há 2.500 anos. Em qualquer canto do mundo, sob as roupagens culturais, o ser humano vive a incerteza e a solidão, sofre, sente ansiedade, ciúme, inveja e ódio. Sob as mais diferentes condições, os mesmos impulsos básicos são percebidos.

Em nossa época, toda essa programação é ainda mais crítica, porque o poder computacional está superando o pensamento humano em muitas áreas, e isso só tende a se expandir. Como consciências egocêntricas, temos o pensamento totalmente condicionado, e há outras programações melhores surgindo, inclusive com a capacidade de se auto aperfeiçoar. Nessa situação, o que acontecerá conosco?

Estamos nos defrontando com uma crise que não pode ser resolvida pelos métodos conhecidos, ou seja, dentro dos limites da consciência egocêntrica, pois é uma crise no próprio núcleo dessa consciência. Essa consciência criou toda a estrutura social do mundo, com sua glória e seus problemas – e criou a tecnologia que dá suporte a toda esta civilização. Ela também conseguiu replicar o próprio funcionamento do pensamento concreto, através da programação computacional. E essa programação domina, de forma crescente, todos os setores de nossas vidas.

Temos nos mostrado instrumentos dóceis nas mãos de algoritmos complexos, justamente porque nossa consciência não é livre, mas prisioneira de padrões mentais e emocionais que podem ser manipulados com facilidade. Podemos ir além dessa programação? Teoricamente, sim. Mas como transformar a teoria em prática?

Não precisamos voltar ao passado nem especular sobre o futuro, pois o único campo de atuação possível da consciência é o presente, onde o passado e o futuro se encontram. Porém, precisamos ser cuidadosos, para não chegar à errônea conclusão de que essa vivência no presente pode se dar a partir de um ponto central, a autoimagem, de forma programada e forçada. Ao perceber a importância de irromper para uma consciência livre do jogo do tempo e dos mecanismos do pensamento concreto, podemos ser tentados a controlar ou subjugar esse pensamento. Mas isso ainda é uma operação do mesmo pensamento limitado.

Não precisamos insistir com nada disso. Já abandonamos

todas as técnicas, todas as fórmulas, todos os processos mecânicos, pois sabemos que os caminhos de treinamento da consciência egocêntrica não nos auxiliam. Ao mesmo tempo, também sabemos que é necessário conhecer em profundidade a realidade da consciência egocêntrica – perceber seus mecanismos, seus apegos, seus limites intransponíveis. É a luz da centelha divina, já atuante, que possibilita essa percepção interior. A luz da centelha pode ainda ser intangível e indefinível, pois é a própria pré-memória, fora do tempo, fora do espaço, no imo de nosso ser. Precisamos criar condições para que ela atue, abrindo espaço em nossas vidas, nos distanciando interiormente de toda a luta inútil no campo de batalha exterior e nos direcionando continuamente às coisas essenciais.

Sim, somos máquinas programadas, mas máquinas especiais, que podem se dar conta de sua própria mecanicidade. E isso só ocorre quando algo diferente da máquina pode atuar, quando uma nova luz ilumina a consciência mecânica e possibilita que ela se perceba instantaneamente. Mas essa iluminação só se dá no instante, no presente, para o passo imediato. Essa percepção transcendente não é o resultado de um método, não envolve análise, estudo; ela não é a negação da realidade do que somos, mas uma percepção clara e lúcida, que nada julga. Não é um movimento em direção a um ideal, pois este é ainda o movimento do tempo, que precisamos transcender.

É justamente porque o jogo da negação da realidade e da idealização de uma mudança futura foi abandonado que a transformação real ocorre. Porque o barulho interior não foi negado, mas conhecido em profundidade, a própria percepção leva ao enfraquecimento do barulho, abrindo espaço para o silêncio que existe por detrás dele. Nesse silêncio não há um centro, um eu, pois a autoimagem mostra sua natureza ilusória e se esvanece. Nesse silêncio não há tempo, pois o peso do passado e as expectativas sobre o futuro estão ausentes.

Agora todos os conteúdos da consciência – os pensamentos, sentimentos, a memória – estão presentes, mas já não interferem no processo da pura percepção. Há um vazio pleno de novas possibilidades, um espaço interno em que uma nova inteligência pode atuar, livre de todo condicionamento, livre de todo o passado. Esta inteligência sabe, no instante da percepção, que não há sofrimento individual. A consciência egocêntrica, que percebe a partir do pensamento que divide, percebe apenas o seu próprio sofrimento e suas circunstâncias limitadas. A nova inteligência não vê a separação como fundamental, mas ilusória. O sofrimento de um único ser humano é o sofrimento de toda a humanidade e avançar para além do sofrimento é, portanto, avançar com todos.

Esse processo também é comparável ao crescimento de uma planta. A planta está contida na semente, mas, para dar origem à planta, a semente precisa se deixar transformar pelo silêncio, pelo vazio, pelo não ser. O ser da planta nasce do silêncio da semente, do seu não-ser. A planta, portanto, só vai germinar se, antes, deixar morrer sua condição de grão. Se ficarmos aferrados à nossa condição, nunca nos desenvolveremos. E precisamos nos desenvolver, estamos sendo chamados interiormente a isto.

A vida da semente tem um objetivo central: reconhecer que é a portadora da imagem, do arquétipo da planta. Quando há esse reconhecimento, a semente pode então silenciar, se abandonar, se entregar, se deixar transformar, morrer para sua vida antiga. O ensinamento universal sempre falou a respeito desse silêncio, desse vazio, dessa morte simbólica da consciência ilusória. A morte, tida como estranha e perigosa, contém este mistério, o mistério do abandono do passado. Nesse abandono existe uma inteligência, um amor e uma compaixão que nosso ego desconhece e está tão bem expresso neste tesouro do ensinamento universal trazido para o Ocidente por Helena Blavatsky:

"As sementes da Sabedoria não podem germinar e crescer num espaço sem ar. Para viver e colher experiência, a mente necessita de amplitude e de profundidade, e de indicações que a conduzam à Alma de Diamante.

Não procures tais indicações no reino de Maya, mas eleva-te acima das ilusões, e busca o Ser eterno e imutável, sem confiar nas falsas sugestões da fantasia.

Porque a mente é como um espelho; ela acumula pó enquanto reflete. Ela precisa das brisas suaves da sabedoria da Alma para afastar o pó das nossas ilusões. Tenta, ó iniciante, unir tua Mente e tua Alma.

Evita a ignorância, e evita do mesmo modo a ilusão. Volta o teu rosto para longe das decepções do mundo; desconfia dos teus sentidos; eles são falsos. Mas, dentro do teu corpo – o santuário das tuas sensações - procura, no Impessoal, pelo 'Homem Eterno' e, depois de localizá-lo, olha para o teu interior: tu és Buda"[29].

29. UM NOVO FUTURO

Do profundo silêncio que precede a aurora, o rubro brilho que colore a escuridão do céu anuncia a chegada de mais um dia.

Lentamente, o áureo disco solar se ergue, incandescendo o

29 Blavatsky, *A Voz do Silêncio*, versos 114 a 116.

horizonte e transformando-o em um crescente mar de luz.

Diante de nosso olhar extasiado por esse espetáculo único, o fulgor do sol colore de um dourado ainda mais vívido um imenso campo de trigo que se revela agora em sua luz, onde incontáveis espigas pendem maduras, como gotas de ouro que brotaram da terra escura.

A suave brisa do vento, inaudível aos ouvidos, torna-se perceptível no campo, como se sua mão invisível acariciasse as infinitas espigas, fazendo-as ondular docemente.

Um campo de trigo, a humanidade. Cada espiga, cada ser humano, cada planta, uma vida inteira.

Pensamentos vertiginosos invadem nossa mente.

Inevitavelmente a perspectiva do todo se particulariza.

Nosso olhar diferencia uma só haste, uma só espiga, como o espelho de nossa vida.

Sim, ali estamos no meio da multidão indistinta, lutando para crescer, produzir frutos, gerar um sentido.

A noção da repetição infinita nos invade, como se toda nossa existência estivesse contida ali, naquele instante.

A semeadura, a luta pelo crescimento, a colheita que se aproxima.

Um pé de trigo, toda uma vida.

Semear, cuidar e colher. Nascer, crescer e morrer. Para depois nascer, crescer e novamente morrer.

O espetáculo extasiante do nascer do sol converte-se na dura realidade de mais um dia. Mais um dia, mais um ciclo, mais uma repetição de nós mesmos... E, no coração, a alma suspira, e se pergunta: Até quando...?

Quem nunca se sentiu assim, tocado pelo todo, e aprisionado pela parte? Como um centauro apontando flechas para as estrelas, com os pés agrilhoados ao chão? Como um sonho encapsulado por uma dura e repetitiva luta? Uma luta que, qual um ciclo, se desdobra e se repete. Exteriormente passam-se os anos, interiormente, nada muda. Uma estranha roda de repetições que corre sobre a estradas de pó e pedras da vida. Uma roda de repetições que range e sacode, nos baques e entrechoques das experiências vividas, na solidão e na companhia de todos que nos rodeiam.

E a vida é tão curta, e a dor é tão longa. Tudo é repetição, colisão, golpes e contragolpes. É como se nada de novo realmente ocorresse. Nesse nível de percepção interior, a sobriedade interna descortina toda a aridez da vida egocêntrica, que se revela à consciência como uma chaga aberta, onde as experiências dolorosas não passam, apenas se repetem.

Quando mergulhamos na realidade interior desse ciclo infinito de repetições de experiências dolorosas, descobrimos algo ainda mais surpreendente. Elas não passam como um rio, que vem e vai. Elas tampouco giram, como os astros que cumprem seus ciclos, longos ou breves. O seu tempo não é uma linha, nem mesmo um círculo. O seu tempo é como um ponto: um único lugar, um único momento, que não se move e que não passa. Nesse estado egocêntrico, não existe passado, presente ou futuro. Nem mesmo um passado que se repete no presente, gerando o mesmo futuro.

Olhemos de perto, e vejamos por nós mesmos. Esse estado egocêntrico da consciência é feito de apenas um tempo: o passado. Pois nele, em essência, não existe mais nada, tudo não passa de memória. Uma memória de si mesmo que persiste, resiste e subsiste. Memórias da infância, memórias de si mesmo, memórias dos outros, de tudo e de todos. Memórias que são filtros, véus, lentes, paredes, muralhas.

Encerrado por suas muralhas de memória, encontra-se o eu, em sua solidão. Dentro das muralhas da prisão autocriada do eu existe apenas um ponto, um instante, que não se move e que não passa. Nessa singularidade do espaço-tempo, como um minúsculo buraco negro que suga toda a luz ao seu redor, onde já não há mais tempo nem espaço, encontra-se a consciência-eu, isolada de tudo e de todos, percebendo a si mesma, a tudo e a todos a partir desse ponto estático do tempo e do espaço de suas memórias.

Tudo é lido e percebido pelo filtro da memória. Não há percepção nova de nada e de ninguém. Não há percepção do momento presente. Existe apenas uma memória que se apropria da experiência, que a filtra, molda, deforma, armazena e a integra, no grande algoritmo da memória do eu. Cada nova vivência apenas reforça um estado que já existe. Cada encontro, embate, alegria ou tristeza é agregado à pilha já existente de memórias, que definem o eu-consciente, transformados por ele em mais um tijolo da muralha que o aprisiona. Tosco ou sofisticado, analógico ou digital: pouco importa, o resultado é o mesmo.

A consciência-eu sempre se define por sua versão dos fatos, suas histórias, sua narrativa, sua biografia, sua própria linha do tempo. Memórias do que se tenta reviver para fortalecê-las, do que se tenta evitar para eliminá-las. Esse estado de coisas, esse egocentrismo sem retorno, encontra-se além de qualquer possibilidade de auxílio. Ele é como um estado disfuncional da mente, um tipo de loucura, a loucura do eu, compartilhada pelos bilhões de seres humanos que vivem neste planeta.

Esse estado de consciência é como um software infectado,

como um vírus que se espalha sem controle e que no final contamina a todos, e que gera um mundo completamente disfuncional e sem sentido. Por isso esse estado de coisas, esse estado de consciência com seu correspondente estado de vida, não pode ser base para qualquer desenvolvimento real e verdadeiro. Para ele não há evolução possível. Não há futuro, nem sequer há alternância. O único produto que ele pode gerar é uma crise. E é isso que temos vivido, individual e coletivamente.

É esse estado de coisas que precisa ser demolido, se queremos que algo novo se manifeste em nosso ser. Na sua raiz profunda, na sua essência mais verdadeira, esse é o único problema que precisamos resolver. Carma, destino, a prisão da repetição, as infinitas rodas e ciclos nos quais nos encontramos, tudo isso aponta para o mesmo problema. Uma consciência que não passa de um amontoado infinito de memórias que a isolaram do todo, para a qual nada mais existe além disso, um ponto no passado imemorial que não se move, que não se transforma e apenas se replica.

Se de fato existe saída para isso, é preciso ir muito além da mera explicação, pois a explicação logo se tornará apenas mais um pedaço da memória, e assim, de passagem ela se converte em muralha, de janela ela se converte em bloqueio. Por isso, quanto mais se explica, menos se entende; quanto mais se decifra, mais se codifica. E cada nova tentativa forçada de ruptura apenas fortalece ainda mais a matrix da mente do eu, a assassina do real.

A saída não pode ser por aí. A única esperança é algo que não seja memória, e não possa ser convertido em memória. Algo que não seja armazenável, processável, programável, condicionável ou definível. A única esperança é a pré-memória. Algo que se encontra antes do surgimento da consciência-eu, dessa mente eu-consciente que criou os mecanismos de acúmulo de memória e separou-se do todo, mergulhando para sempre na sua imagem autocriada. A saída, para o beco sem saída do eu, é essa partícula de pré-memória em seu próprio ser, a única que o eu não consegue capturar nem controlar. Essa partícula, essa pré-memória, está além de seu campo de percepção, pois ela não faz parte da construção da memória, nem do carma, nem do destino, ou dos infinitos ciclos e giros construídos pela consciência-eu. Ela não é passado, não é presente, nem futuro. Ela não é tempo, nem espaço. Ela simplesmente É!

Aqueles que se libertaram de si mesmos, e ingressaram nesse estado não condicionado nem definível, tentaram indicá-la a seus semelhantes mediante parábolas. As parábolas são histórias circulares, conceitos abertos, símbolos que carregam conteúdos que, por mais que a mente do eu consciente se esforce, não podem ser reduzidos a meras memórias, pois carregam em si uma perspectiva diferente.

Tal perspectiva provém da pré-memória não condicionada, que se encontra adormecida em todos os seres. Essa perspectiva é como uma pintura: a imagem está pintada no plano de uma tela de tecido, mas ao olhá-la, reconhecemos pessoas, vales e montanhas, que ganham profundidade e se espalham na amplidão de nosso espaço interior. Essa sabedoria manifestada em conceitos abertos, em símbolos e parábolas, gera o reconhecimento dessa dimensão interna.

Em uma dessas parábolas, a libertação da consciência-eu é comparada ao tornar-se novamente uma criança. Ao abrirmos os olhos pela primeira vez, ao nascer neste mundo, não vimos nossas memórias, mas apenas a realidade onipresente. Não vimos o passado, nem o presente, nem o futuro, apenas vimos. Porém, no instante seguinte, nossos mecanismos inatos de acúmulo foram inundados pelo reservatório coletivo da memória da consciência-eu e, em pouco tempo, em nossa mente já rodava o software, o programa condicionante da matrix do eu.

Onde se encontra o olhar dessa criança em nós? Será que o perdemos para sempre? Não, ele não está perdido, pois ele não pode se perder. Esse olhar é a própria centelha, intangível e indefinível, a própria pré-memória fora do tempo, fora do espaço, no imo de nosso ser. Se chegamos ao limite do eu, ao limite do auto encarceramento de nosso ser, na solidão absoluta dos muros de nossa prisão interior, onde nada mais resta além da dor da solidão e da inutilidade do eu, então encontramos o que está além da prisão.

Se, no mais recôndito da prisão do eu chegamos ao limite, se todos os conceitos perderam utilidade, se todas as teorias e explicações se revelam inúteis, e já nada mais nos resta além do desmascaramento de nossa ignorância, então já não resta mais nada além de um anseio. Um anseio que arde no coração, que a compreensão não explica, que as mãos não abarcam, e nem a comoção interior pode conter. Anseio por algo além do eu, além da esterilidade da prisão de si mesmo, como um grito da alma, por esse indefinível outro.

No fogo, na luz e na força desse anseio indefinível batemos na última porta que resta no coração, e então ela se abre, e dela ressurge o outro, aquele que está além da memória, daquele em cujos olhos brilha o primeiro olhar, o olhar do primeiro amor. Com os olhos do eu cerrados a toda ilusão e engano, e todos os sentidos interiores da alma silentes e despertos, lhe dizemos:

- “Dá-me olhos para ver. Dá-me ouvidos para ouvir”.

E então abrimos os olhos, e vemos, pela primeira vez, o mundo, o ser e a vida! E nos tornamos, novamente, uma criança, a criança que, no imo, sempre fomos. E ela nos transforma em um novo ser, um ser que nasceu novamente.

Do profundo silêncio que precede a aurora, o rubro brilho que colore a escuridão do céu anuncia a chegada de mais um dia.

Lentamente, o áureo disco solar se ergue, incandescendo o horizonte e transformando-o em um crescente mar de luz.

Diante de nosso olhar extasiado por esse espetáculo único, o fulgor do sol colore de um dourado ainda mais vívido um imenso campo de trigo que se revela agora em sua luz, onde incontáveis espigas pendem maduras, como gotas de ouro que brotaram da terra escura.

A suave brisa do vento, inaudível aos ouvidos, torna-se perceptível no campo, como se sua mão invisível acariciasse as infinitas espigas, fazendo-as ondular docemente.

Um campo de trigo, a humanidade. Cada espiga, cada ser humano, cada planta, uma vida inteira.

Nesse momento, tudo é Um.

Não há passado, nem presente, nem futuro. Tudo É.

O Sol que brilha em uma semente dourada de trigo.

Uma semente dourada que traz em si o sol que brilha. Cada semente é uma só semente.

Uma só semente, que vive em todas as sementes.

Um ser, todos os seres, o Único Ser. Tudo é Um. Tudo é Uno. Tudo É.

30. A TRANSFORMAÇÃO DOS PENSAMENTOS | PARTE II

"Luta com os teus pensamentos impuros antes que te dominem. Trata-os como eles querem tratar-te, porque, se os poupas, criarão raízes e crescerão e - repara bem - esses pensamentos te dominarão e te matarão. Acautela-te, discípulo, não deixes aproximar nem mesmo a sua sombra; porque esta crescerá em tamanho e poder, e então essa coisa escura absorverá o teu ser antes que tenhas te apercebido bem da presença do monstro hediondo e negro." [30]

Estas palavras de A Voz do Silêncio abordam um tema de vital importância, qual seja a influência do pensamento em nossas vidas. Todo aquele que busca um caminho de verdadeira transformação interior, se depara com diversas advertências sobre o pensamento. Logo que ele inicia tal caminho, ouve que a verdadeira libertação do ego apegado à matéria está intimamente relacionada à transformação gradual de seus pensamentos, ao nascimento de uma nova mentalidade.

A razão para isto reside no fato de que desde os tempos mais antigos a mente humana, considerada a sede dos pensamentos, ocupa a atenção de cientistas, filósofos e religiosos. Para muitos, entender o funcionamento dos pensamentos e aprender a dominá-los é a chave para a felicidade. A ciência já consegue comprovar que a vida do ser humano, começando pelo seu próprio corpo, desde suas células, é fortemente determinada pelo ambiente que o cerca.

Estudos recentes, como os do Dr. Bruce Lipton, biólogo norte-americano estudioso do desenvolvimento humano e notável por suas opiniões sobre epigenética, mostram que as

30 Blavatsky, *A Voz do Silêncio*, verso 54.

células que compõem os seres viventes - e portanto, também os humanos - podem ser influenciadas e transformadas por três fatores: um trauma, a ação de toxinas e por impulsos externos.[31]

Esses impulsos externos são impulsos energéticos que condicionam as células, portanto, todo o ser em uma determinada direção. Dr. Lipton afirma que mais de 95% dos problemas que afetam a saúde do ser humano têm relação com o ambiente e com a sua percepção desse ambiente. Três fatores podem influenciar a nossa percepção: nossos instintos, nosso subconsciente e nosso consciente.

O nosso subconsciente tem uma influência muito maior em nossa vida que o nosso consciente. Diz o autor que o que deve mudar é a nossa percepção da realidade, e que isso pode ser conseguido através de uma mudança de nossa consciência. Aqui reside uma chave importante para reflexões. O caminho proposto pela Escola leva ao nascimento de uma nova consciência, uma consciência livre do egocentrismo. Assim, através de uma nova consciência, pode-se mudar a percepção da realidade e, portanto, toda a vida do indivíduo.

Nossa consciência é influenciada em grande parte pelos nossos pensamentos. Somos dominados pelo que pensamos. Quantas vezes agimos ou deixamos de agir por questões que acontecem somente dentro de nossas mentes? Imaginamos situações, fantasiamos, nos tornamos vítimas de nossas próprias ilusões mentais e, assim, nos perdemos no labirinto dos pensamentos.

Pessoas que percebem como se tornam vítimas de seus próprios pensamentos incontroláveis apelam para vários meios

31 Lipton, *A Biologia da Crença*, cap. 5.

na tentativa de escapar de situações que elas mesmas criaram: exercícios de meditação, manipulação de energias naturais através de yoga, reiki, constelação familiar etc. Porém, apesar da sensação que esses meios transmitem de resolver o problema, hoje se sabe que eles funcionam apenas como fuga temporária de situações que se tornam cada vez mais complexas. Há indícios mostrando que a meditação, por exemplo, pode causar distúrbios psíquicos e físicos a longo prazo, porque a verdadeira causa do problema continua intacta. E a verdadeira causa somos nós mesmos e a nossa atitude de vida egocêntrica.

Analisando esse cenário sob o ponto de vista de uma nova consciência, uma consciência que se eleva do egocentrismo, e que, portanto, se liberta gradualmente do ego inferior, percebem-se outros elementos que podem ajudar a encontrar a solução verdadeira. A Escola da Rosacruz Áurea e o ensinamento universal falam sobre um princípio de força adormecido dentro do ser humano, que chamam simbolicamente de rosa do coração. A partir do instante em que essa força desperta, ela desabrocha em uma espiral de energia similar à maneira que uma rosa desabrocha. Esse princípio de energia contém em si a força necessária para libertar não só o pensamento, mas todo o ser de sua prisão egocêntrica. Esse princípio de força, esse átomo primordial de energia, pode corrigir a mente incerta e instável, e dar as ferramentas necessárias para se lutar contra os pensamentos impuros, como diz Blavatsky n' A Voz do Silêncio.

Isso não é possível realizar com as forças e características do próprio ego, por ele estar condicionados pelo que se encontra dentro e fora dele mesmo para a manutenção dos desejos, da vida comum. Portanto, é necessário que uma outra fonte de energia desperte dentro de nós para, então, auxiliar na tarefa de reorientar a consciência egocêntrica para a vida em direção ao Espírito.

Espírito ou Espírito sétuplo evoca a ideia de plenitude, de unidade, de justiça, de amor. Todos os seres humanos anseiam por isso, quer sejam conscientes ou não desse fato. Mas apesar disso, somos vítimas do que nós mesmos criamos. E a partir dessa errônea percepção colocamos a culpa do que nos acontece em coisas como: carma, destino, condições biológicas etc.

Porém, como mencionado, até mesmo a ciência já reconhece que o ser humano é responsável pela criação de suas próprias condições. Hoje isso é amplamente discutido nas teorias da física quântica que, entre outras coisas, fala da condição de casualidade e incerteza, que diz ser possível a existência de duas situações diferentes e simultâneas para determinado corpo subatômico. Dessa ideia surgem diversas hipóteses teóricas de estudo, como a teoria dos vários mundos, que diz ser possível a existência de diversas realidades alternativas para cada indivíduo.

Para os que defendem a existência de uma relação entre a física quântica e o espiritual, a força do pensamento poderia exercer grande poder sobre a realidade individual, sendo capaz de alterar o mundo ao seu redor. Vários físicos de renome internacional relacionam os princípios da física quântica às teorias sobre a consciência humana e o poder do pensamento como construtor da realidade. Para eles a mente humana teria a capacidade profunda de influenciar a disposição das micropartículas atômicas ao redor das pessoas, no modo como elas se comportam e como elas constroem a realidade de cada indivíduo. Para os estudiosos que acreditam nesta ideia, as intenções das pessoas influenciariam a construção da realidade.

A intenção da Escola Espiritual da Rosacruz Áurea não é oferecer teorias ou ferramentas para o homem manipular sua realidade e construir uma outra que lhe traga mais benefícios. Estamos falando aqui da verdadeira libertação do ser humano de seu ego inferior, do despertar de uma verdadeira consciência que cria uma realidade com base no Espírito sétuplo.

A chave para esse caminho consiste entre outras coisas: (1) na percepção da prisão criada pelo próprio homem com seu egocentrismo, a manutenção dessa prisão através de uma vida de pensamentos, e por conseguinte, de sentimentos e ações que reforçam essa prisão; (2) no anseio por sair dessa prisão; entender que ele não é vítima de um destino pré-determinado, mas que dentro dele existe a chave que pode libertá-lo; e (3) no trilhar um caminho interior que permite o despertar de um novo princípio de força - que hoje se encontra adormecido dentro dele. Esse princípio de força pode transformar toda a vida de pensamentos, sentimentos e ações e, a partir daí, permitir a manifestação de uma nova realidade.

Com base nos ensinamentos da Catharose de Petri, no livro O Verbo Vivente, pode-se afirmar que à medida que a forma da personalidade humana se modifica, portanto, à medida que ela vai se alterando devido a uma nova vida positiva, e essa forma é regida pela alma, o Espírito sétuplo começa a executar sua tarefa. Uma nova e maravilhosa luz toca o aluno e o preenche. A atividade dessa luz é puramente mental. Pela primeira vez em sua vida, esse aluno pode de fato pensar de maneira pura, pois agora seus órgãos mentais estão abertos para isso.

Em total harmonia com a manifestação dos sete raios do Espírito sétuplo, realiza-se uma renovação sensorial, pelo menos se o candidato aos mistérios gnósticos faz o que o processo interior exige dele. Esse processo é amparado pela doutrina universal libertadora. Sendo mais preciso: a inteligência corresponde ao quinto raio do Espírito sétuplo. Introduzido na esfera de atividade do quinto sentido, é possível descobrir de modo direto que a inteligência é muito mais do que um sentido. A inteligência é o veículo do pensamento, o veículo do corpo mental. O despertar da inteligência dotada de razão significa o nascimento do corpo mental, o qual ainda falta a todos os homens desta natureza.

No ensinamento antigo, o ser humano era denominado Adamas, cuja palavra cognata é Man ou Manas, que significa "pensador". Para o candidato aos mistérios gnósticos que pratica a nova atitude de vida, a colaboração com o Espírito sétuplo, em particular com o seu quinto raio, significa nada menos do que o nascimento, a verdadeira manifestação do poder mental, o verdadeiro corpo mental e, portanto, a manifestação da inteligência dotada de razão.

Com base nisso, esperamos poder trilhar o caminho que permite o despertar da rosa do coração para que uma nova realidade de pensamentos, sentimentos e de vida possa se manifestar.

"O homem busca a salvação do mal que imagina ser um monstro vivo, pertencente a outro mundo, e faz deuses que não passam de demônios disfarçados; todo-poderosos, mas cheios de suspeitas, ódios e luxúria. Seus favores devem ser comprados com caros sacrifícios de frutos e de vidas de aves, animais e seres humanos.

Porém, esses deuses não têm ouvidos para ouvir, nem olhos para ver, nem coração para compadecer-se, nem poder para salvar.

O mal é um mito: esses deuses são feitos de ar e revestidos com a sombra de um pensamento. O único demônio de que o homem deve redimir-se é o seu ego, o seu eu inferior.

Se o homem quiser encontrar seu inimigo, deve procurá-lo dentro de si mesmo; seu nome é ego.

Se o homem quiser encontrar seu salvador, deve buscá-lo dentro de si mesmo, e quando o ego maligno tiver sido destronado, o salvador, o Amor, será exaltado ao trono do poder". [32]

31. A PRÉ MEMÓRIA: O CONHECIMENTO DE PRIMEIRA MÃO

O caminho de um pesquisador em busca do verdadeiro conhecimento libertador, isto é, o caminho de iniciação, foi assim apresentado por Jan van Rijckenborgh:

"Para o pesquisador sério talvez não exista um único problema tão agudo quanto: como devo percorrer o caminho que conduz ao novo campo de vida? Portanto, nunca poderemos refletir e falar suficientemente sobre isso. Chega um momento psicológico em que o pesquisador se cansa de toda filosofia. Ele só quer saber de uma única coisa: como, nesta existência e na situação em que ele se encontra, é possível percorrer o caminho para a nova vida.

Na Escola Espiritual, o conhecimento de primeira mão é precondição para adquirir o conhecimento de segunda mão.

Para muitos isso pode ser uma perspectiva totalmente nova, pois geralmente admite-se que é necessário ter estudado durante anos a filosofia da Rosacruz (isto é, o conhecimento de segunda mão transmitido pela Escola) antes que alguns eleitos

32 Downling, *O Evangelho Aquariano*, cap. 8.

possam ter acesso ao conhecimento de primeira mão. Devemos nos afastar o mais rapidamente possível dessa mistificação.

O que acontece realmente? A Escola Espiritual faz uma distinção entre o conhecimento de primeira mão e o conhecimento de segunda mão: aqui, o conhecimento de primeira mão é o saber direto e auto-adquirido; o conhecimento de segunda mão corresponde ao saber transmitido pelo éter refletor do campo de força da Escola Espiritual por intermédio da palavra falada, escrita, ou pela leitura.

Esta forma de conhecimento é, na realidade, uma espécie de passagem para o conhecimento de primeira mão, porém, permanece, mesmo assim, um conhecimento de segunda mão.

O conhecimento de primeira mão não provém da experiência.

É de opinião geral que o conhecimento de primeira mão só pode ser obtido após certo grau de iniciação ou de avanço. Nada é menos verdadeiro, embora seja fato que o conhecimento de primeira mão dos mistérios não possa ser alcançado sem uma preparação fundamental e sem um progresso no caminho.

Isso, no entanto, não significa que o mais novo aluno iniciante não possa já possuir conhecimento de primeira mão, mesmo que inicialmente ele dependa do ensinamento de segunda mão transmitido pelos seus instrutores, pois todo conhecimento de segunda mão na Escola é absolutamente sem valor se não for precedido de um conhecimento de primeira mão.

O conhecimento de primeira mão na Escola de Mistérios não é, portanto, um saber proveniente da experiência no sentido dialético.

No sentido dialético, o conhecimento da experiência é sempre a consequência de uma experimentação da qual esperamos um resultado.

Na Escola de Mistérios, porém, o conhecimento de primeira mão não é a consequência de uma experimentação, mas da iluminação.

Suponham que um buscador entre na Escola Espiritual. Por onde ele deve começar? Em qualquer outro grupo esotérico, ele deveria começar pelo ensinamento de segunda mão na esperança de, ao exercitá-lo, adquirir o conhecimento de primeira mão. Na Escola Espiritual é totalmente diferente.

O buscador ou o aluno alicerça-se no conhecimento de primeira mão – ou iluminação – antes que lhe seja transmitido o conhecimento de segunda mão. Essa iluminação nascente do aluno, nós a chamamos de reminiscência de algo que existiu, ou pré-memória.

Aquele que não possui essa reminiscência não está em casa na Escola Espiritual; porque, então, ele de fato nada tem a ver com todo o conhecimento de segunda mão que a Escola lhe transmite, oralmente ou por escrito.

É por isso que a pré-memória é a base do conhecimento de segunda mão que é transmitido pela Escola"[33].

Esse texto trata do único ponto imprescindível para quem quer trilhar um caminho de iniciação, o qual está dentro de nós mesmos e que podemos encontrar com a ajuda de uma escola espiritual. Mas essa ajuda não está nos textos ou palestras, mas no despertar da pré-memória, da reminiscência espiritual que deve iluminar de dentro para fora nosso próprio mundo interior.

Como isso acontece? Qual o verdadeiro papel de uma escola espiritual nesse processo de iniciação? Oferecer um campo de força, onde sucessivos choques magnéticos - de uma natureza

33 Rijckenborgh. O Renascimento e seus Aspectos. Práticos.

totalmente desconhecida de nossa consciência egocêntrica - podem nos despertar dos sonhos. Pois em relação ao verdadeiro estado de iluminação, estamos como que dormindo. Como num sonho, muitas vezes acreditamos que aquilo pelo que estamos passando é real, quando na verdade são apenas projeções de nossa mente.

Por que buscamos e o quê buscamos numa escola espiritual? Essa é uma pergunta fundamental. Se quando encontramos uma escola espiritual algo dentro de nós diz: "é isso, agora estou em casa!", acabamos de entrar em outro sonho, dentro daquele que já estávamos tendo. Um sonho dentro de outro, o que pode nos levar a um estado ainda mais profundo de inconsciência.

Uma escola espiritual verdadeira não tem como papel ser uma casa onde nos sentimos confortáveis, pensando que agora sim, podemos descansar. Seu papel é causar uma constante tensão interna, por meio da qual percebemos o que deve ser transformado em nós. Essa tensão não tem absolutamente nada a ver com crises externas, crises com outras pessoas, ou o constante caos que podemos viver em nossa vida. Tensão, no sentido que estamos querendo explicar, tem relação com vibrações magnéticas que vão sendo transformadas - de uma orientação egocêntrica para uma orientação voltada para aquilo que foi chamado no texto acima de iluminação.

Iluminação não é algo como um êxtase místico que vem a nós enquanto refletimos sobre um texto ou ouvimos uma palestra, mas o resultado de uma transformação vibratória interna - de cada pensamento, sentimento e ação - que cria um arco magnético que, dessa maneira, gera luz.

Portanto, iluminação é sempre o resultado de um esforço interior. Esse é o conhecimento de primeira mão descrito acima, que não vem por leituras ou por escutar um texto, por mais belo que seja. O conhecimento de primeira mão é liberado por um esforço constante em direção ao centro de nós mesmos, impulsionado pela reminiscência ou pré-memória. Essa reminiscência é como um átomo adormecido dentro do ser humano que, quando despertado, pode ajudá-lo na busca pela verdadeira transformação de vida. Trata-se, de fato, de uma transformação de vida, e não de adaptação para viver melhor.

Existe uma grande diferença entre transformação, no sentido que uma escola espiritual dá ao termo, e adaptação. Muitas pessoas buscam conforto num caminho espiritual para poder viver uma vida melhor, mais tranquila ou com mais compreensão. Não existe nenhum problema com isso, mas uma escola espiritual nos impulsiona constantemente para uma transformação de consciência e de vida, através de constantes choques magnéticos que nos despertam.

Na maioria das vezes, isso não é agradável para o ego, se ele vive tentando ligar a função "soneca" do nosso despertador, dizendo: só mais 5 minutos! Só mais 5 minutos para descansar, mais 5 minutos para eu continuar sonhando, mais 5 minutos, que se prolongam por toda uma vida. Por isso, o papel de uma escola espiritual é nos levar à constante reflexão interior, que deve ser seguida de uma ação. E é por isso que não podemos nos sentir em 'casa' em uma escola espiritual. Quando acreditamos que encontramos a verdade, acabamos por aprisionar a verdade em uma projeção.

Podemos ler a respeito disso em um texto de Krishnamurti:

"É possível que vocês se lembrem da história de como o diabo e um amigo dele estavam descendo a rua quando viram à sua frente um homem se agachar e pegar algo do chão, dar uma olhada e colocar no bolso.

O amigo perguntou ao diabo: 'Que foi que o homem pegou? '

'Ele pegou um pedaço da verdade', respondeu o diabo.

'Isso é um negócio muito ruim para você, então', disse o amigo dele.

'Oh, de modo algum', retrucou o diabo, 'Vou deixar que ele a organize".[34]

Devemos perceber a profundidade destas palavras. O papel de uma escola espiritual perde seu efeito quando pensamos que ela pode nos trazer a verdade e nos agarramos a isso. Esse é o conhecimento de segunda mão e ele nunca é libertador; apenas tem função quando pode nos auxiliar a chegar ao conhecimento de primeira mão, a iluminação, à verdadeira iniciação.

É impossível reter a luz! Porque a luz que vemos em um momento, no momento seguinte já não é a mesma. Ela se transforma, sempre. Toda vez que se tenta agarrar algo, estamos agarrando nossa projeção desse algo, através do conhecimento de segunda mão. Por isso é tão difícil explicar o que é a verdade, pois ela não pode ser explicada como um conceito. Quando transformamos a iluminação em palavras ou conceitos, é como usar uma sombra para perceber que existe a luz. A luz não pode ser agarrada, devemos viver da luz, em uma constante transformação da nossa consciência, e portanto da nossa vida.

Voltando à pergunta inicial: por que buscamos e o que buscamos numa escola espiritual? Se você busca respostas definitivas para as suas perguntas - velhas e novas - você está mergulhando em um novo sonho, o de que um caminho espiritual pode resolver sua vida. A vida não é algo para ser resolvido,

34 Krishnamurti. *Discurso da Dissolução da Ordem da Estrela.*

mas para ser vivido conscientemente. E consciência tem relação com constante transformação, que tem a ver com movimento, com algo novo a todo momento. E isso é iluminação. Isso é conhecimento de primeira mão.

Assim, as perguntas nunca acabam. Da mesma maneira como as respostas nunca podem ser definitivas. Esse é o significado da frase "a mente é o assassino do real".[35] Porque a mente tenta equacionar, agarrar, explicar, argumentar, entender. E o real, a iluminação, é uma vivência constante de algo novo que brota da reminiscência espiritual que se encontra no imo do ser humano, que só pode ser despertada quando o ego silencia. Quando deixamos esse verdadeiro silêncio brotar do imo de nosso ser, é possível experimentar essa iluminação como relâmpagos em uma noite escura. Não podemos reter os relâmpagos, mas eles podem iluminar nosso mundo interior e, nesses breves momentos de luz, vamos percebendo o caminho que devemos trilhar.

Nessa base, uma escola espiritual pode cumprir seu papel de ser um verdadeiro catalisador de novas forças para a constante transformação da consciência e, como não podia deixar de ser, de transformação da vida.

"A Verdade não pode ser rebaixada, mas, em vez disso, deve o indivíduo fazer esforço para ascender até ela. Vocês não podem trazer o topo da montanha para o vale. Se querem atingir o cume da montanha, vocês devem atravessar o vale e escalar as escarpas sem medo dos perigosos precipícios.

[...] De novo, vocês têm a ideia de que somente determinadas pessoas possuem a chave do Reino da Felicidade. Ninguém a possui. Ninguém tem a autoridade para possuir tal chave.

35 Blavatsky, *A Voz do Silêncio*, verso 4

Essa chave é seu próprio eu, e no desenvolvimento e na purificação e na incorruptibilidade desse eu particular, está o Reino da Eternidade"[36].

Que todos possam encontrar o conhecimento de primeira mão, a iluminação dentro de seu próprio ser. E que a luz possa revelar diante de sua consciência o caminho da iniciação. A verdade é sempre a mesma, sempre nova, sempre única e sempre universal, pois ela é um estado de ser daquele que se liberta do ego e encontra o eterno dentro de si mesmo.

32. AS ETAPAS DA INICIAÇÃO

O caminho proposto pela Rosacruz Áurea é um processo tríplice, composto por três etapas sucessivas, que manifestam no ser humano três novos estados: a nova alma, a alma-Espírito e o novo ser, ou, simbolicamente, a rosa branca, a rosa rubra e a rosa áurea. Orgânica e estruturalmente falando, tais etapas são descritas como: o nascimento de uma nova consciência; o surgimento de uma consciência espiritual; e a transfiguração dos veículos sutis do ser humano.

Compreender a extensão e a magnitude desse processo tríplice é vital para o aluno na senda, pois se comparada à escalada de uma montanha, é preciso saber onde nos encontramos em cada momento para escolhermos a direção certa rumo ao cume, e não nos perdermos a cada bifurcação do caminho.

A tarefa geral é sempre a mesma: perseverar, esforçar-se, conquistando cada passo. Porém, a cada nova etapa surgem novas capacidades de alma, que precisam ser reconhecidas e

36 Krishnamurti. *Discurso da Dissolução da Ordem da Estrela.*

utilizadas, para que se possa haurir novas forças de consciência, liberadas ao longo da senda da auto iniciação. Essas três etapas formam um único processo, que realiza a mesma transformação em três fases cada vez mais intensas e poderosas, transformando os santuários do coração, da cabeça e da vida conforme descrito abaixo.

Na primeira etapa, a da nova consciência, a força da centelha do Espírito deve renovar os três santuários, gerando um fluxo permanente dessa nova força nos dois cordões do sistema simpático e parassimpático do fogo serpentino. Na Escola, quando essa circulação se manifesta de maneira estável, nós a denominamos de “nova alma”.

Na segunda etapa, a da consciência espiritual, a força do Espírito que forma a esfera do microcosmo, deve penetrar no canal central do fogo serpentino, unindo-se à força da centelha do Espírito que já circula nos três santuários. Na Escola, quando essa união ocorre, nós a denominamos de “alma-Espírito”.

Na terceira e última etapa, a do novo ser, pela união dos dois polos do Espírito no microcosmo, deverá ocorrer a transfiguração dos três veículos sutis do ser humano, o corpo mental, o corpo astral e da metade superior do corpo etérico. Na Escola, quando essa transfiguração ocorre, falamos do “novo homem”, ou de um novo ser.

Cada uma dessas etapas deve ser levada adiante pela realização de três objetivos espirituais. Por esse motivo, a Escola Espiritual está estruturada para auxiliar o aluno a realizar tais objetivos ao longo das diferentes etapas de seu discipulado. A primeira etapa, com seus três objetivos espirituais, corresponde à escola externa. A segunda etapa, com seus três objetivos espirituais, corresponde à escola interna. E a terceira etapa, com seus três objetivos espirituais, corresponde aos graus interiores.

Quando um buscador da verdade chega à Escola Espiritual, ele deve trazer em si a pedra angular sobre a qual poderá construir toda a senda interior da auto iniciação. Essa pedra angular é a centelha do Espírito ativa no santuário de seu coração, que lhe permite reconhecer e aferir, por si mesmo, tudo o que a Escola lhe transmite, assimilando-o como força de realização, e não como um ensinamento teórico. Sem essa centelha ativa, ele rapidamente perde o interesse na Escola e a deixa.

A centelha do Espírito não gera paz, contentamento ou equilíbrio pessoal. Ao contrário, ela se manifesta como o fogo de uma incessante inquietude interior, que desperta a consciência e transforma o ser humano em um buscador da verdade, a despeito de sua vontade. Essa inquietude funciona como um relâmpago. Surge de maneira inesperada e ilumina o mundo interior do ser humano de maneira intensa, mas fugaz, assim como o relâmpago ilumina o céu em um clarão instantâneo.

O esforço do buscador deve ser o de estar voltado e aberto para esses relâmpagos de consciência, pois eles são a manifestação da própria centelha do Espírito em seu ser. Ao permanecer constantemente voltado a essa força, o buscador mantém o santuário da cabeça aberto a ela, despertando cada vez mais fortemente a resposta de determinados centros cerebrais que não são controlados pela consciência-eu comum. Esses centros produzem um novo conjunto de sinapses no cérebro, que formam uma percepção de si mesmo completamente diferente, como se se observasse de fora, vendo-se claramente durante um lampejo de plena lucidez. A Escola denomina esse conjunto de sinapses de pré-memória, a visão lúcida de si mesmo, fora da prisão das memórias repetitivas da consciência comum.

Por sua resposta receptiva a esse processo, ele o retroalimenta, fortalece e repete, transformando-o em um segundo estado de consciência ativo. A Escola denomina esse novo estado de percepção de autoconhecimento, e ele é a primeira nova capacidade da consciência. Adquirir esse autoconhecimento, e transformá-lo em nova capacidade da consciência, é o primeiro objetivo espiritual da escola externa.

Com base no autoconhecimento o aluno avança no caminho. Esse avançar lhe concede a força para começar a afastar o torvelinho astral de desejos e sentimentos que preenche seu coração. A consciência trava sua batalha no coração, confrontando seu estado de ânimo prevalente com a centelha do Espírito. A cabeça e o coração se unem como a clareira de um arco de luz na consciência, ligando-se cada vez mais à centelha do Espírito. Dessa unidade da cabeça e do coração surge a força para que a consciência permaneça voltada à centelha do Espírito, aprendendo a ligar-se conscientemente a ela. A Escola denomina esse ato interno de ligação consciente, e ele constitui o segundo objetivo espiritual da escola externa.

Com base nessa unidade crescente da cabeça e do coração, o aluno avança em direção ao santuário da vida, mergulhando nas fontes do subconsciente, de onde provêm todas as reações automáticas que formam seu comportamento. Essas reações provêm da herança sanguínea e do carma acumulado no microcosmo, reações não passíveis de treino, controle ou dissimulação pela consciência-eu. Elas representam o que realmente somos e determinam todo o comportamento do eu-consciente. Portanto, somente uma força superior pode interferir em seu funcionamento. Essa força é o primeiro arco de luz que se formou pela ação da centelha do Espírito na cabeça e no coração do aluno.

Com base nessa força superior (e não em uma tentativa forçada do eu), o aluno vê transformar, em primeiro lugar, sua predisposição interior, sua atitude interna diante da vida, que constitui o aspecto receptivo da ação. Ele o fará mediante compreensão e anseio, munido do autoconhecimento e da ligação interior: assim ele aprende a se confrontar sem lutar. Isso significa aprender a se desmascarar até o âmago de seu ser, até às profundezas insondáveis do santuário da vida, nele gerando uma luz que tudo desvenda e revela e que possui o poder de mudar suas reações, sem o inútil forçar-se. Quando essa luz brilha no fundo do poço do inconsciente, este se revela ao consciente, e a reação cega e repetitiva desaparece. Esta é a única base possível para que a ação concreta mude, pela mudança da pré-disposição interna que ocorreu pela intervenção direta da luz. Assim, o aluno desvenda, em cada experiência vivida, o mistério da não-ação que gera a ação libertadora. O santuário da vida se abre e se unifica à nova força que circula na cabeça e no coração.

Um segundo arco de luz se forma no santuário da vida do aluno. Passo a passo, ele unifica os três santuários de sua consciência, pelo esforço diário tríplice e contínuo. Ao longo de sua permanência na escola externa e de todo o seu discipulado, o aluno fortalece cada vez mais essa unidade, como sólida base de construção. A Escola denomina a unificação dos três santuários como o princípio da nova alma, que é o terceiro objetivo espiritual da escola externa, o coroamento da primeira etapa da senda tríplice. A força da centelha do Espírito circula pelos cordões do simpático e parassimpático, as duas serpentes do fogo serpentino, desde o centro da hipófise até o plexo sacro. A nova alma tomou forma no aluno, e ele avança para segunda etapa do processo.

Pela natureza interna da segunda e terceira etapas do processo de auto iniciação, só se pode descrevê-la até determinado ponto.

A segunda etapa desse processo, a manifestação da alma-Espírito - que é o objetivo do trabalho da escola interna - deve ser vista como a oitava superior do processo realizado na primeira etapa. O aluno começa essa segunda etapa pela realização de uma endura radical, atacando com coragem e plena dedicação interior todas as bases de seu egocentrismo. Sem que isso seja realizado radicalmente, a nova alma não consegue crescer além de certo ponto.

Se o aluno realmente trilha a senda da endura, a radiação de luz da nova alma cresce e se expande nos três santuários, como uma grande purificação de seu campo de respiração. Essa purificação permite que a luz da nova alma toque a janela cristalina, a membrana energética no limite de manifestação da consciência no microcosmo, e a abra para que o segundo polo do Espírito, que forma a própria esfera do microcosmo, penetre diretamente no canal central do fogo serpentino, através do círculo ígneo da pineal.

Essa força do Espírito equivale ao vendaval de uma força irresistível que se derrama sobre o aluno, que ao adentrar pelo círculo ígneo da pineal, desdobra-se nos sete raios do Espírito. Esses sete raios preenchem e acendem os três candelabros sétuplos da cabeça, do coração e pelve, formando, no sistema do fogo serpentino do aluno, o Caduceu de Hermes, a forma ígnea da alma-Espírito. O aluno tornou-se um cavaleiro do Graal, dotado das três armas do Espírito sétuplo: o novo elmo no santuário da cabeça, o novo escudo sobre o santuário do coração, e a espada do Espírito cravada nas profundezas do santuário da vida.

Esse novo poder, representado pelo caduceu de Hermes, o cetro dos reis-sacerdotes, abrirá a porta dos graus internos, a terceira etapa da auto iniciação, a transfiguração. Nela o aluno vivencia os três dias da ressurreição, pois nele renascem os veículos sutis dos três centros da consciência, que se transfiguram e se unem à estrutura nuclear da alma-Espírito, que nele irradia como um novo fogo serpentino.

O novo corpo mental se une definitivamente a seu gêmeo, Manas, a mente superior, e liberta a consciência da morte e da prisão do tempo. O novo corpo astral se estende a partir da rosa do coração desabrochada, como um glorioso manto de luz, que irradia o perfume das sete rosas que florescem pela transformação dos sete chacras no fogo serpentino. O novo corpo etérico servirá como a nova veste da alma, envolvendo-a como manto de puro linho branco, o manto da eternidade.

Que a visão gloriosa desse grandioso processo possa servir de guia, consolo e força a cada passo do caminho na senda da luz!

33. FERRAMENTAS DA AUTO INICIAÇÃO

O processo proposto pela Escola é a auto iniciação. Um doselementos fundamentais para condução desse processo é o amadurecimento. Um ser humano maduro possui autoconsciência, ou consciência de si mesmo. Não só como um aspecto estrutural, mas principalmente como uma prática de vida. Apenas uma consciência desperta evita que o ser humano seja jogado para lá e para cá, pelas ondas astrais naturais. Apenas pelo autoconhecimento o candidato pode conquistar e manter esse estado maduro de sua própria consciência.

Para a correta utilização de uma ferramenta, é fundamental a compreensão da sua finalidade. Ainda há pouca compreensão do real papel do autoconhecimento no processo iniciático moderno. Um ser humano potencialmente autoconsciente, mas que não conhece ou não sabe manejar o autoconhecimento, não é plenamente autoconsciente, e, portanto, é incapaz de realizar a auto iniciação. Para ele seria melhor que houvesse mestres ou guias que lhe orientassem o caminho. Contudo, esse sistema tradicional está praticamente cerrado pelo próprio desenvolvimento da onda de vida humana.

Com o desenvolvimento da consciência individual, especialmente dos buscadores, o sistema de iniciação tradicional tornou-se impraticável por pelo menos dois motivos. O primeiro, pela impossibilidade de os buscadores praticarem a obediência no sentido iniciático, que implica praticá-la mesmo sem compreender a intenção e a razão da instrução recebida. O segundo, pelo crescente número de pessoas que procuram uma solução iniciática libertadora, o que exigiria a existência de dezenas de milhares de mestres de sabedoria dispostos a carregar no seu campo de respiração alunos indóceis ante as exigências do caminho que, para eles próprios, parecem altamente racionais. É bem conhecida a frase do iniciado Paulo: a sabedoria dos homens é loucura perante Deus.

No século XX isso se traduziu em notáveis esforços para desenvolver um sistema de iniciação baseado na ausência de um mestre ou instrutor. Por isso, desde o primeiro contato com a Rosacruz Áurea, o buscador é confrontado com a ideia de que na nossa Escola Espiritual não existem mestres pessoais, e que o ensinamento de sabedoria chega a ele de forma geral e impessoal. O aluno deve se orientar por sua própria autoridade interior, a autoridade da sua própria consciência.

Em uma escola de mistérios, sabe-se que o que surge no nosso cérebro é reflexo do processo espiritual que emana do campo sutil - seja dos aspectos cármicos do nosso microcosmo ou da própria mônada - e que, portanto, o impulso para atuar ou escolher vem condicionado à nossa consciência, seja pelos sentidos, pelo ambiente social, pela carga aural ou pela pré-memória. A natureza dessa predeterminação deve ser percebida pela nossa capacidade de discernimento. Daí que o discernimento seja a chave da primeira Gnosis e, portanto, da iniciação de Mercúrio.

Sem um claro discernimento, se está ao sabor das impressões psíquicas, das tendências do sangue e dos condicionantes culturais e sociais, quando não dos meros interesses materiais, todos eles muito bem camuflados por astutas construções intelectuais, capazes de tudo justificar.

Outro elemento característico da nossa Escola Espiritual é a realidade do Corpo Vivo. A existência desse Corpo Vivo é um autêntico prodígio, e nunca estaremos suficientemente conscientes e agradecidos pela sua existência. O Corpo Vivo não é meramente um campo de força, um campo energético. Ele é um organismo vivo dotado de alma e corpo, mas não de individualidade. Portanto, é como um planeta, com a sua atmosfera, os seus veículos e a sua tripla ideação central.

O Corpo Vivo cumpre o papel que outrora era cumprido pelo mestre de sabedoria com os seus discípulos, ao acolhê-los no seu campo de respiração e instruí-los a partir do seu próprio Manas superior. A diferença fundamental é que no nosso caso o discípulo é auto responsável, e autônomo para desenvolver a sua própria consciência, dirigir os seus passos, tomar as suas decisões e seguir em um processo de aprendizado constante.

O campo de aprendizagem são as experiências diárias. Esse processo é auxiliado pela observação objetiva, sem emoção, de nós mesmos. Nesse estado objetivo, desperto, é possível perceber o princípio universal que ilumina nossa consciência, a centelha de uma nova luz que ilumina a nossa razão e nos revela como o autoconhecimento pode ser transformado em poderosa ferramenta.

Aqui cabe uma explicação importante: a centelha, ou o princípio universal que carregamos, não é uma outra consciência que fará o trabalho que nós mesmos devemos fazer. Possuímos apenas uma consciência, e essa consciência deve ser transformada. Em termos práticos, a transformação da consciência significa a conquista da autonomia ou autoconsciência.

Para que possamos compreender como manejar a ferramenta do autoconhecimento, precisamos nos aprofundar em suas etapas. No primeiro momento o autoconhecimento é uma ferramenta poderosa de observação objetiva. Mas assim que essa observação objetiva é plenamente atingida, é exigido uma ação interna, também objetiva.

O processo iniciático requer a quebra da nossa inércia fundamental, do nosso conservadorismo atávico e a paixão pela nossa história. Portanto, o papel do autoconhecimento não é ser instrumento passivo de trabalho, não é ser apenas um instrumento de observação, pois um processo iniciático requer um novo início, e não apenas a contemplação do velho, como alguém que fica saudosamente vendo fotos antigas.

Sem abandonar o passado não há verdadeiramente um novo

início, uma iniciação. É preciso matar o passado, pois com o passado trazemos de volta todos os sentimentos e desejos, e nos perdemos em lembranças. Nada é mais aprisionador que o passado, por isso as mídias usam estratégias para nos lembrar constantemente do passado, nos relembrando e divulgando o nosso passado.

Essa atitude aparentemente pueril, ativa nos nossos campos mais sutis toda a força da memória individual e coletiva, ativando o poderoso campo dos desejos ao campo astral do passado. Para romper esse aprisionamento, essa inércia, é preciso o esforço constante de nossa consciência. Esse esforço é o autoconhecimento. Sua tarefa é alertar a nossa consciência, dar verdadeiros choques de realidade quando estamos perdidos em prazerosos devaneios das nossas lembranças, ou em exaltações nervosas sobre alguma atitude de que discordamos.

Apenas nesse estado de atenção, em que o aluno abandona conscientemente seu passado e suas reações impensadas, é possível que a centelha do Espírito possa iluminar plenamente sua consciência. A centelha divina, que é uma parte do ser humano, trabalha constantemente; mas sua percepção depende do estado de consciência do aluno. Quando o discípulo está pronto, o mestre aparece. A centelha divina é tão poderosa e presente no ser humano como um sol. Mas a sua percepção depende de quão profundamente nos libertamos de nossas lembranças e condicionamentos, ou seja, de quão precisos somos no manejo da ferramenta do autoconhecimento.

Muitos alunos têm dificuldade em reconhecer a atuação consciente dessa força transcendente. Podem falar sobre ela de forma indireta e intuitiva. Por vezes recorrem à memória do que leram nos livros para descrever a atuação da centelha divina. Esse desconhecimento é causado pela insuficiente profundidade e precisão com que utilizam o autoconhecimento, ou seja, ainda não há esforço constante e intenso.

Duas atitudes podem explicar essa falta de esforço: o medo ou a preguiça. O aluno é em essência um reformador, ele deseja de todo o seu coração uma transformação do mundo e da humanidade. Mas o aluno que além desse desejo não tem a coragem e a energia para vencer o medo e a preguiça, é um teórico que não conhece de forma direta o aspecto transcendente de seu ser.

Apenas o contato direto com essa força, provindo do esforço constante e inteligente da consciência, garante a transformação que permite que o passado morra definitivamente. E com ele, toda a dor e sofrimento, todo o saudosismo e melancolia.

Essa maravilhosa força transcendente não só ilumina a consciência, como reorganiza completamente o sistema de vida humano, como descreve Jan van Rijckenborgh:

"Refleti bem! Quando um ser humano é atingido por tão poderosa radiação de luz, como é a da Gnosis, e essa luz cai qual raio e toca corporalmente o coração, a cabeça e o sangue, pensais então que esse medicamento de cura, esse remédio, nada mais causaria no corpo do que uma religiosidade burguesa, uma devoção reconhecida oficialmente?

A força do Espírito Santo é santificadora, curadora, isto é, um remédio não somente em sentido abstrato, filosófico, místico, porém, ao mesmo tempo, corporal, anatômico e biológico. Isso é magnífico e esplêndido, e ao mesmo tempo drástico e perigoso!

Se o trabalho da Escola Espiritual consistisse apenas em reflexões sobre o Reino Imutável — que não possuímos nem vemos e com que não temos a menor ligação — se nos perdêssemos em inúmeras considerações filosóficas e, como seres puramente naturais, afirmássemos: 'Isso é assim! ', que diferença haveria entre a Escola Espiritual e qualquer outra orientação religiosa natural?

Se o aluno da Escola Espiritual que deseja trilhar o caminho fosse ou permanecesse igual [...]: Para que todo esse esforço? Para que todo esse palavreado? Quem reflete seriamente sobre o caminho e se decide de fato a trilhá-lo, modifica-se, a partir dessa hora, corporal, biológica e anatomicamente. Tendes de compreender a lógica disto: estamos encerrados aqui, nesta cabana adâmica, com todas as consequências daí resultantes. Pois bem, se a senda da cura, o processo do remédio universal, for realidade e verdade, ele tem de começar corporalmente aqui, tem de ser estabelecido aqui!

Todavia, se alguém é apenas ouvinte da palavra, um observador, então ele permanece um falador, alguém que talvez saiba, mas que não faz. Palavra e ação, nele, não estão em harmonia uma com a outra. Isso é compreensível, pois nele existe apenas uma orientação do estado natural para o estado espiritual. [...] No entanto, quem irrompe, partindo do estado natural, no estado espiritual, modifica-se no mesmo instante, e, como dito, não somente em sentido moral, ético e religioso, porém sua mudança é, ao mesmo tempo, corporal.

[...] Quando, pois, a luz divina é inflamada no santuário da cabeça, essa força aflui pelo cordão direito do simpático até o plexo sacro, situado na parte inferior da coluna vertebral.

O plexo sacro, no que concerne ao fogo serpentino comum, está quase totalmente isolado. Por conseguinte, a torrente da graça da Gnosis preenche todo o ser e desce, ao longo da torre dos mistérios, até a câmara terrena do plexo sacro.

[...] Se puderdes imaginar a atividade dessa circulação da manifestação gnóstica no duplo simpático e compreender por que os iniciados originais chamavam o plexo sacro de plexo santificador, de onde subia a força de Idá, então prevereis razoavelmente a consequência disso: o simpático, tocado assim pela força gnóstica, transformar-se-á em um novo sistema nervoso, uma mudança literal do corpo acontece. O novo éter de hidrogênio manifesta-se por intermédio do novo sistema nervoso, do novo sistema de linhas de força. Um novo grupo de hormônios, que reagem unicamente ao novo fluido nervoso, é liberado no sangue. Um novo fluido sanguíneo etérico faz-se valer e desse modo, ó maravilha, uma personalidade inteiramente nova é erguida na velha personalidade da natureza. E essa nova personalidade é a personalidade do novo ser humano".[37]

34. O ESFORÇO DA CONSCIÊNCIA

A iniciação começa quando a maturidade das experiências chega a um ponto tal de saturação, que leva o ser humano à pesquisa espiritual. Ele se percebe vazio. Seu coração está machucado e pede algo indefinível; ele pode ter tudo, mas o essencial lhe falta. É um desassossego que retira sua consciência da passividade e começa a movê-la para outra direção.

Na vida comum, a pessoa age para depois, num choque de lucidez, se perguntar: - "por que fiz isso?"

Pensa ou sente algo a respeito de fatos, coisas ou pessoas. Outro choque:

- "como pude ser tolo e pensar ou sentir tudo isso?"

37 Rijckenborgh. *O Novo Homem*. cap. II-5, p. 221, 225, 226.

Nesses casos a consciência agiu reativamente e não proativamente, ou seja, a consciência entrou em cena apenas depois da ação, do pensamento ou do sentimento terem vindo à tona.

Como sair desse circuito? Um dos objetivos do autoconhecimento é proporcionar a transformação inicial de comportamento dessa consciência, para que ela se coloque à frente, antes da ação, do pensamento e do sentimento. Para que isto aconteça, é preciso uma mudança radical, tanto na relação entre os três santuários, quanto na dinâmica de funcionamento de cada um. Isto é iniciar uma nova fase de vida: isto é iniciação.

Trata-se de uma mudança que na literatura da Escola também é chamada de mudança fundamental. Ela só pode ocorrer quando a consciência começa a atuar independentemente de suas vestes, que são o pensar, o sentir e o agir. Sem essa dissociação, o ser humano continuará a se perceber somente através daquilo que pensa, sente e faz, e não pela própria força da consciência.

Imagine que sua flama de consciência está fortalecida a ponto de poder retirar, ela mesma, suas vestes: ela então se vê como de fato é. Porém, isso não é tão simples, porque são essas vestes que a alimentam e a agasalham. Por isso ela se identifica tanto com os véus que a encapsulam. Para se chegar ao estado em que as vestes sejam arrancadas, é preciso dar ao fogo da consciência um novo combustível. De onde vem esse combustível? Da centelha do Espírito, do núcleo de nossa identidade universal que se encontra no centro do microcosmo. É necessário que a consciência, de per si, escolha dar atenção à voz dessa centelha que ressoa por detrás de suas vestes.

Consciência não é um atributo qualquer perdido dentro de você: consciência é isso que, neste exato momento, está fazendo a escolha de ler este texto. Isso é você! Portanto, é você mesmo que deve começar a voltar sua atenção à voz do núcleo de identidade universal que despertou em seu coração. Não é possível terceirizar essa tarefa, pois ninguém pode realizar o esforço de separar, entre os milhares de pensamentos, sentimentos e reações que ininterruptamente lhe ocorrem, a voz que o inquieta e o tira da zona de conforto.

Quando você distingue esse impulso para a transformação, e se esforça para não confundir esse chamado à verdadeira vida com os chamados da vida comum, então você colocou os pés no autoconhecimento. Quando encontramos a Escola estamos famintos e não sabemos o porquê, temos sede de algo que não conseguimos traduzir em palavras, somos movidos por uma necessidade de mudança que não conseguimos explicar. Aquilo que está por detrás do "não saber o porquê, não conseguir traduzir em palavras e não conseguir explicar" é exatamente a voz da centelha divina em nós. É como se ela fosse transversal aos vetores de força da cabeça, do coração e da ação. Essa força passa, toca os três centros, e os marca fundamentalmente.

A tarefa que nos cabe é o esforço da observação. Usamos propositalmente a palavra esforço porque alcançar e alimentar o autoconhecimento requer uma energia tremenda. Estamos a tal ponto enredados pelas vestes, que sem uma grande energia não é possível separar o fogo da consciência de suas vestes. É por isso que o autoconhecimento é fundamental para cumprirmos nossa vocação como seres humanos, é o combustível que alimenta esse processo de transformação.

Se tentamos realizar tudo isso com a força dos pensamentos, sentimentos e reações, o único resultado é amarrar essas vestes à consciência com cordas ainda mais fortes. Por isso, no verso 108 da Rosa Mystica é dito que devemos nos observar de maneira neutra, sem julgamentos de valor do tipo: esse meu pensamento é bom ou é ruim, esse meu sentimento é altruísta ou egoísta, essa minha reação é acertada ou é reprovável.

Fazer julgamento é atar a consciência ao que foi observado. É preciso libertar a consciência de suas amarras. O segredo desse intenso processo é voltar a atenção ao princípio ígneo que habita nosso mais profundo ser. A partir desse ponto, todo o aparato biológico que protege o centro energético - o coração físico, a glândula timo e o escudo do osso esterno - é inundado pela radiação do Espírito. E o sangue levará essa força até o santuário da cabeça.

Lá, o cérebro, as glândulas pineal, hipófise e tireoide, bem como os doze pares de nervos cranianos reagem à força do núcleo da identidade universal que subiu do centro do coração. Na verdade, essa conexão é ainda mais profunda, pois, do ponto de vista espiritual, no coração se aloja um candelabro com sete flamas, e na cabeça também. A estrutura biológica é apenas um suporte para que esses dois candelabros se comuniquem.

Quando isto acontece, e a sede da consciência-eu é tocada, o ser humano entra em nova fase. O primeiro arco iniciático, a união cabeça-coração, foi estabelecido. Em alguns textos da Escola encontramos a expressão "culto racional a Deus", que expressa o culto (a força do coração) e a força racional (a cabeça) se colocando a serviço do divino em nós, ao Deus em nós, à centelha do Espírito em nós. Esse processo não cai do céu, cada um precisa realizar a tarefa tríplice em si mesmo.

Em primeiro lugar, observar de maneira neutra o que acontece em seu interior. Lembrem que a antena que irradia nosso estado de ser para fora, o osso esterno, tem três propriedades:

atração, repulsão ou neutralidade. A única possibilidade de a auto-observação ser fiel é empregar a terceira faculdade. Para isto, o poder discricionário da consciência deve passar para o primeiro lugar, o que só é alcançado se a pessoa não julgar aquilo que pensa, sente ou faz.

O fluxo quase automático da cabeça, do coração e da pelve mantém seu ritmo. Por isso, em segundo lugar, é preciso perseverar na neutralidade. E isto não é fácil pois, na vida comum somos a todo instante instados a tomar decisões. Por isso, na Escola falamos de processo, de algo orgânico. Mas aqui a palavra "orgânico" não está associada ao corpo físico, mas ao novo corpo alma, à nova consciência que está nascendo.

Essa segunda tarefa é muito mais desafiadora que a primeira, pois não bastam os clarões do autoconhecimento. Agora é preciso criar as condições de aquietação interna para que a centelha do Espírito volte a brilhar com todo o seu esplendor no microcosmo. O resultado é a criação de um espaço de silêncio propício ao desenvolvimento dessa centelha. Ela cresce, se deixamos isso acontecer. Não duvide disso! Quando o princípio dessa nova consciência nasce, João e Maria, cabeça e coração, fogem para o Egito, isto é, buscam a neutralidade e se afastam do conflito.

Em terceiro lugar, nosso esforço leva a uma transformação paulatina na vida, no santuário da vida, o centro da pelve. Não se está fazendo referência às circunstâncias externas, pois estas, com suas benesses ou dificuldades, permanecem exatamente como são ou, se mudarem, sempre esbarram no limite. O que muda é nossa relação com tudo o que acontece fora de nós. Nossa resistência ao que vem de fora se aquieta, e as reações desenfreadas podem começar a tomar novo rumo. Assim como acontece no desenvolvimento do corpo humano, esse processo também exige ritmo, constância e equilíbrio. Nenhuma mudança ocorre de chofre, mas é fruto do esforço constante da consciência.

É preciso cooperar para a criação de uma atmosfera de silêncio interior na cabeça e no coração, que ganhe igualmente o santuário da vida. Esse terceiro momento é ainda mais desafiador, pois o centro da vida é a sede do carma, e é aí que todas as forças naturais circulam livres. A Escola nos ensina que grande parte dos impulsos que criam pensamentos e sentimentos vêm exatamente deste terceiro centro. Essa é a razão pela qual não faz sentido tentar forçar uma atitude, seja no pensar, no sentir ou no plano concreto da vida, se não houver uma mudança radical na fonte que alimenta essa expressão tríplice do existir.

Esse centro da vida sempre insiste em manter vivos os seus filhos, isto é, os velhos pensamentos, sentimentos e reações. Se esse trabalho de transformação do centro pélvico não é realizado, os assim chamados filhos podem ser afastados do coração e da cabeça, porém permanecem vivos, escondidos e camuflados. A fonte da qual eles nascem deve ser realmente transformada.

Esse é o significado de Arjuna, guiado por Krishna, ter que matar seus parentes! E essa batalha não acontece apenas uma vez na vida, mas a cada respiração. E só temos êxito quando o arco que conecta a força da mônada no coração à cabeça, e transforma o campo mental, começa a descer pelos cordões laterais da medula até o terceiro centro. Essa força monádica não pertence ao mundo tridimensional. À medida que ela vai transformando os três santuários, os resultados também não são tridimensionais, embora seus reflexos sejam perceptíveis na vida comum.

É essa a caminhada do ser humano que, por seu próprio esforço, cumpre o objetivo de sua vida: subir a espiral da autoconsciência para a nova alma. Didaticamente, esse esforço pode ser colocado em quatro perguntas que devem ser feitas permanentemente:

- "Percebo com clareza o que preciso realizar em mim? Se não identifico meu campo de batalha pessoal, o que posso fazer?". Essa percepção nasce no campo mental.

- "Quero, de fato, promover as mudanças que minha consciência aponta como necessárias?". Esse desejo por transformação interna é alimentado pelo campo astral que, já neste momento, começa a se transformar.

- "Coloco minha energia vital para realizar a tarefa de transformação interna?". Essa energia vem do centro vital em transformação.

- "Ponho em ação aquilo que percebo e em que coloco minha energia?". Estado de consciência é estado de vida.

Essa sequência de quatro passos é prática, nela não há teorias, mas sim um chamado à ação. Em resumo, no caminho de transformação interior, todo candidato é confrontado com o turbilhão interno que resulta da desconexão entre seus sentimentos, pensamentos e reações. Nessa fase, sua tarefa é identificar a luz que o inquieta. Em seguida, com o archote dessa nova luz em mãos, o candidato começa a limpar seu interior. É como se ele entrasse em um quarto de despejo em completa desordem. Alguém se arrisca a colocar tudo em ordem durante a noite, na escuridão, se não conta com uma luz que ilumine o que precisa ser retirado, jogado fora ou reciclado? Por isso a luz do autoconhecimento é fundamental.

No entanto, paralelamente ao novo estado de alma recém-nascido, o velho estado de consciência ainda está presente. Herodes está vivo. Ele somente sai de cena quando o terceiro centro de consciência é transformado e a próxima espiral de mudança ocorre. Por isso, nosso lado Herodes continua exercendo seu poder até que o estado de consciência joanino, esse que está realizando essas tarefas, alcance o estado de consciência Jesus.

Quanto mais cada um coloca em prática o que sabe, tanto mais colabora para a própria transformação, para a transformação do grupo e de toda a humanidade. Jamais se pode esquecer que cada ser humano tem seu tempo e seu ritmo próprios. No curso do desenvolvimento da consciência humana, há tantos ritmos quantos são os homens.

A todo momento há os que apenas observam a verdade, os que chegam a tocar a verdade, e aqueles que já estão maduros para a transformação. Estes são os que se entregam à centelha, com ela se unem para renascer como uma das múltiplas labaredas do fogo universal que tudo move, o fogo divino de Fohat.

Esse é o ritmo de maturação das sementes da eternidade lançadas nos campos do tempo.

Um antigo conto Sufi traz a metáfora perfeita de uma realidade para a qual todos nós orientamos, esperançosos, nossos corações.

"Certa noite, as mariposas se reuniram, atormentadas pelo desejo de se juntarem à vela.

Disseram: precisamos mandar alguém à procura de informações sobre o objeto de nossa busca amorosa.

Em vista disso, uma delas partiu. Chegou a um castelo e, dentro dele, viu a luz de uma vela. Regressou e relatou, segundo sua compreensão, tudo o que vira. Mas, no entender da sábia mariposa que presidia a reunião, ela não percebera coisa alguma da vela. Nessas condições, outra mariposa seguiu o caminho do castelo. Tocou a chama com a ponta das asas, mas o calor a fez recuar. Como o seu relatório não fosse mais satisfatório que o da primeira, a terceira mariposa partiu. Esta, bêbada de amor, atirou-se à chama; envolveu-a com as patas dianteiras e uniu-se alegremente a ela. Abraçou-a toda, e seu corpo ficou vermelho como o fogo. A mariposa sábia, que observava a cena de longe, ao ver que a chama e a mariposa pareciam uma só, disse:

'Ela aprendeu o que desejava saber; mas só ela compreende, e nada mais se pode dizer'."[38]

35. ESTADOS DE CONSCIÊNCIA

O ser humano possui apenas uma consciência. Talvez isso possa soar estranho, pois parecia termos entendido que nossa consciência atual deveria ser substituída por uma outra. Talvez tenhamos caminhado muito tempo pensando que o eu que tenho hoje é algo maligno, que deve ser totalmente aniquilado para que um outro eu, divino e eterno, nasça em mim. Nesse raciocínio, pode surgir uma zona cinzenta, uma terra de ninguém, na qual posso cair, sem saber ao certo quem sou.

Na verdade, esse entendimento guarda um equívoco. Aquilo que chamamos de ego é uma projeção. Essa projeção se exterioriza por meio dos pensamentos, sentimentos e reações; é um estado de consciência, porém, há a possibilidade de manifestar um outro estado de consciência.

Se você acha complicado entender isso, lembre-se de que a água pode se manifestar nos estados de gelo, líquido e vapor. Ninguém imagina que a água líquida é algo totalmente dife-

38 Attar, *A Conferencia dos Pássaros*, p.189.

rente do gelo ou do vapor. Em essência, não se trata da mesma substância?

Usando essa analogia pode-se dizer que temos apenas uma única consciência, que pode se manifestar de distintas formas, dependendo da energia que a anima ou alimenta. Pense nas duas grandes fases de transformação da consciência pelas quais a humanidade passou: a fase inicial da formação da consciência, durante o extenso período de tempo - inimaginavelmente longo - do processo de involução; e a formação da autoconsciência que, para alguns cientistas, teve início nos últimos 70 mil anos.

Uma terceira fase pela qual a humanidade ainda deverá passar é a da formação da supraconsciência, que é o objetivo de toda escola iniciática, da Rosacruz Áurea inclusive. A Escola acolhe todos aqueles que, a partir da segunda espiral – a da autoconsciência – querem ingressar na formação da nova alma, ou da supraconsciência.

Assim como é preciso adicionar energia (ou calor) para que o gelo derreta, também é necessário acrescentar energia à nossa consciência para que ela transponha o estado atual (autoconsciência) para a fase seguinte (supraconsciência). O início dessa transposição é a pesquisa espiritual que caracteriza todos aqueles que se aproximam da Escola.

Qual impulso está na base da busca espiritual? Por que nos debatemos, procurando saída para uma vida que parece não ter sentido? Qual a razão de nos perguntarmos, às vezes até mesmo em desespero, por que nasci, por que essa vida é como é, onde está a saída para tudo isso?

Essas perguntas e questionamentos que tão bem caracterizam os alunos de uma escola espiritual são, nada mais nada menos, que a expressão preliminar da supraconsciência. Muitos atribuem essa manifestação aos próprios pensamentos, sentimentos e reações quando, na verdade, trata-se exatamente do contrário. A busca espiritual e todas as suas manifestações são expressões daquilo que a Escola denomina "conhecimento de primeira mão", algo que já está dentro de nós e não depende de ninguém para se manifestar.

Responda francamente a você mesmo: alguém lhe ensinou a ser um pesquisador da verdade ou isso é algo tão profundamente seu que bastou apenas o momento certo para se manifestar?

Na alquimia, para transformar o chumbo (equivalente ao nosso atual estado de consciência) em ouro (equivalente à supraconsciência ou o verdadeiro Self) é preciso partir do próprio ouro. Este ouro já está em nós. A busca pela verdade é a expressão viva desse ouro, desse estado latente de supraconsciência dentro de nós. Não faz diferença acreditarmos ou não nisso. Esse estado latente está lá, ele é o nosso ponto de partida, a verdadeira alavanca, sem a qual é impossível iniciar qualquer mudança interior significativa.

Portanto, vejamos nossa situação da seguinte forma: de um lado, uma consciência reflexa tríplice se manifestando como ego identificado por meio dos três centros de consciência: cabeça, coração e centro da vida. De outro lado, a fonte energética eterna, a alavanca, a ferramenta de transformação interna.

O trabalho de todo aluno é reconhecer a existência dessa ferramenta. Depois de reconhecida, aprender a usá-la. Ou seja, reconectar conscientemente as duas forças de vida: a que mantém nossa existência e a que nos impulsiona à busca espiritual. Esta conexão deve ser realizada com certo esforço, pois nossa consciência percebe claramente a realidade da vida material e, por outro lado percebe intuitivamente, por meio de flashes, uma realidade desconhecida.

Nesses flashes a vida, repentinamente, ganha outro valor. Percebemos o vazio das repetições e olhamos para dentro de nós mesmos e nos perguntamos: quem sou realmente? Esse momento é muito especial, pois ele é o relâmpago ou o "centelhamento" da consciência universal divina falando em nós, por meio de nosso estado de consciência comum e que, repentinamente, ilumina nossa vida interior.

Você reconhece isso? Se sim, o objetivo inicial do processo de auto iniciação foi alcançado. Veja que ninguém precisou lhe ensinar isso. Você pode mesmo já ter lido a respeito, mas, quando essa experiência acontece, não há dúvida sobre o que está acontecendo, não é verdade?

Pois bem, qual é o passo seguinte? As condições que levaram a esse centelhamento devem ser alimentadas. O centelhamento, por mais instigante que seja, não muda fundamentalmente nossa vida. Ele gera uma comoção que nos faz questionar o sentido de tudo, mas esse questionamento oscila, às vezes vem, às vezes passa.

Por isso, a consciência deve se posicionar de maneira nova frente a esses insights, caso contrário nosso desenvolvimento espiritual será espasmódico, ora sentindo o impulso espiritual que nos chama à mudança, ora vendo esse impulso se apagar e tudo continuar como antes. A razão para isso é que existe muita resistência na própria consciência, devido aos hábitos mentais que foram formados de acordo com as características do campo mental pessoal. Da mesma forma, no coração humano existem também resistências, devido aos hábitos emocionais associados às características astrais pessoais que se manifestam neste santuário.

É isso que faz com que em um momento percebamos a verdade perto de nós, em outro sejamos indiferentes, para no momento seguinte achar que estamos no fundo do poço. Esta é uma situação extremamente comum na vida de todo pesquisador da verdade. Portanto, se queremos dar outro rumo ao nosso desenvolvimento espiritual precisamos criar uma dinâmica diferente dessa que conhecemos. Esse é o desafio de todos nós na Escola da Rosacruz Áurea.

A busca do elemento transcendente em você faz sentido? Ela é parte integrante de sua vida? Apesar da correria diária, investigar a verdade ocupa parte de seus pensamentos, sentimentos e reações? Se sim, metade da resposta de como alimentar o centelhamento da eternidade em você já está dada.

É preciso ser honesto sobre como funciona o processo de auto iniciação, pois em determinado momento o aluno precisa se capacitar para avançar neste processo. O papel da Escola é dar algumas pistas sobre como isso pode acontecer mas, em realidade, só você saberá como fazê-lo, pois nem a Escola nem ninguém poderá lhe presentear com isso.

Resumindo: no início desse caminho é preciso reconhecer essa voz que nos leva à pesquisa, perceber os flashes ou centelhamento quando eles surgem. No início o centelhamento não é estável e é preciso aprender a conviver com o fato de que ele tanto surge quanto desaparece, pois essa é a característica dos primeiros passos no caminho. Precisamos identificar, dentro de nós mesmos, o que pode e deve ser feito para que esse toque seja fortalecido. Cada ser humano tem suas características; portanto, aquilo que em uma pessoa cria as condições para o surgimento dessa luz pode atuar de maneira oposta em outra.

Quando nos abrimos para esse caminho, provocamos uma circulação que vai da centelha espiritual no coração ao centro da consciência na cabeça. Graças a esse circuito, alimentado e retroalimentado, surge aquilo que a Escola chama de unidade entre a cabeça e o coração. Se essa unidade for cada vez mais fortalecida, ela leva a uma mudança fundamental, embora preliminar, no estado desses dois centros de consciência. Podemos dizer então que o candidato está colocando os pés no caminho que leva ao estado de João.

Nunca é demais repetir: para que o estado joanino ocorra, é preciso que o impulso que vem do coração seja reconhecido e retroalimentado pela consciência cerebral. Se não existir essa cooperação, esse circuito duplo, permanece-se no campo do misticismo ou no campo do racionalismo e essa batalha não tem êxito.

Tendo sido realizada tal ligação, e tendo ela se tornado estável, acontece uma transformação no funcionamento desses dois centros da alma humana. Tem início o processo preliminar de silenciamento astral e mental. Esse novo estado interior se manifesta inevitavelmente como atitudes exteriores também novas. Assim um novo estado de vida é criado por um novo estado de consciência.

Nesse processo alquímico, a consciência natural vai se transformando em uma consciência superior, assim como o gelo se transforma em água. Essa mudança de estado advém do calor da centelha do Espírito que aquece o coração humano a partir do centro do microcosmo. É muito reconfortante ouvir tudo isso, mas, na prática da vida, todos nós corremos o grande risco do esquecer a força que motivou nosso processo de busca.

Quando encontramos a Escola, a semente cai em solo fértil. É necessário então cuidar dela e avançar: estar no mundo cumprindo as obrigações diárias, tendo como orientação da consciência o cuidado e o zelo pelo desenvolvimento da semente, pois a vida, em essência, é uma só. Por isso é preciso uma dose considerável de esforço, aliada a uma bagagem de experiências nascidas de tentativas e erros, de modo que comecemos a nos olhar de maneira realista: "sei dos meus erros, mas tenho certeza de que algo novo está batendo às portas de minha consciência".

Muito lentamente, essa consciência começa a se desdobrar da mesma forma que uma mistura no vaso alquímico, submetida ao fogo, começa a destilar uma essência desconhecida. Da própria consciência natural começam a brotar as manifestações de um novo estado. Ambos andarão de mãos dadas. Paralelamente ao fogo da consciência natural afastada da origem, surge uma nova manifestação anímica inflamada pelo Espírito. Mas para que tal mudança tão fundamental ocorra, é preciso que tenhamos a coragem de nos aproximar desse fogo desconhecido, que é a identidade universal e real.

O calor do fogo da consciência comum já conhecemos muito bem, não é mesmo? O que nos impede de mergulhar no fogo da identidade universal que crepita em nós, e vivermos a incomunicável experiência do reencontro com nossa própria essência? Catharose de Petri nos diz sobre o nascimento natural e o nascimento divino:

"Se, de todo o coração e como vosso inteiro santuário da cabeça, vossa personalidade desejar ser guiada pela nova força da alma e com ela colaborar, então, sobre essa base podereis servir à grande obra.

Ao aprender a discernir se vossa alma realmente tomou a direção de vossa vida, então, como consequência, aprendereis a compreender interiormente sua voz e a dar ouvidos ao seu apelo.

Tomais então consciência da existência de um campo astral divino, o campo de respiração da fonte original, onde todos os átomos são penetrados pela força divina.

Esses átomos formam a semente da serenidade divina, na qual o princípio central de vossa alma-Espírito pode respirar e através da qual vosso ser, um dia, poderá harmonizar-se com as vibrações rítmicas do campo de irradiação da Fraternidade da Vida.

Assim, contribuís para o desenvolvimento dos processos correspondentes na região material. O éter-ígneo elétrico torna-se ativo em vós. O reflexo do Invisível, da Ideia divina, começa a desdobrar sua atividade naquele cuja alma despertou. "[39]

36. O PLANO ASTRAL

"Três salas, ó cansado peregrino, conduzem ao fim das labtas. Três salas, ó vencedor de Mara, te levarão através de três estados até o quarto e daí aos sete mundos, os mundos do Eterno Repouso.

Se queres aprender seus nomes, então escuta e recorda-te.

O nome da primeira Sala é Ignorância: Avidya.

É a sala em que viste a luz, em que vives e morrerás.

O nome da segunda Sala é a Sala da Instrução. Nela tua Alma achará as flores da vida, mas debaixo de cada flor está uma serpente enrolada.

O nome da terceira é a Sala da Sabedoria, além da qual se

39 Petri. *O Verbo Vivente*, cap,27, p.143.

estendem as águas de Akshara, a Fonte indestrutível da Onisciência.

Se queres atravessar seguro a primeira Sala, não tomes os fogos da luxúria que ali ardem pela luz do Sol da vida.

Se queres atravessar seguro a segunda Sala, não te detenhas a aspirar o aroma de suas narcóticas flores. Se queres livrar-te das cadeias kármicas, não procures o teu Guru nessas regiões mayávicas, nessas regiões de ilusão.

Os Sábios não se detêm nas regiões deleitosas dos sentidos. Os Sábios não dão ouvidos às melífluas vozes da ilusão.

Procura na Sala da Sabedoria aquele que te dará o nascimento, na Sala que está mais além, onde se desconhecem todas as sombras, e onde a luz da verdade brilha com imarcescível glória.

O que é incriado em ti reside nessa Sala. Se queres alcançá-lo e combinar os dois, deverás despir-te de tuas escuras roupagens de ilusão. Sufoca a voz da carne, não permitas que nenhuma imagem dos sentidos se interponha entre a luz do incriado e a tua, e assim as duas poderão fundir-se numa.

E tendo aprendido tua própria ignorância, foge da Sala da Instrução. Esta Sala é perigosa em sua pérfida beleza; é necessária só para tua provação. Acautela-te, Lanoo, não vá a tua Alma, deslumbrada pelo falaz esplendor, demorar-se e ficar presa à sua luz enganadora.

Esta luz brilha da joia do Grande Sedutor. Ela enfeitiça os sentidos, cega a mente e deixa o incauto qual um abandonado náufrago.

A mariposa, atraída pela luz deslumbrante de tua lâmpada noturna, está condenada a perecer no azeite viscoso. A alma incauta, que fracassa em lutar contra o zombeteiro demônio da ilusão, retorna à Terra escrava de Mâra.

 [...] Se através da Sala da Sabedoria queres alcançar o Vale da

Bem-Aventurança, Discípulo, fecha teus sentidos à tremenda e grande heresia da separatividade que te aparta dos demais. [...] Só então é possível se tornar um 'Caminhante do Céu', que pisa os ventos rentes às ondas, sem que seu passo toque as águas".[40]

Essas palavras do livro A Voz do Silêncio fazem alusão velada a uma realidade talvez pouco conhecida dos seres humanos: a sua vida astral. Existem muitas ideias e conceitos sobre o mundo astral. No passado, e mesmo hoje, há quem acredite que o mundo astral, o plano astral, é um plano mais elevado do que o material e que se aprofundar nele, ou mesmo entender como acessá-lo, poderia trazer conhecimento espiritual ou permitir ampliação da consciência. Há quem acredite, por exemplo, que a clarividência - que é a capacidade de enxergar certos aspectos, principalmente do plano astral - poderia trazer algum tipo de elevação espiritual. Em contrapartida, há também quem acredite que pode se tornar vítima das forças do mundo astral e que suas escolhas e, portanto, sua vida, pode ser prejudicada por essas forças. É preciso esclarecer alguns aspectos importantes sobre o plano astral e sua influência no processo iniciático de uma escola espiritual.

Os mundos invisíveis - que além do plano astral incluem os planos etérico e mental - também são chamados de esfera refletora, porque são um reflexo do que é encontrado neste mundo físico. A diferença é que seu material de construção são energias mais sutis, denominadas éteres. É importante entender isso, pois tudo o que pensamos, sentimos e desejamos se manifesta através desses éteres sutis. Mesmo que esses éteres não sejam vistos, eles existem, e se agrupam de acordo com sua vibração, intensidade e frequência. Quando agrupados, esses éteres assu-

40 Blavatsky, *A Voz do Silêncio*. versos 22 a 40.

mem formas e características e, como são alimentados constantemente por nós – pelo que pensamos, sentimos e desejamos - eles não desaparecem e acabam influenciando nossa consciência de maneira direta ou indireta. Por isso afirmamos que a esfera refletora não existe como um fenômeno isolado, mas é uma criação de nosso próprio estado de consciência.

Alice Bailey diz:

"Falando literalmente, do ponto de vista do plano mental, o corpo astral é 'uma ficção da imaginação', e não um princípio. O uso massivo da imaginação, colocada a serviço do desejo, construiu, não obstante, um mundo ilusório de miragens, o mundo do plano astral. Durante a encarnação física e quando um ser humano não está no caminho do discipulado, o plano astral é muito real e tem sua própria vida e vitalidade. Após a primeira morte (a morte do corpo físico) ele permanece igualmente real. Mas sua força vai desaparecendo lentamente, e o corpo mental desperto pode entender o seu verdadeiro estado de consciência (desenvolvida ou não), e é possível que ocorra uma segunda morte.

Portanto, o plano astral não tem existência real, é uma criação ilusória da família humana. No entanto, a partir de um certo período, o plano astral lentamente morrerá, e no período final da história humana deixará de existir; mas agora não é assim. Com a substância sensorial que constitui o plano astral, formas ilusórias são construídas, como uma barreira no caminho da alma que procura por libertação.

O plano astral ainda aprisiona, mesmo depois da morte, inúmeras pessoas cuja principal preocupação é o desejo, pensamentos ambiciosos e estados emocionais de diversos tipos"[41].

Podemos ler sobre isso também n' A Gnosis Chinesa, onde

41 Bailey. *Cura Esotérica*

os autores discorrem sobre a manifestação dialética com suas duas metades, a esfera material e a esfera refletora:

"É preciso distinguir entre o Espírito planetário, que é uma manifestação material, e o Logos planetário, a existência monádica do planeta. A mesma relação existe para a vida solar, o zodíaco, as galáxias e o espaço dialético como um todo.

Contemplando e vivenciando tudo isso, podemos concluir que, no fundo, o espaço dialético inteiro, com todas as suas formas e aspectos aparentes, não existe. Podemos chamar algo, que aparece e desaparece, de realidade superior? Trata-se de uma ilusão que se dissipa por si mesma"[42].

Na época da formação da consciência astral, que é a consciência que percebe - e note que estamos falando de uma consciência que percebe, e não que se auto percebe - o desenvolvimento de sentimentos, desejos etc., deu origem ao que conhecemos hoje como plano astral. Nessa época, o corpo mental - a autoconsciência - ainda não havia se manifestado: era apenas uma força em potencial. Mesmo hoje, em que muitas pessoas caminham em direção à autoconsciência, ou ao despertar do verdadeiro corpo mental, o estado de consciência astral ainda prevalece.

É por isso que somos constantemente atraídos e dominados por estados emocionais como se estivéssemos em uma montanha russa: ora estamos alegres e eufóricos, ora tristes e melancólicos, ora estamos firmemente decididos a não nos irritar, e ora basta um pequeno acontecimento para nos tirar do suposto equilíbrio que acreditamos possuir.

É esse plano astral ilusório e criado por nós mesmos, que não existe por si só, que a Voz do Silêncio chama de Sala da

42 Rijckenborgh; Petri. *A Gnosis Chinesa*. p.294

Instrução, sendo a Sala da Ignorância este plano material.

"E tendo aprendido sobre sua própria ignorância (o plano físico), foge da Sala da Instrução. Ela é perigosa em sua pérfida beleza e é necessária apenas para sua provação. Não deixe sua alma se prender à sua luz enganadora."[43]

Vejam que o texto da Voz do Silêncio e as palavras de Alice Bailey se complementam. Não somos vítimas de forças exteriores a nós em um plano sutil, que nos aprisiona, nem seremos iluminados procurando conhecimento nessa sala ilusória. Nossa suposta prisão reside em nós mesmos: nos desejos, pensamentos e sentimentos desenfreados que não controlamos, mas que nos controlam.

Para aqueles que percebem, veem ou sentem o mundo astral, acrescentamos o seguinte: como o mundo astral é formado por éteres sutis extremamente voláteis, nós percebemos aquilo que nossa consciência consegue enxergar desses planos, ou seja, vemos o que é reflexo de nosso próprio estado de consciência ou uma projeção nossa, como se fosse um filme particular.

Apenas um ser humano que conseguiu despertar e adentrar a Sala da Sabedoria, alusão a um estado de consciência desperto, somente esse ser humano consegue ver através dos véus da Sala da Instrução ou do mundo astral.

É isso que fez Ouspensky escrever quando teve contato com esse plano astral:

"Minha impressão pessoal era de que, no mundo com que entrei em contato, não havia nada semelhante a qualquer das descrições que tinha lido ou ouvido antes.

Assim, em primeiro lugar, era difícil para mim admitir que o mundo astral todo, descrito com tais detalhes por diferentes

---

 43 Blavatsky. *A Voz do Silêncio*. verso 33.

autores, não existia de modo algum. Mais tarde verifiquei que muitas outras coisas também não existiam".[44]

O que levou Ouspensky a escrever essas palavras? O que ele percebeu ou viu no mundo astral era apenas reflexo de seu próprio estado de consciência, aquilo que ele conseguia ver e que de certo modo projetava.

Agora cabe a pergunta: o que o aluno de uma escola espiritual verdadeira deve fazer? Ele deve fazer aquilo que está escrito em A Voz do Silêncio:

"Não deixes que teu 'nascido do Céu', submerso no mar de Maya, da ilusão, se desprenda do Pai Universal, porém que o ígneo poder se retire para a câmara mais íntima, a câmara do Coração e a morada da Mãe do Mundo.

Então, do coração esse Poder ascenderá à sexta região, à mediana, o lugar entre os teus olhos, quando ele se torna o hálito da Alma-Única, a voz que preenche tudo, a voz de teu Mestre".[45]

O poder ígneo que deve despertar no coração é o poder da centelha do Espírito adormecida, que é o verdadeiro ser. Quando esse poder desperta, no decorrer de um caminho de autoconsciência, é possível que ele toque o núcleo da alma que se encontra na região da glândula hipófise e, a partir daí uma nova consciência pode surgir. Não uma consciência adquirida em um plano sutil ou uma consciência que vem através de um suposto mestre dos planos sutis, mas uma consciência que desperta no próprio ser, através da transformação de seus pensamentos, sentimentos e de toda a sua vida.

Assim, a chave para a iluminação do ser humano se encontra dentro dele mesmo. A única coisa que o impede de alcançar

---

44 Ouspensky. *Um Novo Modelo do Universo*

45 Blavatsky. *A Voz do Silêncio*. versos 38 e 39

essa chave é a sua consciência, que ainda se encontra no estado de percepção astral, que ainda não despertou para a autoconsciência preenchida pela força ígnea do Espírito, que já se encontra dentro dele.

O ser humano é ele mesmo o seu carcereiro e libertador. A partir do momento que ele compreende todas essas coisas, ele ganha novamente a autonomia para assumir o leme de sua vida e se libertar. No Livro de Mirdad, o autor se refere à libertação da consciência da prisão astral como uma vitória sobre seu dilúvio pessoal.

"Enquanto não triunfardes sobre vosso dilúvio, não sereis merecedores deste Dia.

Cada um de vós é um dilúvio, uma arca e um comandante. Até que alcanceis o dia em que possais desembarcar em terra virgem e recém-lavada, não tenhais pressa de celebrar vitória.

Deveríeis saber como foi que o homem se tornou um dilúvio para si próprio.

Quando a Sagrada Onivontade partiu Adão em dois para que ele conhecesse a si mesmo e compreendesse sua unicidade com o Uno, então ele se tornou um macho e uma fêmea — um Adão-masculino e um Adão-feminino. Ele teve, então, um dilúvio de desejos, que são os frutos da Dualidade — desejos tão numerosos, tão infinitos em matizes, tão imensos em magnitude, tão pródigos e tão prolíficos, que até hoje o homem é um extraviado sobre suas ondas. Mal uma onda o levanta a vertiginosas alturas, já outra o arrasta para o fundo. Isso porque seus desejos são aos pares, como ele também é um par. E embora dois opostos, em realidade, apenas se complementem um ao outro, para o ignorante eles parecem atracar-se, golpear-se e jamais desejarem declarar um só momento de trégua.

 Esse é o dilúvio que o Homem é chamado a enfrentar, hora após hora, dia após dia, durante sua muito longa e árdua vida dual.

Esse é o dilúvio cujas poderosas fontes jorram do coração e vos arrastam em sua correnteza.

Esse é o dilúvio cujo arco-íris não agraciará vosso céu até que vosso céu se case com vossa terra e se tornem um.

[...] Quando predominam paixões dessa espécie, a vida do homem sai do equilíbrio, e os homens são engolfados por um ou outro dilúvio para que o equilíbrio seja restabelecido. E o equilíbrio não se ajustará até que o homem tenha aprendido a amassar todos os seus desejos na amassadeira do Amor e a assar, com eles, o pão da Sagrada Compreensão.

[. . .] Vós, imagens e semelhanças de Deus, já quase apagastes a semelhança e a imagem. Vossa estatura divina diminuístes, a ponto de já não reconhecê-la. Vossa fisionomia divina untastes com lama e mascarastes com máscaras grotescas. Como enfrentareis o dilúvio que desencadeastes, meus extraviados?

[. . .] Novamente, digo-vos: Sois o dilúvio, a arca e o comandante. Vossas paixões são o dilúvio. Vosso corpo é a arca.

Vossa fé, o comandante. Mas, vossa vontade tudo penetra. E pairando acima de tudo isso está vossa compreensão.

Certificai-vos de que a arca seja estanque e em boas condições de navegar; não desperdiceis, porém, vossa vida somente nisso, senão o dia de navegar nunca chegará, e, no fim, tanto vós como vossa arca apodrecereis e submergireis no mesmo lugar. Certificai-vos da competência e da calma do capitão. Mas, acima de tudo, aprendei a procurar as fontes dos dilúvios e treinai vossa vontade para secá-las, uma a uma. Então, certamente o dilúvio se abaterá e finalmente se exaurirá."[46]

Que possamos compreender o que foi lido e, mais do que

46 Naimy. *O Livro de Mirdad.*

compreender, que possamos trilhar o caminho iniciático de uma consciência renovada, que nos guia através da sala da sabedoria, na vitória sobre nosso dilúvio pessoal, em direção à fonte indestrutível da onisciência.

37. ABRINDO O CAMINHO

No mundo esotérico, e em todo o campo da busca pela Verdade, a iluminação espiritual ocupa um lugar muito especial. Ela é o centro dos mitos e dos relatos da vida de todos os grandes iniciados do Espírito e, muitas vezes, ela é retratada como um instante mágico, em que uma mudança repentina ocorre, a partir do qual o buscador torna-se um iluminado, um ser totalmente diferente.

No plano da realidade do discipulado de uma escola espiritual, essas narrativas precisam ser corretamente compreendidas: se interpretadas literalmente, há risco de a iluminação espiritual ser compreendida incorretamente. Essa incorreta compreensão é o principal problema no caminho, podendo levar o aluno a desviar-se do objetivo.

A partir do imaginário coletivo dos mitos e das epopeias espirituais, a maioria dos buscadores acredita que a iluminação é resultado de um insight poderoso, que transforma completamente o ser humano. A crença nesse instante mágico, que milagrosamente o transforma, é o principal obstáculo porque o leva a reagir de maneira oposta à requerida pela senda da transfiguração.

Ninguém se torna um buscador da verdade por escolha própria. Aqui nos referimos à busca verdadeira e essencial, e não a um interesse superficial por temas misteriosos ou complexos. A busca verdadeira e essencial leva o ser humano a não mais colocar como principal objetivo de vida os seus interesses pessoais como o acúmulo de posses, a segurança emocional ou o poder, pois uma força superior à de sua consciência egocêntrica comum está presente e ativa nele. Somente quando essa força superior está desperta e ativa em nós é que possuímos a base para trilhar a senda proposta por uma escola espiritual.

Em nossa Escola, atribuímos a origem dessa força à centelha do Espírito, o núcleo do microcosmo que habitamos. Portanto, somente quando essa centelha já se encontra ativa é que o ser humano dá início à sua busca pela verdade. Não porque ele a escolheu ou desejou, mas porque não consegue agir de maneira diferente. Disso tiramos uma primeira conclusão importantíssima: somente quando existe uma centelha de luz ativa no ser humano é que ele busca o processo da iluminação. Somente quando já há um princípio de luz, é que o ser humano busca por mais luz; a iluminação só é buscada por quem já despertou para a busca, por quem já teve um breve insight da própria iluminação.

Esse primeiro insight nos desperta e nos coloca em busca da iluminação, mas não nos torna um iluminado. Apenas isso já seria suficiente para desfazer a falsa concepção de que a iluminação seria produto de um único insight poderoso, supostamente capaz de mudar completamente o ser humano.

Há outro aspecto fundamental que também é preciso compreender. Mesmo que um ser humano possua uma centelha do Espírito ativa em sua consciência, isso não é o suficiente para causar nele uma mudança estrutural. Esse insight apenas o capacita a despertar para a busca e a colocar seus pés no caminho.

No entanto, o caminho ainda não passa de uma ideia, de uma lenda, de algo que ele ouviu falar.

Em essência, o caminho ou a senda da iluminação não existem. O caminho só é criado se o próprio ser humano o criar dentro de si. É o próprio caminhante que cria o caminho com seus passos; a senda da iluminação somente aparece quando o ser humano trabalha com a luz dentro de si mesmo. Dito de outra forma, é a própria consciência que precisa trabalhar e esforçar-se intensamente para criar e atingir a própria iluminação. Nada pode substituir esse intenso trabalho da própria consciência, nem mesmo o fato de se pertencer a uma escola espiritual. Seguramente uma escola espiritual desempenha papel essencial, pois ela oferece as condições imprescindíveis para que se possa trilhar esse caminho.

Mas mesmo nos provendo com as condições necessárias para trilhar o caminho, a escola não pode trilhá-lo por nós. E aqueles que não compreendem isso muito bem, frequentemente ficam estagnados no misticismo negativo de uma atitude passiva, se assemelhando ao alpinista que possui todo o equipamento necessário, mas que ao invés de escalar a montanha, aguarda que uma força sobrenatural o eleve ao pico.

Participar da Escola sem realizar o esforço necessário para atingir a iluminação é como fazer parte do grupo de tais alpinistas, que acampam na base da montanha, passam o tempo discutindo qual a melhor trilha a seguir, quais os melhores equipamentos para a escalada, compartilham lindas estórias de heroicos alpinistas do passado, mas que não sobem um metro sequer da montanha.

Talvez esse possa ser o objetivo de muitos grupos esotéricos, de associações de autoajuda ou mesmo de grandes religiões, mas seguramente não é o caso de uma escola espiritual. Por essa razão, de tempos em tempos precisamos tocar a corneta do "hora est" em nosso acampamento, dizendo: "Queridos amigos e amigas, menos filosofia e mais ação". Pois o segredo da iluminação está justamente na palavra "ação": a iluminação é a própria ação de iluminar. O caminho que leva à iluminação pressupõe a ação de gerar a luz que cria o caminho, à medida que o trilhamos.

Todos nascemos em uma época em que as principais estradas já haviam sido construídas. Porém, se estudarmos um pouco de história, descobriremos que muitas das atuais autopistas nasceram de meras trilhas de antigos viajantes. E essas trilhas não foram abertas de maneira planejada e ordenada. Não houve um momento mágico de insight em que alguém decidiu abrir uma trilha que passasse exatamente por aqui ou acolá e ligasse um antigo povoado a outro. Ao contrário, essas trilhas surgiram dos incontáveis passos que foram dados aos poucos, em incontáveis tentativas e erros, às vezes fazendo longos desvios de obstáculos quase intransponíveis, outras vezes descobrindo atalhos que foram, pouco a pouco, sedimentando um caminho visível, uma trilha que foi surgindo à medida que era trilhada.

O mesmo ocorre com nosso discipulado, com nossa senda individual da iluminação. Nossa senda funciona exatamente como essa trilha, uma trilha que precisa ser aberta dentro de nós. Se nós mesmos não cortamos o mato de nossas resistências internas, não encontramos o chão firme de nosso mundo interior, não pisamos e repisamos o chão da realidade interior com o esforço de nossa consciência, a consolidação da trilha de nossa senda não vai surgir do nada, como por um milagre de iluminação. Então, para nós, a senda continua rimando com lenda. Ela é apenas conhecimento teórico, enlevo místico, estória sobre o que outros viveram e fizeram. Porém, ela não é nossa posse real.

Para que a senda deixe de ser lenda e se torne real, nós precisamos realizá-la de forma semelhante àquela usada para abrir uma trilha: abrindo-a e trilhando-a, o que em nosso mundo interior se traduz em duas palavras: confronto e consolidação. Abrimos uma trilha quando vamos até o seu limite e removemos os obstáculos que vão surgindo à nossa frente. Criamos uma trilha quando caminhamos várias vezes pelo caminho que abrimos, para que ele não se feche novamente.

Dentro de nós precisamos fazer o mesmo. Primeiro vem o confronto, trata-se de ter a coragem de confrontar e remover os infinitos obstáculos do hábito, da preguiça, do medo e de tudo o que define e reforça nosso egocentrismo. Precisamos fazê-lo não só uma vez, mas a cada instante, repetidamente, até que esse desafio, esse confronto, esse esforço interno se torne nossa segunda natureza. A consolidação da senda somente ocorre assim: tendo a coragem e a força de nos confrontar a cada momento, e sempre de novo, desafiando a resistência e a inércia de nosso estado de ser.

É somente assim, mediante esse esforço constante, formado pelo confronto entre dois estados de consciência, que se pode abrir e consolidar uma nova trilha em nós. Uma nova trilha que leve nossa consciência a trilhar um caminho diferente, como uma nova conexão de nossa identidade, compreensão e manifestação. Uma nova trilha que une de maneira diferente nosso coração, cabeça e vida. Em essência, esse é o caminho, o resultado de um esforço contínuo.

E até onde nos leva essa trilha? Será que ela nos leva diretamente à iluminação? Não! A aventura da iluminação interior, contada como epopeia nas tradições egípcias, hindus e gregas, e trazidas pelo cristianismo através dos evangelhos, mostra que a senda que se abre e se consolida por esse confronto é apenas a primeira etapa no caminho. Nessa etapa, o trabalho da consciência humana equivale à figura de João, o Batista; equivale ao esforço que João, a consciência humana tocada e purificada pela luz, anuncia como uma necessidade imperiosa, que ele expressa como "endireitar os caminhos", ou seja, o esforço de abrir um espaço de trabalho dentro de si mesmo.

Esse confronto constante consolida em nós um estado de ser interior diferente. Essa clareira aberta na floresta de nosso mundo interior é descrita no Evangelho como um deserto. João representa a consciência humana que trabalha arduamente em si mesma para abrir o espaço interior, e chega ao limite de suas possibilidades. Ela precisa retirar o mato, abrir a trilha, e fazer surgir diante de si o deserto de sua existência egocêntrica.

Quando ela realmente se esforça, e chega ao limite de suas possibilidades, então, a força do Espírito nela - o seu gêmeo, o polo universal de sua própria consciência, simbolizado pela figura de Jesus - pode realizar o confronto direto com a raiz de seu egocentrismo. Essa raiz arde como um fogo incontrolável, o fogo indomável onde o ego inferior, a consciência egocêntrica, consome a si mesma, em dor eterna e sem trégua. Esse fogo arde nos três centros da consciência, nos santuários do coração, da cabeça e da pelve. Esse confronto, realizado pela força do Espírito que se derrama diretamente na consciência humana, deve então ser travado no deserto dos três santuários. Na epopeia interior, esse confronto tríplice no deserto da consciência é representado por três provas, ou três tentações, as três tentações no deserto.

No campo de batalha da consciência humana, que pelo trilhar da senda revelou o deserto do egocentrismo, a força do Espírito que atua na consciência do aluno confronta diretamente, e sem subterfúgio, a raiz tríplice, o fundamento do eu-tríplice. Pois detrás de todo hábito, resistência, inércia e preguiça, por detrás de toda a ansiedade, preocupação e medo, por detrás de todo o cipoal de nosso mundo interior, existe um único problema: o apego. O apego se manifesta, sempre, em três níveis: material, sentimental e mental, à imagem de si mesmo. É do confronto direto entre a força do Espírito e a raiz tríplice desse apego, no deserto da consciência humana, que trataremos a seguir.

38. A TRAVESSIA DO DESERTO

A iluminação só é buscada por aquele que já despertou paraa busca, por aquele que já teve um breve insight da própria iluminação. Portanto, a iluminação é equivalente a um despertar, pois quem alcança o estado da iluminação compreende e percebe que, até então, estivera profundamente adormecido.

Esse despertar possui consequências, e uma delas é olhar para a vida em sociedade e perceber de forma crua as suas contradições. Observa que em geral falta coerência entre palavras e ações, o que gera desarmonia em todas as esferas da vida. Consequentemente, esse despertar não é confortável, e por isso a iluminação não nos torna seres sublimes, mas apenas retira a venda dos olhos e nos faz ver a realidade como ela é.

O impacto dessa visão produziu no mundo grandes idealistas, pessoas que tentaram transformar o mundo pela via política, econômica ou educacional. A causa original do idealismo é a luz, a iluminação. Mas o idealismo cega novamente com um conjunto de ideias, novas ou velhas, quando projetadas para a vida exterior.

Se resistimos ao encantamento do idealismo, ou se o caminho do idealismo frustra pelas suas próprias limitações, a iluminação se volta para o interior do indivíduo, como se a venda dos olhos para o mundo interior lhe fosse retirada. Vemos então de forma crua nossas contradições, nossas incoerências, que criamos conflitos para os outros e para nós mesmos apenas por querer que nossos objetivos pessoais sejam atendidos.

Por mais dura que seja essa visão interior, esse auto desmascaramento, há nele algo maravilhoso: a possibilidade de elaborar uma nova vida. E isto surge como uma anunciação na consciência do candidato, como uma intuição que brota do coração e atinge a cabeça. É a possibilidade da auto iniciação.

A partir da ligação de primeira mão, somos convidados a conectar cabeça e coração. Daí nasce nova forma de pensar e de agir, iluminando a ação humana. A consequência é a vida ganhar dinâmica mais intensa. Não uma trepidação, mas uma dinâmica guiada pela intensidade e profundidade do esforço na auto iniciação. Se nessa etapa não surgir grande dinamismo na vida, é sinal de que o candidato não conseguiu transformar o autoconhecimento - provindo da luz da centelha divina - em ferramenta completa, ampla. Significa que ainda está na primeira fase do autoconhecimento, fase que se caracteriza pela observação objetiva de si mesmo.

O autoconhecimento é mais do que se observar. Quando iluminado pela centelha divina, o autoconhecimento pode se transformar na ferramenta que permite conhecer e vencer o automatismo do pensar, sentir e agir. Para vencer esses automatismos é preciso usar a vontade. Não a velha vontade guiada por paradigmas externos, mas a nova vontade que, como nova vitalidade, desabrocha com o conhecimento de si mesmo provindo da iluminação.

Iluminação, seguida de conhecimento de si mesmo e da clara percepção de que é necessário quebrar o padrão repetitivo do sentir, pensar e agir: essa tarefa é chamada de auto rendição. Portanto, a auto iniciação só poderá transpor o autoconhecimento objetivo se a ele for acrescentado o elemento que permite o combate interior. Esse elemento é a auto rendição. Ou seja, o autoconhecimento aliado à auto rendição é o que capacita o candidato a conhecer e vencer os próprios automatismos.

Por exemplo, imagine uma situação que lhe causa comoção, e que repentinamente, num insight, você percebe a dinâmica da vida em sociedade. Isto o faz voltar o olhar para si mesmo, e perceber que não é quem pensava ser. Percebe que agiu como um ser condicionado e entende o seu papel naquilo que critica nos outros. Esse mecanismo interno gera enorme calor, uma comoção agora ainda maior, que lhe dá força para agir. E a partir de uma decisão interna, decide mudar definitivamente seu ser, por perceber que o seu comportamento o impede de avançar.

A partir da observação objetiva, nos tornamos o alvo da própria mudança fundamental. E agora declaramos internamente: "hora est"! Esta é a hora. Não aceitamos mais justificativas para nossos atos, não aceitamos mais autocomiseração.

Apesar da força e da honesta decisão interna, a mudança

real não é imediata. Por vezes sentimos que a dinâmica para mudar nos abandona. Há vontade e energia, mas falta algo. A nossa tração interna, o combate ao "eu sou", não produz o movimento necessário, é preciso desenvolver outras habilidades para avançar em direção às intenções.

Quando buscamos a raiz de nossas intenções e não as vemos claramente, é possível que o nosso limite tenha sido atingido. Um limite muito profundo, existencial. É como se tivéssemos atolado nas areias do deserto. O problema é que a perda de tração interna nas areias no deserto não pode ser recuperada com a mesma força que nos colocou lá. Sentimos que chegamos finalmente ao limite. Chegamos ao deserto.

Como o aluno chega ao deserto? E o que é o deserto? A chegada ao deserto é consequência direta da utilização do autoconhecimento como ferramenta de auto iniciação. O deserto representa o aluno que toma o fogo do autoconhecimento e avança rumo à cegueira que o circunda, cegueira de uma vida isolada, apartada da vida original. Essa cegueira é produzida pelo seu eu tríplice: pelo desejar, pensar e agir auto centralizados, que o leva à ilusão de se perceber separado do todo.

À medida que o aluno avança em seus pontos cegos, que o impedem de ver o todo, a luz que ilumina os recantos de seu ser se torna mais forte. Esse processo permite um desmonte, o auto desmascaramento. O resultado concreto desse processo é a criação de um espaço interno totalmente novo. Um espaço vazio, sem referências, um espaço com potencial de conexão com o que há de sagrado em nós.

O que fazer quando perdemos as referências do sentir, pensar e agir? Avançamos! E esse avançar se realiza no deserto. O problema é que a perda de tração interna nas areias no deserto não pode ser recuperada com a mesma força que nos colocou lá. O combate interno travado para chegar ao deserto não é o mesmo embate que se tem lá, porque no deserto as referências não são as mesmas.

O combate vencido na primeira espiral do sentir, pensar e agir livrou-nos do "eu sou". Mas ele não foi finalizado, porque as intenções por trás do "eu sou" permanecem vivas. Ou seja, o aluno se encontra em uma situação muito particular: ele sabe como vencer a primeira espiral do sentir, pensar e agir, mas permanece cego sobre as suas intenções.

Agora é o momento em que a iluminação é máxima. Quando o candidato se encontra no deserto, a luz é a sua única referência. A própria luz no deserto revela que nada há mais para o candidato se apegar, a não ser às quentes areias.

Apesar disso, o candidato deve caminhar, deve seguir pelo deserto como alguém que se curou da cegueira e ainda não se acostumou com a claridade, que neste caso é aquela produzida pela luz que se reflete no aparente esvaziamento de seu ser.

É preciso aceitar de todo o coração o caminhar sem referências, sejam elas internas ou externas. Nas areias do deserto o caminhar é silencioso, livre do sentir, pensar e agir. Livre de vontade do "eu sou". Este é um ponto de mutação, um ponto de conversão. E é descrito - numa das passagens mais conhecidas do cristianismo - como o momento de ruptura com o passado, o momento em que Saulo se transforma em Paulo a caminho de Damasco:

"De repente, uma forte luz vinda do céu incide sobre ele e assusta seu cavalo, que o joga no chão. Naquele instante, o jovem ouve uma voz que diz: 'Saulo, Saulo, por que me persegues?'

Atônito, ele indaga: 'Quem és?' A voz responde: 'Levanta-te, entra na cidade e te dirão o que deves fazer'.

O séquito de Saulo permanece mudo de espanto, sem entender de onde vem aquela voz. Saulo, por sua vez, ergue-se do chão, mas não consegue enxergar nada.

Em Damasco, permanece três dias e três noites em jejum, refletindo sobre o estranho acontecimento, até que duas escamas caem dos olhos de Saulo, que volta a ver". [47]

E a partir de então ele se torna Paulo, aquele que talvez tenha sido o mais importante difusor do cristianismo.

Assim como Saulo se transformou em Paulo, é preciso que uma nova personalidade seja formada: esta é a ideia central da iniciação. Para tanto, é preciso vencer a batalha na região do subconsciente, sede das intenções. Esse combate tríplice descrito no cristianismo é o mesmo combate em que Buda enfrentou Mara. O problema para o candidato é enfrentar algo que é totalmente novo. Sua consciência será exposta às maquinações de seu próprio subconsciente, ou ser aural. Mas o que importa é compreender que os relatos de Buda e de Jesus dizem respeito a uma batalha interna, que precisa ocorrer para a completa transformação humana.

Esse grande combate, essa prova das três tentações no deserto, é o combate contra o subconsciente, contra as intenções ocultas por trás do comportamento automático. Para cada um a percepção do subconsciente se apresenta de uma forma particular, pois depende da história do próprio candidato, seus medos, seus pontos fracos, seus pontos cegos. Apesar disso é possível alinhar uma sequência clássica, como tendências que se manifestam com diferentes matizes para cada um.

A primeira tentação diz respeito à especulação: ela é elabo-

---

47 Bíblia. *Atos dos Apóstolos*, 9:3-18

rada a partir do pensamento concreto ligado ao carma individual. É a tentativa de produzir um alimento próprio para viver no deserto, um alimento que permite se manter preso na ilusão no deserto, como o humanitarismo refinado, a autoajuda criada para a adaptação no deserto.

Mas o deserto não é o destino do caminho, mas uma passagem. O candidato corre o risco de se apaixonar pelas miragens no deserto, de enlouquecer nas suas paisagens imaginárias. É como se buscasse transformar as pedras encontradas no deserto em pão, a partir da imaginação, da especulação sobre seu próprio poder. A conexão direta entre o santuário da cabeça e o santuário da vida, a pélvis, transforma o candidato em vítima de seu subconsciente. O candidato precisa recusar as sugestões de seu subconsciente e reconhecer seu engano, pois o autoengano impede que um corpo mental renovado surja, o mental superior.

Embora não exista uma sequência precisa entre as tentações, a segunda se caracteriza pela ilusão sentimental, pela paixão por si mesmo e pelas suas criações. É auto ilusão inconsequente, pois o aluno fala sobre o deserto, cria músicas e poesias sobre o deserto, sem que isso leve à atitude ativa de vencer a si próprio. Como um narciso contemporâneo, o candidato supõe que é forte, iludido pelos seus novos poderes. E estabelece uma cabana no local de passagem, convida outros a conhecerem sua dor e a transforma em poesia. É como ter subido ao pico mais alto e ver tudo ao redor: a liberdade do "eu sou" permite ver além das nuvens do egocentrismo simplório, da dualidade infantil. Porém, a ilusão de ser um super-herói é muito mais aprisionadora, pois é a ilusão de poder, ilusão de importância e de imponência.

 A segunda tentação está ligada à conexão com o campo astral do mundo, via subconsciente. Uma sensação de importância que no limite pode significar uma conexão profunda e direta com o subconsciente, sem a intermediação do eu. Mas vencer essa tentação é possível para o candidato maduro.

A terceira tentação é a mais refinada, e tem ligação concreta com a ideia de eu-centralização muito mais poderosa, mas também muito mais sutil. É a ilusão da libertação, em geral confundida com religiosidade. São seres que possuem uma serenidade invejável, mas buscam a iluminação para si próprios, e caem em uma forma de egocentrismo mais forte ainda. É o subconsciente que, na luta pela sobrevivência, oferece todos seus poderes à consciência comum. O candidato percebe que não existe um verdadeiro caminho de iluminação sem uma transformação, e que há uma lei que rege esse processo de mudança interior, que é: "O que foi alcançado deve ser compartilhado". Todos os grandes do Espírito mostraram isso: a luz que nasce em você só se mantém e se multiplica se for distribuída. A iluminação individual é, na verdade, um processo de mudança coletivo.

Mas se existe um ser de luz para ser venerado, existe também uma prisão astral ainda mais refinada. Vencer a terceira tentação é vencer o aspecto mais sutil do subconsciente. Tendo em vista o caráter individual, cada aluno deverá passar pela manifestação desses três aspectos, ou três tentações no deserto, de uma forma particular. Chegar e atravessar o deserto é uma tarefa urgente, pois esse trabalho não deve se estender em demasia.

Nenhum aluno deve temer esse embate, se souber permanecer sereno e puramente iluminado, ou seja, ligado com o princípio divino de forma madura e consciente. A partir dessa base, dessa ligação, toda a natureza auxilia o candidato a atravessar o deserto.

39. SAINDO DO DESERTO

O deserto existencial está relacionado a um estado de consciência errático, oscilante e egocêntrico. Portanto, atravessar o deserto é firmar os passos na transformação da consciência. O pré-requisito indispensável para isso é a maturidade. Enquanto nos satisfazemos com o que somos, com o que são as coisas e com o que é o mundo, seguimos como os beduínos que convivem perfeitamente bem com a sede, com as variações bruscas e extremas de temperatura e com as tempestades de areia, porque a esperança de surgir um pequeno oásis, aqui e acolá, lhes basta para alegrar o coração.

Não há possibilidade de convencê-los de que existe outra realidade. No mito de Platão, isso equivale a tentar mostrar a saída da caverna aos que, de costas para o sol, se divertem com suas próprias imagens projetadas na parede. Somente a vivência de múltiplas experiências pode mudar a visão iludida desse ser humano. A realidade, então, vai-se mostrando, pouco a pouco, tal qual é.

Nesse ponto surgem os primeiros questionamentos, certa insatisfação e um desejo de que as coisas sejam diferentes do que são percebidas, ou seja, uma necessidade interna de que as coisas mudem. Chegou, enfim, o momento em que a oscilação entre dois polos não mais satisfaz o coração. Começa aí a grande jornada da travessia do deserto. A oscilação da consciência permanece ainda por muito tempo, pois essa é a característica do deserto. Há muitas idas, muitas vindas e muitas paradas para descanso. Há também muitos momentos em que se espera que a mudança de consciência lhe seja presenteada, que caia dos céus, como um doce maná em seu deserto.

Mas não é assim. O caminhante terá que passar gradativamente por uma mudança fundamental, escolhida e sustentada por ele mesmo, uma transformação paulatina de sua base de vida: seus hábitos, suas certezas, suas incertezas, seus medos, seus encantamentos, seus apegos às coisas e a si mesmo. Ele continuará sua vida normal, mas internamente pequenas luzes começarão a ser apagadas e outras acesas.

Essa mudança fundamental tem início quando a consciência começa a perceber seu próprio funcionamento e, o que é mais importante, quando ela vislumbra que é preciso ultrapassar os limites de seu estado atual. Esses limites se encontram nos processos astrais e mentais em nossos corpos, como correntes elétricas. Uma corrente ou descarga elétrica surge da diferença de potencial entre um polo emissor e outro receptor. A energia elétrica que recebemos em nossas casas, por exemplo, obedece esse princípio.

Quando perambulando pelo deserto da consciência, o buscador da verdade reconhece a força da centelha do Espírito em si como o impulso da busca espiritual, é criada uma diferença de potencial entre o polo positivo, emissor, a centelha do Espírito, e o polo negativo receptor, sua própria consciência. Nesse momento surge o "centelhamento" da consciência, ou seja, uma descarga elétrica que percorre o aparato da consciência humana, tanto no coração quanto no sistema cerebral.

Essa nova corrente cria um caminho novo na compreensão do aluno. Ele percebe algo diferente, que não percebia antes. Nesse instante, talvez fugidio, ele se diz: "Não é possível que a vida se resuma a isso. Deve haver uma saída". Nasce o desejo de respirar novos ares: a visão limitada da vida foi momentaneamente expandida.

O limite vibracional da consciência humana é o campo mental concreto, ou seja, o quarto andar incompleto do edifício da nossa vida. Abaixo do quarto andar estão os outros três, equivalentes aos corpos astral, etérico e físico. Esse conjunto quádruplo foi construído segundo um plano, um arquétipo.

O mental é o corpo mais recente, comparável a uma criança voluntariosa e atrapalhada. Mas, mesmo nessas condições, ele comanda os outros corpos. Funciona assim: uma fagulha de pensamento inflama o ígneo corpo astral, que imediatamente se expressa no etérico, que por sua vez se manifesta no físico. Nossa vida se desenrola nesse ciclo. O desejo de sair do deserto acontece porque, em um instante muito breve, nosso potencial de consciência rompe os limites desse edifício natural e, momentaneamente, toca o campo da nova alma na fronteira com o campo da alma-Espírito, o mental abstrato.

Por isso dizemos que a faculdade mental humana, quando começa a se organizar sob o efeito da centelha divina, representa tanto o fim de nossas possibilidades - o saber-se no deserto -, quanto o começo do processo de transformação - a intuição de que existe outra realidade alcançável. Nosso estado de consciência se manifesta de acordo com nosso arquétipo natural. É com ele que chegamos à beira do deserto e perambulamos pelo deserto. Porém, não é com ele que saímos do deserto. Portanto, se sabemos que toda manifestação corporal surge como expressão de uma força arquetípica; que o arquétipo natural se expressa por corpos naturais; e que necessitamos de um novo arquétipo para sair do deserto, a grande pergunta é: onde se encontra a força necessária para construir essa nova manifestação e sair do deserto da vida?

Um novo arquétipo, que se expresse como vida divina, só pode surgir da própria vida divina. Esse novo arquétipo está no coração espiritual do ser humano, não no coração biológico, mas no centro espiritual do sistema de vida que chamamos de microcosmo. É de lá, da centelha de vida divina em nós, que surge a tensão que se manifesta como uma corrente elétrica totalmente nova nos centros da alma humana.

Os insights da busca espiritual nada mais são do que os princípios de manifestação de um novo arquétipo que já está ativo, por pouco que seja, em nós. Portanto, temos tudo o que é necessário para a construção de um novo estado de consciência! Por que então continuamos a perambular pelo deserto da vida? Por que nos falta coragem para dar o passo decisivo?

Quando tudo isso fica claro ao nosso entendimento, o desafio passa a ser seguir esse caminho. O que nos leva a uma situação bastante inusitada: por um lado, como seres humanos, somos a expressão perfeita de um arquétipo natural, com uma corporeidade quádrupla elaboradíssima. Por outro, se formos sensíveis à intuição espiritual que fala em nós, podemos calibrar nossos ouvidos à frequência bastante tênue do segundo arquétipo, a voz da centelha divina.

Se temos a ousadia de ouvir essa voz primordial, ela faz exatamente aquilo que se espera. Da mesma forma que uma centelha da vida natural atua como ponto de concentração das quatro forças naturais (os quatro éteres naturais), e pelo movimento de rotação vai concentrando e plasmando nossos quatro corpos, a centelha espiritual do microcosmo faz exatamente o mesmo, porém em direção ao mundo divino. Ela começa a atrair os quatro éteres do mundo do Espírito, que se agregam segundo a orientação das linhas de força que emanam do arquétipo divino, e o resultado é a criação de uma nova corporeidade, também quádrupla, porém divina.

Portanto, sair do deserto não é um acontecimento místico, ou um devaneio mental intelectual ou o resultado de ações que se originam do nosso velho e conhecido arquétipo pessoal. Insistir nisso é girar no deserto, é tornar-se doutor em detalhes com os pés atolados na areia movediça.

Sair do deserto é criar uma nova condição de vida interior, com matéria prima divina. Os processos naturais de concepção, gestação, crescimento, declínio e morte são geridos pelas forças dos arquétipos naturais do nosso campo de vida, o planeta Terra. A construção dos novos corpos espirituais requer, de maneira equivalente, a cooperação entre a ideia central da vida microcósmica, a mônada, e as forças espirituais divinas, os sete raios do Espírito.

Esses novos corpos são construídos a partir do quarto pavimento, em direção ao alto. Após a purificação inicial de nossa mentalidade, nos será aberta a porta para o campo da nova alma, também conhecido como mental abstrato, que se caracteriza pelo silêncio da mente. Nossa mente infantil incendeia nosso campo astral. A nova capacidade mental abstrata e silenciosa é a base para a reconstrução de um novo corpo astral, que jamais deve ser confundido com o corpo astral natural, que se liga ao campo natural. O novo corpo astral é o quinto pavimento de nossa edificação espiritual.

Esse novo corpo astral tem residência naquilo que na Escola conhecemos como Cabeça Áurea. Este, por sua vez, abre a possibilidade para a reconstrução de um novo corpo etérico que, da mesma forma, nada tem a ver com nosso corpo vital que se alimenta das esferas etéricas do campo terrestre. Esse é o sexto pavimento de nossa edificação.

Finalmente, com base nesse sexto pavimento, é possível a construção do sétimo, um novo corpo físico que, obviamente, em nada pode ser comparado ao nosso corpo físico. Trata-se aqui do corpo da ressurreição, do corpo que habitará no mundo divino.

É assim que o ser humano ganha sua verdadeira estatura espiritual, um templo com sete andares. Com o primeiro, segundo, terceiro e parte do quarto andar ele vive no mundo. Com a metade superior do quarto, juntamente com o quinto, sexto e sétimo andares, ele principia a habitar o mundo divino.

A metade de baixo é construída com os quatro éteres naturais. A metade de cima com os quatro éteres santos e divinos. É dessa forma que, enquanto vive, tal aluno se torna uma esfinge: os pés fincados na areia do deserto, mas com a parte superior observa o novo campo de vida, sua verdadeira morada, para a qual se dirige.

Tudo isso é magnífico, mas para que a senda deixe de ser lenda e se torne real, nós precisamos realizá-la. Essa realização exige ideação e esforço, na proporção aproximada de 95% de transpiração e 5% de inspiração.

Cabe à consciência criar, dentro de seu campo de manifestação, as condições para que o novo arquétipo possa se manifestar, isto é, possa conduzir a agregação, a gestação e o nascimento de uma vida quádrupla completamente nova. É por isso que o caminho que a Escola nos proporciona, de forma alguma pode ser comparado a um curso de sobrevivência no deserto, ou a um treino em como aprender a viver no oásis. Não somos uma escola de adaptação ou de melhoria da vida, mas sim de transformação total da vida. Podemos dizer que ela é o útero onde a eternidade é gestada e vem à vida.

A saída do deserto somente é possível quando chegamos a uma crise interior. Se essa crise ainda não aconteceu, vamos parar em um oásis. Compreendamos bem essa figura. O oásis é fundamental para quem atravessa um deserto: sem ele se morre de exaustão. Mas se o objetivo é atravessar o deserto, é preciso ter consciência plena de que um oásis não é a meta, e por isso não se pode permanecer parado nele.

Os oásis na vida daquele que está em processo de autotransformação são os momentos em que a consciência momentaneamente é alimentada e refrigerada. Isso pode acontecer, por exemplo, quando participamos de um serviço templário, lemos algo da literatura, participarmos de uma palestra, ou de reunião entre alunos.

Um oásis também é o estado intermediário de consciência alcançado, e que nos encanta, ao qual nos apegamos e não queremos abandonar. Queremos reter o que não pode ser retido, pois movimento é a única constante da vida.

Nesses momentos nossa consciência se eleva e, é claro, isso nos dessedenta momentaneamente da necessidade que temos do Espírito. O problema é querer permanecer neste momento, pois ele vem apenas para nos dar forças para continuar. É por isso que a Escola sempre nos alerta: não podemos ficar parados. É preciso caminhar, é preciso deixar o que foi alcançado para que algo maior possa ser construído. O edifício da alma não se resume aos quatro andares que temos hoje, por isto devemos nos alertar mutuamente para que nunca paremos. E é também por isso que a Escola, ciente de que nossa mochila já está suficientemente pesada, não deseja colocar mais peso nela.

Resumindo: primeiro tomamos consciência do que somos. Os rosacruzes clássicos simbolizavam isso como a posse de uma rosa branca, pois o branco simboliza o encontro com o que há de mais puro, a essência divina em nós. Esse é o primeiro passo de todo aluno, conhecer a verdade oculta em si mesmo.

Segundo, nos abrimos ao processo de travessia do deserto de nossa condição de consciência apartada do divino. Esse processo é extremamente desafiador, pois é preciso encarar as imagens que fazemos de nós mesmos, dos outros e da vida pelo que elas realmente são: miragens autoconstruídas na limitação de nossa consciência. Para que essas miragens possam ser desfeitas, é preciso que a centelha do Espírito em nós verta sua força no sangue. Os rosacruzes clássicos simbolizavam isso como a posse de uma rosa rubra.

Terceiro, nos aproximamos de um novo estado de consciência, que brota do solo das experiências pelas quais passamos. Uma nova estrutura de linhas de força começa a surgir, iniciando a construção de uma nova corporalidade. Os rosacruzes clássicos simbolizavam isso como a posse de uma rosa dourada.

Desse triângulo das rosas que se expande a partir do ponto, o Espírito central, surge um novo quadrado, base para a edificação do novo ser humano. O círculo da eternidade envolve o que perambulava pela aridez do deserto. Assim, a iluminação interior cumpriu seu papel e preparou o candidato para a próxima etapa de sua longa espiral de desenvolvimento: a reconstrução do microcosmo e a definitiva libertação.

Possam muitos dentre nós ser encontrados nesse trabalho que tem um início no tempo e no espaço, mas que não tem fim, pois caminha para a ilimitada e eterna vida que tanto buscamos.

40. HÁBITOS E AUTONOMIA

O caminho espiritual é construído pela nossa decisão e esforço. Somente uma nova consciência unida ao Espírito pode criar a senda diante dos pés, e o caminho da escola espiritual neste século. Trata-se de saber o que fazer ou não, de criar a continuidade do trabalho da escola espiritual, através de sempre nova e dinâmica realização interior e, portanto, também exterior, de tudo o que é revelado à nossa consciência.

Diante do desmascaramento constante que se vive, que expõe tudo o que não está de acordo com a vontade do absoluto, somente uma nova inteligência, um novo estado de consciência, pode criar a ponte que reunifique o abismo de nosso mundo. O mundo que vivemos e ajudamos a criar se encontra rachado ao meio. Em todos os países talvez nunca se tenha vivido momento de posições tão antagônicas, que surgem como opostos aparentemente irreconciliáveis porque a consciência humana falha na missão de criar uma realidade a partir da visão interior da alma.

Quando deixamos de ver com o coração, as coisas essenciais tornam-se invisíveis, como diria Saint-Exupéry. E, quando a essência da vida, onde se encontra a unidade de tudo o que existe, torna-se invisível, nossos olhos enxergam apenas sombras, projeções desprovidas de unidade. Nesse mundo de projeções e sombras não existe reconciliação entre idealismo e realismo, conteúdo e forma, uniformidade e diversidade, entre o individual e o coletivo. Assim, o mundo de opostos que criamos se exacerba e nos empurra para o nosso próprio limite. As intermináveis crises que se observam em todos os lugares e aspectos da vida apenas se agravam e aceleram, até que uma nova força unificadora surja. Apenas uma nova ponte pode recriar a unidade entre opostos; não mais sobre velhos acordos externos de aparências e interesses, mas sim sobre o fundamento de uma nova e superior compreensão da realidade.

É essa nova compreensão, essa nova consciência, que pode reunir as dimensões aparentemente irreconciliáveis da vida, voltando a criar o caminho do meio, a senda que deve levar a humanidade à autorrealização. A tarefa de alunos de uma escola espiritual é construir essa ponte em si mesmos, mediante uma nova estrutura orgânica, que sirva de sustentáculo sobre o qual se ergue uma nova realidade unificada. Essa ponte é a consciência espiritual, a alma-Espírito.

O trabalho da escola espiritual é muito real e concreto, e tem por objetivo ajudar a humanidade a desvendar novos horizontes. A humanidade é um só organismo, cada um de nós é uma de suas células. A cura de um organismo começa com a cura de uma única célula, mediante uma reação diferente, que é transmitida às células vizinhas.

O grande ofício de curar dos rosacruzes clássicos ganha uma dimensão totalmente diferente para nós, quando compreendemos que a cura da ilusão de nosso egoísmo cria uma poderosa informação no Corpo Vivo da humanidade, funcionando como verdadeiro anticorpo à sua doença fundamental, e se transmite de maneira instantânea a todos os seres humanos.

Quem chegou a este ponto na leitura deste livro é porque, em autonomia, decidiu trilhar um caminho de iluminação, libertando-se de ilusões e enganos. Contudo, para atingir esse objetivo, é preciso transformar a antiga forma de agir, pensar e sentir.

Para algo novo surgir é preciso se desvencilhar do que é velho: dos apegos, preconceitos e cristalizações. Um dos grandes empecilhos no caminho espiritual é a formação de hábitos, de padrões, sejam eles mentais, emocionais ou de forma de agir. Com base em nossas experiências passadas e na percepção absorvida a partir dessas vivências, cria-se um modo de agir e de pensar e, se o mesmo comportamento é repetido diversas vezes, nasce um hábito.

Os hábitos nos impedem de vivenciar uma nova espiral de desenvolvimento, nos mantendo presos na roda de repetições, inibindo que se escolha ativamente o rumo das nossas vidas. Hábitos exercem grande poder em nossas vidas; não simplesmente porque somos preguiçosos demais para mudar nossos comportamentos, mas porque estruturalmente eles ficam armazenados em nosso cérebro, em uma parte destinada a reações e sistemas automáticos. Isto é, os hábitos se exteriorizam sem uma decisão consciente: eles simplesmente são repetidos, sem a participação da nossa consciência.

Isto vale inclusive em um caminho espiritual. Criamos hábitos e procedimentos sobre o que acreditamos ser um caminho espiritual, e essa imagem se cristaliza em nossa mente, portanto, em nossa vida. Enquanto nossos pensamentos mais complexos são processados na área mais externa do nosso cérebro, os hábitos atuam nas estruturas mais primitivas e antigas do cérebro, próximas ao tronco cerebral, onde são controlados comportamentos automáticos, como respirar, engolir ou a reação de susto quando sentimos medo.

O escritor Charles Duhigg, diz:

"Quando um hábito surge, o cérebro para de participar totalmente da tomada de decisões. Ele para de fazer tanto esforço, ou desvia o foco para outras tarefas. A não ser que você deliberadamente lute contra um hábito, o padrão irá se desenrolar automaticamente. [...] Os hábitos surgem porque o cérebro está o tempo todo procurando maneiras de poupar esforço. Se deixado por conta própria, o cérebro transforma quase qualquer rotina em hábitos, pois os hábitos permitem que nossas mentes desacelerem com mais frequência"[48]

Trata-se de um instinto natural de poupar esforço e economizar energia. Assim, a atividade cerebral é reduzida a níveis mínimos quando estamos tendo pensamentos, sentimentos ou atitudes repetitivas. Nesses momentos não vivemos de maneira plena, porque limitamos a percepção da realidade.

Nossa liberdade está intimamente relacionada à possibilidade de fazermos escolhas. Se os hábitos se manifestam sem o nosso consentimento, eles cerceiam nossa liberdade. E quando abdicamos da faculdade de escolher, nos tornamos meros espectadores em nossas próprias vidas. Portanto, é fundamental nos tornarmos conscientes dos mecanismos automáticos que estão por trás de nossos pensamentos, sentimentos e ações. Somente quando existe uma centelha de luz ativa no ser humano é que ele busca o processo da iluminação. Somente quando já há um princípio de luz, é que o ser humano busca por mais luz! Em outras palavras, a iluminação só é buscada por quem já despertou para a busca, por quem já teve um breve insight da própria iluminação.

Porém, não é esse primeiro insight que nos despertou que de fato nos ilumina, ou nos transforma num iluminado. Ao contrário, esse primeiro insight acorda-nos para que busquemos a iluminação. Apenas isso já seria suficiente para desmontar a falsa concepção de que a iluminação seria o produto de um único insight poderoso que supostamente seria capaz de mu-

48 Duhigg, *O Poder do Hábito.*

dar completamente o ser humano.

Existe outro aspecto fundamental que também devemos compreender: mesmo que um ser humano possua uma centelha do Espírito ativa em sua consciência, isso não é o suficiente para causar nele uma mudança estrutural. O insight apenas o capacita a despertar para a busca e a colocar seus pés no caminho. No entanto, e isso é crucial, para esse ser humano, o caminho ainda não passa de uma ideia, de uma lenda, de algo de que ele ouviu falar.

E aqui encontra-se um segundo fundamento que precisa ser muito bem compreendido: em sua essência, o caminho, a senda da iluminação não existe. Ele pode ser criado apenas se o próprio ser humano o criar dentro de si, pois é o próprio caminhante que cria o caminho com seus passos. A senda da iluminação somente aparece quando o ser humano trabalha com a luz dentro de si mesmo.

Daquele insight pode surgir o autoconhecimento, porém, é necessário que se vença a inércia, que é a resistência à mudança. Ou seja, não basta ler livros, assistir palestras, frequentar serviços e conferências da Escola: é necessário agir de maneira renovada.

Um antigo texto nos diz que "a inércia é a falta de energia intrínseca para agir". No universo está ativa uma energia infinita, é a força do Espírito. A energia para nos transformarmos está em nós mesmos, está no núcleo central de nosso microcosmo. Sem criarmos uma conexão interior com esse núcleo mais profundo de nossa consciência, não temos a força necessária para alcançar a verdadeira iluminação em nossas vidas. Portanto, deve-se criar uma relação profunda com o átomo centelha do Espírito, o que permitirá a percepção do que é real em nós e do que é ilusão. Com base nessa ligação interior, pode-se constatar que os pensamentos e sentimentos não representam a nossa identidade verdadeira, mas são forças em constante movimento.

Enquanto acreditamos que nossos pensamentos e sentimentos nos definem como indivíduo, ou seja, enquanto nos identificamos com essas forças, estamos desequilibrados. Ora estamos felizes e, logo em seguida, tristes, algumas vezes estamos animados e, em outras sem energia para fazer nada, ou seja, somos jogados de cima para baixo como acontece com uma criança brincando em uma gangorra. Por isso, é absolutamente necessário criar-se uma ligação indissolúvel com o núcleo de nossa consciência, com o ser absoluto. Quem consegue manter essa ligação, está em equilíbrio, ainda que as situações da vida apresentem as mais diversas dificuldades.

A desarmonia é constante em nossas vidas porque ainda estamos aprisionados à atividade de atração ou repulsão do corpo de desejos, que nos domina. Nosso corpo astral ou corpo de desejos possui três poderes: o de atração, o de repulsão e o de uniformidade. Uniformidade não se confunde com indiferença, trata-se de uma irradiação inalterável, impessoal, objetiva, silenciosa e dinâmica que envolve igualmente toda a criação de Deus. O crescimento da alma nos levará a esse estado. Nele já não nos acometem abalos e comoções violentas. Esse estado de perfeita uniformidade não pode ser alcançado apenas a partir de nossa força de vontade, pois não temos a energia necessária para realizarmos a transformação fundamental de nosso estado de consciência.

Citando Karl von Eckhartshausen:

"Apenas a Luz transmite a Luz, e somente o sol faz surgir novamente o dia; é unicamente por seu intermédio que os objetos se tornam visíveis em sua luz. [...] Espalhar a luz sempre mais amplamente, até o mais claro meio-dia, eis ao que se dedica de forma resplandecente o sol; espalhar em todo lugar novas bênçãos, uma nova vida até a colheita, eis a que se emprega seu calor".[49]

Portanto, temos a todo momento uma escolha: viver a partir da percepção de uma consciência pura, ligada ao sol espiritual interior, ou voltar a ser marionetes de nossos velhos padrões de pensamentos, sentimentos e ações. Então, cada escolha pode representar uma verdadeira mudança ou uma cristalização ainda mais forte.

A escolha do rumo a ser seguido apenas pode acontecer no presente absoluto, no agora. Quando planejamos realizar o caminho espiritual no futuro, deixamos de prestar atenção às situações do nosso dia a dia, as quais são o verdadeiro material do autoconhecimento. Nossa vida agitada e nossas relações com as outras pessoas demonstram a cada momento tudo aquilo que deve ser transformado interiormente. Portanto, o caminho espiritual não pode ser planejado, mas precisa ser vivenciado. Não adianta projetarmos com a nossa mente a ideia de um aluno perfeito ou de uma pessoa iluminada. Também não podemos ficar fantasiando condições ideais para nos transformarmos, ou para nos dedicarmos ao caminho interior, porque o futuro nunca será como imaginamos, simplesmente porque não o conhecemos. A única realidade é a realidade do agora.

Precisamos nos perguntar até quando viveremos o mesmo ciclo de hábitos, repetindo o passado, deixando para depois a única tarefa realmente necessária. Precisamos nos despir de todas ilusões agora. A percepção da nossa realidade interior deve

49 Eckhartshausen. *A Nuvem sobre o Santuário: Cartas Rosacruzes.*

ser clara, sem condenações ou justificativas. Devemos olhar para nós mesmos com simplicidade, de maneira direta e sem medo, sem esconder os fatos ou fugir deles. Se nos mantemos fiéis à verdade que brota a cada momento em nosso ser, a partir da firme ligação com o átomo centelha do Espírito, vencemos todos os hábitos e cristalizações e entramos em uma espiral de evolução infinita.

"O homem, por força de seus hábitos, é governado pela vontade e pelo pensamento e, portanto, pelos desejos. Da mesma forma, as coisas que o cercam, com as quais há tanto tempo ele está familiarizado, podem dominá-lo. Elas exercem sobre ele certa pressão que, em dado momento, se transforma em coação e, muitas vezes, falta-lhe ânimo para subtrair-se a ela. Da mesma forma, outras pessoas podem dominá-lo; conhecemos também a pressão exercida por grupos ou pela sociedade, em todas as suas formas.

Por isso, a unidade de grupo dos alunos da Escola Espiritual moderna jamais deverá interferir na autonomia da consciência de cada um. Também é preciso que cada homem em qualquer circunstância governe seu próprio ser. Para a maioria dos homens, e também para grande parte dos alunos da Escola Espiritual moderna, essa autonomia ainda é um desejo irrealizável, pois com frequência são governados de alguma forma e ainda renunciam à iniciativa. Assim, surgem neuroses da vontade e do pensamento.

[...] E assim a consciência é dominada, por um lado, pelos hábitos da vontade e do pensamento e, por outro, por todo o sistema corporal que está sintonizado com esses hábitos. De modo geral, somos ainda vítimas desse domínio. Com o correr dos anos, todo o nosso sistema reage a isso. E então dizemos a nós mesmos: 'Sim, não conseguimos outra coisa senão fazer ou deixar de fazer isso ou aquilo, enfim, vivemos nessas circunstâncias'.

Homens insensatos que somos! Uma decisão positiva, uma ação positiva da consciência e fica-se livre de todas essas neuroses [...]

Uma ação positiva da consciência e eis que estamos livres da coação dos hábitos. É possível livrar-se desse aprisionamento aos hábitos da vontade e do pensamento categórica e radicalmente! Quando, desse modo, a alma lamenta, é porque não empunhamos o arado, mas nos deixamos dominar. Empunhar o arado é sempre possível, quaisquer que sejam as circunstâncias em que estejamos vivendo.

[...] É necessário entregar à Gnosis a inteira vontade, o inteiro pensamento, o sistema cerebrospinal, tudo o que é o eu e tudo o que anima o eu. Isso é auto-sacrifício, isso é autorendição. Assim o inteiro sistema da alma quíntupla estará aberto para a nova força gnóstica eletromagnética. Essa é a ligação da alma com a Gnosis. Essa ligação, ou seja, a completa abertura da alma para a Gnosis, foi e é sempre designada nos mistérios como o renascimento da luz na alma".[50]

E isso é iluminação!

41. A TERRA EM QUE PISAMOS

O desenvolvimento de todo o processo que será experienciado pelo planeta Terra, hoje e no futuro, depende diretamente da maneira que conduzirmos nossas vidas.

"A humanidade recebeu a Terra como moradia; e recebeu

50 Rijckenborgh, *A Gnose em sua atual manifestação*. cap. IV-5.

a tarefa de ocupá-la, governá-la, servi-la e engrandecê-la. Para compreender isto, é apenas necessário lembrar do relato da criação nas lendas e nos mitos que existem em vários escritos sagrados e na Doutrina Universal.

Nascida da Terra, da matéria (isto é, das forças da Terra), dos princípios magnéticos da Terra, a humanidade foi colocada na natureza para completá-la e engrandecê-la mediante suas possibilidades naturais. Portanto, existe uma interação, bem como uma interdependência, entre a humanidade e o nosso planeta. A Criança (a humanidade) recebeu capacidades de sua Mãe (a Terra). Existe, por certo, uma ligação afetiva entre ambas e torna-se claro que a Criança é uma continuação da ideia que está fundamentada na Mãe.

Assim ligadas e interdependentes, a Criança é uma continuação da grande ideia e está, portanto, dotada de faculdades que ultrapassam, em certo sentido, as faculdades da Mãe. Portanto, a Criança tem a faculdade de curar ou destruir a Mãe. A humanidade possui uma força eletromagnética proveniente da Mãe-Terra, e essa força interage com a Terra. Entretanto, é uma força que pode espiritualizar a Terra por meio de sua natureza magnética, isto é, ela pode transformar os três corpos da Terra em sentido libertador. Essa é, e foi a ideia divina que estava na base de tudo isso.

Falamos aqui propositalmente no passado, pois a colaboração entre a Mãe e a Criança não acompanhou essa linha de desenvolvimento. Portanto, através de longos períodos, se delineou uma linha de desenvolvimento totalmente diferente. Todos nós devemos compreender que o plano divino não pode, afinal, ser violado nem combatido. A ideia divina com relação à humanidade está sempre sendo cumprida; se não for de maneira harmoniosa, então será de maneira desarmoniosa.

Podemos verificar, no curso da história mundial, que a humanidade não realizou sua vocação original. [...] Ela violou o grande plano, ao desviar-se dele, e começou a seguir seu próprio caminho. As consequências disso vingaram-se na Mãe. O corpo da Mãe e suas forças magnéticas entraram em desarmonia com a humanidade. Como consequência, os corpos da Mãe condensaram-se e endureceram-se cada vez mais; os veículos de manifestação da humanidade cristalizaram-se e degeneraram-se na mesma medida."[51]

Nosso planeta, a Terra, é como uma mãe: da mesma forma que uma mãe, a partir de uma semente em seu interior, gera um ser que se desenvolve, a Terra recebe sementes e as faz brotar e crescer; ela sustenta a Vida, e todo esse processo de semear, nascer, crescer, dar frutos e sementes é um símbolo poderoso. É o fluxo constante da eterna transformação: o eterno semear, nascer, crescer dar frutos e sementes e novamente semear. É o ciclo como o da vida humana, em que o homem tem a possibilidade de evoluir pelas experiências e, após a conquista da autoconsciência, refletir sobre a existência e a busca pela eternidade. No entanto, o ser humano possuidor de um ser finito, condicionado a nascer, crescer, brilhar e fenecer, geralmente desconhece que, ao mesmo tempo, carrega em si o imortal, o universo original que o impulsiona a despertar. Esse desconhecimento, essa ignorância, é uma das principais razões pelas quais a atividade humana no planeta vem impactando de forma consideravelmente negativa a Terra, o que se evidenciou principalmente no último século com a explosão demográfica e o desenvolvimento tecnológico e científico.

---

 51 Rijckenborgh. *Não há espaço vazio*, cap. 2, p.15

Quando nos referimos à atividade humana, não estamos somente nos referindo às ações exteriores, mas também à atividade mental, sentimental e volitiva. O ser humano é um ser criador. As atividades sutis de sete bilhões de habitantes agindo, pensando e sentindo têm enorme impacto. Se conseguimos ter alguma clareza sobre os impactos de nossas ações cotidianas sobre o planeta e sobre nossos semelhantes, o mesmo não ocorre com os resultados de nossas atividades mentais e sentimentais, que são muito mais sutis, quase imperceptíveis. Pensamentos e sentimentos são energias que irradiamos. A qualidade de nossa vida mental e emocional determina a qualidade ou a vibração da energia gerada. E, como sabemos, energia não se perde nem se desfaz.

Toda a energia gerada e irradiada a partir do que pensamos e do que sentimos é concentrada e aglutinada à energia gerada por outros seres, com vibração semelhante, formando em torno de nosso planeta verdadeiros campos em reciprocidade e que, vistos em conjunto, constituem o que chamamos de campo astral coletivo. Se associarmos a isso o fato de os seres humanos estarem aprisionados em seu egocentrismo, em suas ilusões autocriadas, em seus medos, em seus mecanismos de autodefesa e autoconservação, se pode fazer uma ideia mais clara da natureza do campo astral coletivo que estamos criando enquanto humanidade.

O problema se amplia, pois esse campo astral coletivo, criado pela própria humanidade a partir de um desvio de sua verdadeira razão de existência, também exerce, continuamente, influência sobre aquilo que pensamos e sentimos e, consequentemente, sobre nossas atitudes. Esse processo pode ser entendido da seguinte forma: para cada pensamento ou sentimento voltado para os aspectos egocêntricos de nosso ser, para o reforço de nossa identidade auto ilusória, existirá sempre uma contraparte de energia de mesma vibração e natureza. Essa contraparte reside nesse campo astral coletivo e é capaz de retroalimentar e reforçar o pensamento ou sentimento inicial.

Dessa forma, criamos uma sintonia do pensar e sentir egocêntricos com esse campo astral coletivo e somos por ele influenciados, dinamizando e reforçando, assim, nossa orientação egocêntrica. Todos nós estamos sujeitos a esse ciclo que se retroalimenta. Por isso é tão comum que se manifestem pensamentos, sentimentos e ações compulsivos, que muitas vezes lamentamos. Esse é o ciclo fechado do aprisionamento astral da humanidade, que a leva a um campo de experiências de intenso sofrimento, conflitos e injustiças. Por isso também se vislumbra muitas vezes um horizonte sombrio para a vida humana e mesmo para toda a vida em nosso planeta.

Percebendo isso, há duas reações possíveis: ou uma fuga para distrações ilusórias ou um enfrentamento dessa condição, a partir de uma energia astral pura, não egocêntrica, e que parte do âmago do ser humano, do princípio espiritual que está em seu coração. Essa energia é capaz de sintonizar o ser humano com o puro campo astral da Terra-Mãe que, como afirma Jan van Rijckenborgh, é de onde provém a força eletromagnética capaz de espiritualizar a Terra. É essa sintonia que pode revelar a cada ser humano o seu verdadeiro propósito de vida.

O ser humano precisa compreender, de fato, sua situação atual, reconhecer a voz interior que o impulsiona e levantar-se, a partir do momento em que toma a firme decisão de mudar seu destino. É possível mudar, dessa forma, o próprio destino - e mesmo o destino de toda a humanidade e do planeta. Assim como uma criança vem à luz e os pais se responsabilizam por ela, também a luz que toca a consciência humana e principia um novo nascimento interior torna o ser humano responsável por esse desenvolvimento.

O ser humano que finalmente encontrou seu objetivo, sabe que tem que caminhar, tem que abrir uma nova trilha em sua vida e andar pela Terra semeando essa possibilidade a todos os que buscam o mesmo que ele. A Terra, que tanto maltratamos, é nossa mãe. Somente por meio de uma nova consciência, obtida por uma transformação interior, é que podemos ter uma nova Terra. Embora os movimentos ecológicos e do meio ambiente sejam de extrema importância, eles são apenas uma ínfima parte do que realmente precisa acontecer para mudarmos completamente os rumos sombrios que podemos vislumbrar hoje no horizonte, devido ao egocentrismo e às lutas entre os homens. A Terra e sua humanidade se tornaram células doentes no todo.

A questão central, portanto, é se a consciência humana está se transformando e se distanciando de seus aspectos egocêntricos. Todo ser humano é colocado diante de uma tarefa urgente: caminhar sobre a Terra e criar um novo caminho, a partir das novas condições latentes em seu ser, livre do egocentrismo. A realização dessa tarefa depende de uma consciência desperta que leve ao encontro consigo mesma e, entre outras coisas, à compreensão das condições oferecidas ao homem em nosso planeta.

Para caminhar é preciso dar um primeiro passo. E para isso é necessária a disposição interior de realizar mudanças urgentes, frente à visão limitada e equivocada de como lidamos com nossa Mãe-Terra. Uma nova era se inicia, e precisa de obreiros que atuem em sintonia com as novas condições que se apresentam.

A era de Aquarius eleva a frequência vibratória do coração da Terra. Seu impulso sacode o mundo para despertá-lo. Sua força aumenta e exerce atividade cada vez mais forte sobre toda a humanidade. É a ação do quinto éter, do éter ígneo ou elétrico, que surge dessa elevação vibratória do coração da Terra. Todos reagem a isso, positiva ou negativamente. Aqueles que se opõem terão que caminhar ainda mais na vida de conflitos e sofrimentos e serão apanhados com mais intensidade pelo campo astral coletivo e egocêntrico. Aqueles que se entregam conscientemente às energias transformadoras de Aquarius, à luz divina que delas emana, podem realizar melhor e com muito mais rapidez o processo de transformação interior. O que acontecerá com o planeta num futuro próximo depende da ação de cada um desses grupos.

Somos microcosmos, pequenos universos, e a era de Aquarius deve ser reconhecida, antes de mais nada, interiormente. Ela deve se manifestar direta e conscientemente em nós mesmos e a partir de nós. Caso contrário, passaremos por ela sem tê-la experimentado, sem nos modificar essencialmente.

Um grupo, por pequeno que seja, de pessoas que se abrem conscientemente a essas forças, as transmuta em uma potência que não está vinculada apenas à quantidade mas, principalmente, à seriedade, dedicação e anelo dos que dele participam. Um grupo que trabalha coletivamente com afinco em sua própria transformação pessoal, que se esforça por vencer suas resistências egocêntricas, pode gerar um campo astral capaz de influenciar e despertar muitos corações e redirecionar assim o destino de nossa Terra; um grupo com nova mentalidade e nova atitude de vida, que capacite seus integrantes a se tornarem auto criadores e auto realizadores, capazes de criar uma nova realidade para si próprios e para a humanidade. Pois somos os criadores de nossa própria realidade.

"Devemos, então, esperar pelo fim?

Não temais pela Terra. Ela é muito jovem, e seus seios, exuberantes em demasia. Mais gerações do que podeis contar serão por ela amamentadas. Também não estejais ansiosos pelo Homem, o mestre da Terra, pois ele é indestrutível. Sim, indelével é o Homem. Sim, inexaurível é o Homem. Ele entrará na forja um homem, mas de lá sairá um deus. Mantende-vos firmes. Aprestai-vos. Mantende em jejum os olhos, os ouvidos e as línguas, de modo que os corações possam conhecer a fome santa que, uma vez aplacada, vos deixará saciados por toda a eternidade. E precisais estar sempre saciados para que possais saciar os famintos. Precisais estar sempre fortes e firmes para amparardes os vacilantes e fracos. Precisais estar sempre preparados para a tempestade para que possais dar guarida a todos os desabrigados acossados pela tempestade. Precisais estar sempre luminosos para poderdes guiar os andarilhos na escuridão.

[...] A unicidade de Deus, meus companheiros, é a única lei da existência. O outro nome que se lhe dá é Amor. Conhecê-la e observá-la é perseverar na Vida, mas observar qualquer outra lei é perseverar na não-existência, ou seja, na Morte.

Toda a terra está viva em nós. Amemos, pois, a Terra e todos os seus filhos se queremos amar a nós mesmos. Amemos os Céuse todos os seus habitantes se queremos amar a nós mesmos."[52]

Para esse caminho, uma vez iniciado, não há fim, e sempre haverá um novo início, pois nosso objetivo é o todo, e o todo é infinito.

52 Naimy, *O livro de Mirdad*: cap. VII, pg.81

42. A UNIDADE

O ensinamento universal é sempre o mesmo em sua essência, pois é atemporal. Sua essência se origina do Uno, do Tao, do vazio ou vacuidade, que é também plenitude. Todo o universo é uma manifestação da divindade transcendente, desse vazio pleno que se exterioriza através de sua criação, tornando-se divindade imanente na realidade manifestada. Ainda que o vazio pleno – ao mesmo tempo presente em tudo e para além de tudo - seja em essência imutável, a forma se transforma continuamente.

Dirigindo o olhar para a história do universo conhecido e, particularmente, para a história do desenvolvimento da vida e da consciência em nosso planeta, identificamos uma complexidade crescente se desdobrando através do tempo, desde os organismos unicelulares até os mamíferos e o ser humano, em que um novo estágio sempre inclui e transcende o estágio anterior. Focalizando a história humana conhecida, e concentrando a atenção na história das escolas espirituais, reconhecemos a imensa riqueza de sabedoria que nos foi legada. Descobrimos que assim como vazio pleno se reveste das formas perecíveis da matéria, o ensinamento universal se veste com as roupagens da linguagem, das imagens e da cultura de cada época e lugar.

O puro ensinamento sem forma abarca tudo, incluindo suas vestes, mas sem se confundir com elas. A manifestação exterior é relativa e transitória, constituindo o que já foi denominado de "vestes da Torá". A verdadeira Torá, a Bíblia original, estaria no céu, escrita com palavras de fogo, não perceptíveis para os sentidos humanos. O ensinamento universal se manifestou em textos como o Tao Te King, o Bhagavad Gita, os Upanishads, os Sutras budistas, o Zohar, os Evangelhos canônicos e gnósticos, os textos maniqueus, os rituais cátaros, os manifestos rosacruzes, o Ayvu Rapytá, só para citar alguns poucos.

A leitura desses textos da sabedoria antiga nos deixa admirados pela grandiosidade e clareza com que as verdades fundamentais foram apresentadas. No entanto, devemos estar conscientes de que tudo o que pode ser colocado em palavras é, na verdade, limitado. Como se lê no Tao Te King, "o Tao que pode ser pronunciado não é o Tao eterno". O budismo ensina que as verdades manifestadas apontam para o puro ensinamento universal transcendente, como um dedo que aponta para a lua; mas não se deve fixar o olhar no dedo, mas diretamente na lua.

Atualmente podemos avançar além das restrições culturais, perceber a unidade de toda essa sabedoria e separar o elemento eterno do temporal. Se nossa consciência superar a ilusão do egocentrismo, há condições de perceber do alto, do atemporal, a unidade de todas as manifestações temporais, a unidade na diversidade, na multiplicidade, desde as imagens dos mitos tradicionais até as filosofias espirituais mais elaboradas. Pode-se, por exemplo, descortinar as camadas de profundidade dos antigos mitos gregos, ainda que se tenha dificuldade em compreender a consciência geradora de mitos tão elaborados. Essa consciência mítica era predominante na Antiguidade, no entanto, gradativamente, tanto no Ocidente quanto no Oriente, foi se transformando em uma consciência racional.

Na antiga Grécia, Platão fez um apanhado do conhecimento mitológico – e, até certo ponto, da compreensão mais interna sobre esses mitos, como eram compreendidos pelas antigas escolas de mistério – e criou uma primeira ponte entre o mítico e o racional. Na Índia, Sidarta Gautama, o Buda, profundo conhecedor da antiga sabedoria dos Vedas e dos Upanishads, também deu novo direcionamento à consciência humana, conduzindo-a para se libertar de toda metafísica e de toda especulação, para que se focalizasse no essencial, que é a libertação do sofrimento psicológico. As aparentes contradições entre a antiga sabedoria hindu e o novo ensinamento budista se explicam por essa ênfase na realização espiritual.

Esse desenvolvimento não estava restrito à Grécia e à Índia, mas se estendia à China de Confúcio e de Lao Tsé, à Pérsia de Zaratustra e ao Israel dos profetas, já anunciando a plena manifestação da força crística que viria a ocorrer alguns séculos depois. Esse período foi chamado por historiadores e filósofos de período axial, em que a consciência humana parece ter sido chacoalhada para ir além da consciência mítica.

O que ocorreu naquela época estava relacionado à consolidação do corpo mental concreto, quando o éter refletor começou a ser o elemento de construção regente da consciência humana. Essa mudança trouxe a necessidade de se expressar o ensinamento universal de forma nova, ou seja, de revestir a eterna Torá com as vestes apropriadas ao novo período. Já se anunciava então uma modificação ainda mais radical da consciência humana, que deveria conduzi-la do corpo mental concreto até o corpo-alma, o mental abstrato, o que está relacionado com a manifestação de um novo éter, o quinto éter, o éter elétrico ou ígneo.

O ser humano, que avançou na conquista da autoconsciência, poderia então prosseguir para além dela, rumo à consciência espiritual, à alma-Espírito, que possibilita o acesso direto ao ensinamento sem palavras. Esta época anunciada, em que já ingressamos, é o que chamamos de era de Aquarius.

Para aprofundar esse assunto, lembre-se que nossos veículos sutis são formados de quatro éteres: o éter químico, que é síntese energética da manifestação material; o éter vital, ligado às forças criadoras; o éter luminoso, que é, antes de tudo, o éter emocional e sensorial, e o éter refletor, que é principalmente um éter mental.

No lento processo de formação da consciência surgiu, em primeiro lugar, o estado de consciência mineral, com a atividade do éter químico. Em segundo lugar, surgiu o estado de consciência vegetal, com a atividade do éter vital e, até certo ponto, do éter luminoso. Em terceiro lugar, surgiu o estado de consciência animal, com a atividade suplementar do éter luminoso. E em quarto lugar, o estado humano, com a correspondente consciência egocêntrica e a atividade simultânea do éter refletor. Há outros três éteres que gradativamente se tornarão ativos no futuro, sendo que o quinto éter, o éter ígneo ou elétrico, o éter-alma, já começou a atuar em nossa época.

No início do desenvolvimento da consciência humana, os processos eram puramente automáticos, pois ainda tinham como objetivo criar a estrutura, a máquina, que é a personalidade quádrupla – com seus quatro corpos, que utilizam os éteres químico, vital, luminoso e refletor como elementos de construção para colocá-la em movimento e em condições de realizar sua tarefa, em ligação com a mônada que se individualiza, o microcosmo. Mas chega um momento crítico, que muitos seres humanos já vivenciaram ou estão vivenciando atualmente, a partir do qual deve começar a autorrealização, em que é necessário tomar em suas mãos o desenvolvimento da própria consciência.

Na condição egocêntrica comum, o éter mais elevado é o éter refletor, daí a necessidade da purificação de nossa vida de pensamentos para que, a partir desse ponto, todo o sistema possa também ser purificado. A assimilação etérica eleva-se assim em vibração e pureza, e pode-se denominar os quatro éteres purificados de os quatro alimentos santos. Se esse processo avança, pode ser aberto um espaço em nosso ser para a atuação deste éter de vibração ainda mais elevada, o quinto éter, que deve se tornar o novo regente do sistema. Nesse estágio, o éter refletor é chamado a executar sua vocação mais essencial, que é a de ser um espelho, um reflexo, um tradutor da razão superior da alma, cujo elemento de construção etérico é justamente o quinto éter.

Pode-se utilizar aqui a seguinte imagem: os quatro éteres, em conjunto, constituem o elemento forma, a vela, que deve receber o fogo do quinto éter, para assim manifestar a luz. A vela precisa ser purificada de suas impurezas para que possa receber esse fogo de maneira apropriada. Assim como a expansão atmosférica do éter refletor levou a consciência humana a avançar do mítico para o racional, atualmente o quinto éter está conduzindo a atmosfera de nosso planeta a uma nova transformação. A consequência é que o racional precisa ser gradativamente transcendido, pois esse quinto éter passará a ser predominante. Entenda-se aqui que transcender não é negar, mas incluir e abarcar em algo maior.

A manifestação do quinto éter já é uma realidade em nossos dias, e deve se expandir muito mais. Para isso, precisamos estar preparados interiormente. Pertencendo a uma escola iniciática aquariana, precisamos ingressar de forma pioneira no novo período, através da transformação interior. Teremos condições, assim, de indicar o caminho para todos os que virão depois de nós. É por isso que em nossa Escola somos tantas vezes estimulados a avançar para além de nós mesmos. Precisamos avançar porque precisamos dar o exemplo para os que ainda estão tropeçando em seu caminho de experiências, sem ideia das forças que estão atuando em nossa época e das razões essenciais para o caos e o nervosismo que vemos por toda a parte.

Sem uma estrutura psíquica adequada, uma mentalidade lúcida, harmonia emocional e um direcionamento claro na vida, o ser humano não tem as condições necessárias para assimilar de forma positiva o quinto éter. No entanto, essa nova manifestação etérica é inevitável, e sua assimilação de maneira negativa pode conduzir a grandes tensões nervosas e desequilíbrios individuais e coletivos. Mas qual é o sentido disso tudo? O quinto éter tem como função ocasionar sofrimento? Não! O quinto éter é, em primeiro lugar, o éter da alma, o material de construção da estrutura etérica da nova alma, da nova consciência.

Possuímos atualmente uma consciência egocêntrica. Essa consciência surgiu a partir da atuação dos quatro éteres conhecidos, que nos permitem dizer: 'eu'. Temos uma noção de identidade, de individualidade, que relacionamos com toda a nossa memória cármica, genética e social. Todos sabemos que esse desenvolvimento foi necessário, mas também que esse eu não é apenas imperfeito, e causa de muitos sofrimentos, mas é fundamentalmente ilusório. Por isso, a Escola diz que o eu precisa ser superado, transcendido, não de forma forçada e inconsciente, mas através de um processo, que é o discipulado.

Para que isto ocorra precisamos aprender a trabalhar com o quinto éter, para elevar a própria consciência até a nova consciência, a nova alma, através da mediação desse poderoso fogo que é o quinto éter. Como alunos da Escola, recebemos todas as ferramentas para realizar esse trabalho, até sua plena realização. Entre as características de uma consciência transformada pela ação do quinto éter, uma se destaca: a percepção da unidade por detrás da multiplicidade.

Assim como foi necessário - através do desenvolvimento do mental concreto, com a ajuda do éter refletor - separar a realidade universal em partes, analisar essas partes e descobrir as leis que regem sua inter-relação, é possível agora - através do desenvolvimento do mental abstrato, do pensar superior da alma, com a ajuda do quinto éter - perceber de maneira holística a realidade, como um todo inseparável. Com o tempo, isso permitirá o nascimento de uma nova ciência, que não será a negação da ciência atual, mas a superará em muitos aspectos e terá condições de criar pontes entre os diferentes campos de conhecimento. Além disso, não será mais uma ciência separada da espiritualidade e da arte, mas uma ciência espiritual e artística, que romperá as barreiras entre cabeça, coração e mãos. Esse desenvolvimento demandará a criação de uma nova linguagem e de uma nova estrutura simbólica, livres tanto das restrições do pensamento materialista quanto da compreensão literal de conceitos mágicos e míticos desenvolvidos na infância da humanidade por um tipo de consciência já superada, e que muitas vezes impedem a humanidade de seguir adiante.

O ser humano, mais do que nunca, tem necessidade de algo que dê base e sentido para sua vida, mas não pode mais se deixar iludir por uma compreensão infantilizada de imagens mitológicas do passado, traduzindo-as como verdades literais. Da mesma forma que uma nova ciência deve incluir a espiritualidade, uma nova espiritualidade precisa também estar alinhada com a razão, ainda que a abarque e a transcenda. No que diz respeito ao ensinamento universal, ele deve assumir também uma forma de expressão universal, em que as contribuições das escolas iniciáticas de todos os tempos e de todas as culturas sejam percebidas em sua unidade e em que os elementos míticos remanescentes sejam compreendidos como símbolos de realidades superiores, e não mais como realidades exteriores e históricas.

É justamente a ação do éter ígneo sobre as consciências que permite a percepção dessa unidade superior, pois possibilita o contato direto com o ensinamento universal no campo abstrato – ou, numa linguagem mística, com as vestes da Torá de fogo, que está nos céus, para além de toda forma. E talvez ainda mais urgente em nossos dias seja a atuação dessa força da unidade nas consciências humanas feridas pela doença da divisão e do antagonismo.

Se um único indivíduo se eleva a essa força, sua pequena luz pode brilhar para muitos e auxiliá-los a também vencer em si essa barreira de separação. Se todo um grupo de alunos conscientes o faz, isso cria um campo da unidade, um campo de transformação de consciência extremamente poderoso, que pode atuar na cura das feridas mais profundas de nossa época – um campo onde não mais existe "nós" e "eles", os "nossos" e os "outros".

Se, como grupo, avançamos em direção ao sol nascente, ao éter alma ígneo, que se eleva como um novo sol no horizonte, avançamos para essa percepção da unidade por detrás de todas as divisões aparentes. Traremos então em nossas frontes justamente o elemento de união, que unifica idealidade e realidade,

Espírito e matéria. Este elemento único, como sabemos, é a alma, que é tão ampla e profundamente ansiada em nossa época tão maltratada pela divisão.

Que sejamos encontrados firmes e fiéis na realização de nossa tarefa, para auxiliar a abrir o caminho, para colocar os marcos nesse caminho e ajudar muitos que, guiados pelo mesmo impulso rumo à unidade, também caminham conosco rumo à nova manhã.

43. A BOA SEMENTE

"Os Sete Portais

Rosas florescem – Sete Portais abrem-se para um país almejado como libertação pelos desalentados.

Os que elegeram o caminho dos pioneiros, tomando a senda mais difícil, são os primeiros a receber a boa-nova do desabrochar das rosas.

Eles ingressam no novo País de pura luz, que se abre amplamente ao sol matinal, por efeito do dever sustentado durante a noite e do morrer que venceu a morte.

Sete forças restauradoras fluem através de suas almas feridas, e o fulgor que penetra por suas janelas torna-se a senda em que avançam.

Para que esse caminho de luz através dos sete portais possa, um dia, ser percorrido por todos, Cristo fez desabrochar rosas vermelhas em tua sagrada cruz."[53]

Certa vez indagaram a Jan van Rijckenborgh o que definiria um bom aluno da Escola Espiritual. Ele teria respondido que "o bom aluno é aquele que persevera até o fim." Essas palavras

53 Lectorium, *Sete Portais*.

aparentemente tão simples possuem um grande segredo, que também está contido nas belas palavras do texto Os Sete Portais: o caminho é construído de pura perseverança.

Observando-nos objetivamente, é fácil concluir como somos limitados, seja pelas deficiências de nossa compreensão, pelas constantes oscilações de nosso ânimo ou mesmo pela falta de firmeza de nossas decisões. Ao nos colocarmos diante do espelho do autoconhecimento, a imagem que ele reflete não é a de um heroico peregrino, mas a de um anti-herói, um ser humano comum e frágil, que teve a audácia de colocar os pés na Senda da Iniciação. Porém, quando também nos despimos da ilusão da indignidade – que como a soberba não passa de ilusão - e investigamos a natureza da audácia que nos colocou neste caminho, somos tomados de grande surpresa.

No fundo, somos pequenos e frágeis, mas, mesmo assim, algo maior que nossa autocrítica, maior que nossa própria razão, empurrou-nos adiante nesse caminho e não abriu espaço para negociações. Descobrimos que colocamos os pés na senda sem que, de verdade, tivéssemos decidido racionalmente fazê-lo: lançamo-nos nela, como alguém que se joga ao mar para salvar quem se afoga, mesmo sem ter certeza se conseguirá.

Esse impulso, esse anseio que não permite que ajamos de outra forma em relação à senda, e que a transforma em uma necessidade vital, como se fosse o ar para nossos pulmões, é a força da centelha do Espírito que se tornou ativa no imo de nosso ser. Esse impulso é a vontade universal que se tornou ativa e manifesta em nós, e que literalmente escolheu por nós, como uma força irresistível que nos direcionou para a senda, a despeito de todas as nossas limitações e dificuldades.

A vontade universal, o primeiro raio do Espírito sétuplo,

é a força mais poderosa em todo o universo manifestado. Se aprendemos a reconhecer essa força que nos leva adiante a despeito de tudo, e voltamos a ela o nosso coração, então algo maravilhoso acontece. Ao voltarmos nosso coração para a força da centelha do Espírito, para essa atividade da vontade universal em nosso ser, ambos gradualmente se unem, e flui uma força poderosíssima, que vai além de toda a limitação de nosso ser natural. A essa ligação entre o âmago da alma e a centelha do Espírito é que denominamos fé. É muito importante compreender isso corretamente, pois podemos ter sido ensinados que ter fé era o mesmo que crer em dogmas religiosos, ser temente a uma divindade exterior ou seguir um mestre ou guia espiritual.

À luz do ensinamento universal, isso pode ser tudo, menos fé. Talvez pudéssemos chamá-lo de crença, dogmatismo, religiosidade comum ou submissão. Porém, não podemos chamá-lo de fé. A fé de um verdadeiro rosacruz não é em algo ou em alguém fora dele mesmo. Ter fé é estabelecer ligação interior entre o âmago da alma e a centelha do Espírito, a vontade universal, que se encontra ativa em seu ser. Esta é a primeira das "poucas, porém boas sementes divinas" às quais Hermes Trismegisto se refere no Corpus Hemeticum. Ele a chama de virtude.

O Evangelho refere-se à essa primeira semente como uma semente de mostarda. A semente de mostarda é muito pequena, algo que mais parece um pequenino ponto quando colocada sobre a palma da mão. Trata-se de um símbolo poderoso, que na Antiguidade representava o que hoje chamamos centelha do Espírito, a boa semente que floresce como poderosa força quando a ela ligamos o âmago de nossa alma. Por isso, em Mateus 17:20 lemos:

"Eu lhes asseguro que se vocês tiverem fé do tamanho de uma semente de mostarda, poderão dizer a este monte: 'Vá daqui para lá', e ele irá. Nada lhes será impossível. "

E que montanha é essa, que a força da ligação entre a alma e o Espírito pode mover? Essa montanha é a totalidade de nossa vida egocêntrica, com todo o seu peso, sua inércia e sua resistência. O segredo que essas palavras querem nos indicar é que a montanha do eu, aparentemente indestrutível, obedecerá ao comando da vontade universal, se a ela voltamos totalmente o nosso coração. No momento em que isso ocorre, ainda que essa ligação seja tão pequena e tênue como um grão de mostarda, mesmo na fraqueza e limitação de nosso ser, somos preenchidos pela força da vontade universal, a força do primeiro e mais poderoso de todos os raios do Espírito sétuplo, e nessa força podemos trilhar a senda interior!

Para que isso aconteça, para que a vontade universal possa fluir em nós, transformando-se em uma torrente de forças, é preciso fazer algo antes. Não basta ser tocado e impulsionado pela força da centelha do Espírito, pela força da vontade universal. É preciso tomar a decisão de cooperar com ela em nossa vida diária. É preciso que a utilizemos realmente, ter a coragem de colocá-la como força de anseio em nosso coração e voltar totalmente nosso coração a esse anseio.

Pois, como foi dito, "onde está o seu coração, também está o seu tesouro", o que significa que se o coração estiver de fato voltado a esse anseio poderoso, então o poder desse anseio se torna a nossa força. Mesmo na desalentada realidade da existência egocêntrica, se tomamos a decisão de trilhar esse caminho - que parece impossível para o eu - na força do outro sagrado em nós, na força da vontade universal em nós, a primeira boa semente germina.

A semente da rosa do coração começa a germinar. Pois todo aquele que escolhe conscientemente trilhar a senda, torna seu coração em terreno fértil para germinar a semente: "Rosas florescem – Sete Portais abrem-se para um país almejado como libertação pelos desalentados. Os que elegeram o caminho dos pioneiros, tomando a senda mais difícil, são os primeiros a receber a boa-nova do desabrochar das rosas".

A primeira boa semente de Hermes, a virtude da rosa, a semente de mostarda, germina no coração do aluno que se dedica conscientemente ao caminho, e assim, a rosa floresce. Quando, pela dedicação do coração, o aluno trilha a senda mais difícil, então um segundo milagre interior pode se revelar: a força da rosa do coração eleva-se ao santuário da cabeça do aluno, e lá acende a luz de uma nova compreensão. O aluno abre-se ao segundo toque do Espírito sétuplo, e o raio da inteligência criadora, a inteligência da consciência superior, penetra sua compreensão, abrindo-lhe a visão da alma.

A cada passo do caminho essa visão da alma lhe dá a capacidade de desvendar seu mundo interior, abrindo-lhe o verdadeiro autoconhecimento, o conhecimento de primeira-mão. Na medida em que o aluno persevera, essa luz interior da visão da alma cresce em força e em poder e projeta-se para fora, como se seus olhos se tornassem um poderoso farol que ilumina a noite. Nessa luz o aluno vê a si mesmo, vê tudo e todos ao seu redor. Nela o aluno desvenda seu destino, compreende os caminhos e descaminhos de sua vida, de seu carma e de todas as suas experiências. Nessa luz o aluno transforma sua vida na senda da nova vida.

E ele o faz pela transmutação da luz que flui em sua compreensão, que seus olhos projetam como um novo caminho de vida. Por isso lemos nos Sete Portais: "Sete forças restauradoras fluem – através de suas almas feridas e o fulgor que penetra por suas janelas torna-se a senda em que avançam". Assim a segunda semente de Hermes floresce, a temperança, a capacidade de encontrar o equilíbrio, o caminho do meio, em todas as situações da vida.

Os extremos, os opostos criados pela consciência eu gradualmente se desvanecem, como as sombras que desaparecem ante a luz da aurora. Os conflitos, as oposições, as incoerências, tudo isso vai se dissipando como a névoa quando amanhece, pois a luz de uma nova consciência se eleva no aluno. Com perseverança, esse aluno prossegue passo a passo, experiência a experiência. Cada passo, iluminado pela luz da alma, forma a senda sobre a qual ele avança. A segunda semente floresce em seu santuário da cabeça como a luz da nova consciência. E a essa luz, que nasce do trilhar da senda, pelo persistir que se transforma na própria senda, damos o nome de esperança.

Assim, três novos valores fluem e confluem um no outro, transformando-se em uma poderosa unidade, na realidade de uma nova compreensão, que transforma a nova compreensão em realidade.

Perseverança - Temperança – Esperança. O aluno descobre o bem único: o caminhar sobre o único bem! Ele utiliza a força da ligação de fé e, mesmo em sua fraqueza, avança mais um passo. Ele aplica a luz que nele se eleva, criando a senda do meio, no meio de sua vida. Ele eleva seus olhos aos montes interiores do Espírito, e nele brilha a luz da esperança. A esperança que é a certeza de que a luz brilha na escuridão, a certeza na qual toda a escuridão se desvanece ante o brilho da luz. A esperança, que é a própria luz da nova consciência, que nele brilha.

E assim, finalmente, pelo seu sacrifício de amor, o aluno cria a senda pela qual todo aquele que busca e anela também se eleva na luz: "Para que esse caminho de luz através dos sete portais possa, um dia, ser percorrido por todos, Cristo fez desabrochar rosas vermelhas em tua sagrada cruz".

Que um dia, também possamos testemunhar, com a força daqueles que falam com base no conhecimento extraído de sua própria experiência: "O bom aluno é aquele que persevera até o fim"

44. A ESCOLHA

O amor, como força pura, original e universal é a própria seiva da vida, que pulsa em tudo o que existe. Por isso, na Carta aos Coríntios Paulo afirma que a soma de todos os dons humanos e celestes, se desprovidos desse amor, reduzem-se a nada, o que significa que o verdadeiro amor é a própria vida. Ele é mais excelente do que a fé e a esperança, e também a maior e mais excelente das três sementes divinas mencionadas por Hermes. Pois quando o amor germina na alma humana, ele manifesta a vida perfeita e verdadeira, a bem-aventurança.

Vivemos distantes desse amor universal. O que o eu denomina de amor é parcial, restrito, dado a uns em detrimento de outros, é escasso, mesquinho e excludente, que gera um mundo de escassez, mesquinhez e exclusão. Essa parcialidade é reflexo da dualidade que carregamos e causa do sofrimento da consciência egocêntrica. Tudo o que fortalece o eu é digno de seu amor parcial, tudo o que o ameaça é digno de seu ódio incondicional.

Por essa razão o amor do eu é frívolo e volátil, pois ele não ama de verdade a nada e a ninguém, ele apenas se apropria daquilo que lhe convém. Quando conveniente ele é gentil e amoroso com as pessoas, quando não, elas encontram sua face fria e indiferente. Os relacionamentos humanos são uma prova disso: os interesses do eu explicam por que amamos uma pessoa num dia e a odiamos no outro. As pessoas seguem essa gangorra insana de amor e ódio, presas em um círculo vicioso, onde as situações, os nomes e as pessoas mudam, mas a estória contada pelo eu - a partir de seus interesses - é sempre a mesma.

O cerne dessa questão é a constituição da consciência egocêntrica que, em sua essência, é um agregado de apegos. O que nos diferencia uns dos outros são nossas preferências, gostos e apetites, que se refletem nas pessoas, situações e coisas às quais nos apegamos: a essência desse "eu mesmo" é uma coleção de apegos, como uma colcha de retalhos. Com esse amontado de apegos caóticos e irregulares, cerzidos, emendados e remendados uns nos outros, partimos em busca do amor verdadeiro, projetando nos rostos alheios a caótica imagem desses apegos, esperando reconhecer o par perfeito, a cara metade, a família ideal, o emprego ideal, o lugar ideal para viver.

Quem investiria seu tempo buscando um par perfeito de duas colchas de retalhos? Mas é isso que fazemos quando usamos a parcialidade do eu como medida para encontrar um amor verdadeiro e perfeito. Projeções, apegos, idealizações, frustrações. Depois outra tentativa, e mais outra.

O ensinamento universal nos alerta que, em realidade, o eu não consegue amar. Ao ouvirmos isso relativizamos as coisas, tentando encontrar um outro ângulo para nos justificar, afirmando que, ainda que por caminhos tortos, sim, conseguimos amar, pois amamos nossos pais, filhos e família, e se isso não é amor, então, o que é?

Esta é uma questão sutil e profunda, que encerra o segredo da terceira e mais poderosa das sementes divinas, o amor universal, o guardião da força da verdadeira vida. A maneira como reagimos a ela determina que tipo de vida e de amor conhecemos: a vida do eu, com seu amor parcial, ou a vida de alma, onde brilha o amor universal. Qual a chave desse segredo tão poderoso, que pode nos libertar do amor parcial do eu e nos levar ao amor universal da nova alma?

A chave encontra-se no fato de que o verdadeiro amor não é um sentimento. Ele não pode ser um sentimento, e muito menos um desejo, pois sentimentos e desejos sempre nascem das correntes astrais e etéricas polarizadas pelos apegos da consciência-eu. Tais correntes sempre se manifestam através de um polo negativo, que atrai o que quer reter, e um polo positivo, que repele o que não quer reter. Assim, desejos e sentimentos, por puros e nobres que sejam, sempre são parciais, eles jamais produzem uma resposta absoluta, pois nascem de uma origem relativa.

Buda afirmava que a causa do sofrimento é o apego, pois o apego cria, no mesmo instante, a dualidade, a parcialidade. E a dualidade põe em movimento as forças etéricas e astrais dos desejos e sentimentos, lançando o ser humano na busca de algo impossível, pois o que o eu busca é a sua própria imagem, que nada nem ninguém consegue replicar. Isto explica o sofrimento de um indivíduo, de um povo e de toda a humanidade. Isso explica os infinitos ciclos de crises insolúveis, individuais, coletivas e humanas. Portanto, a chave para encontrar a semente do verdadeiro amor, e dela fazer fluir a poderosa seiva da vida verdadeira, jamais poderá ser encontrada nesse amor parcial, por mais sublime que ele pareça.

A chave é descobrir que o verdadeiro amor é uma escolha. Não uma escolha da vontade parcial do eu, baseada na falsa dualidade de bem e mal que a leva a atrair ou repelir algo. Trata-se de outro tipo de escolha, da escolha integral que nasce da força una e não dual, resultado da renovação total do triângulo da alma por três raios do Espírito sétuplo.

Vimos que a fé surge como poderosa força de ligação, quando voltamos o coração anelante à centelha do Espírito que se tornou ativa nele. A vontade universal liga-se ao coração e a primeira semente divina germina na alma. A esperança nasce no ser humano quando a força de ligação no coração se eleva à sua compreensão, iluminando o santuário da cabeça. A inteligência universal liga-se à cabeça e a segunda semente divina germina na alma. Até este momento, nenhuma ação concreta foi realizada: existe a força de uma ligação e a luz de uma compreensão, mas a força da nova alma ainda não mergulhou diretamente na vida.

Toda a inspiração e deslumbramento interiores, por mais belos que sejam, somente fazem sentido quando se tornam reais, concretos e transformam a realidade da vida. Por isso Paulo constata: "sem amor, eu nada seria..."

A terceira e mais poderosa das sementes divinas - a bem-aventurança, o amor verdadeiro - precisa agora germinar na alma humana, como a seiva da nova vida. O que torna essa semente ativa não é mais o toque do Espírito nem a iluminação instantânea de uma nova compreensão. O que torna a semente do amor divino ativa na alma humana é sua escolha de viver cada experiência da vida diária a partir da força do Espírito e da luz da nova compreensão que dela nasceu.

O ser humano que se encontra no caminho pode realizar essa escolha pela ação da dedicação inabalável, esse raio do Espírito que lhe concede a capacidade de elevar seu santuário da vida acima das correntes etéricas e astrais da consciência-eu, até o coração purificado onde arde a centelha do Espírito, a força da vontade universal. Não se trata de forçar o ego a amar a Deus, o próximo e a humanidade, com um sentimentalismo místico, uma idealização elevada, ou reprimindo seu ser natural.

Trata-se, apenas, de colocar-se a serviço do todo, neste instante. Não amanhã, não quando a iluminação chegar, ou quando as condições ideais surgirem. Trata-se de utilizar o fogo do Espírito e a luz da alma na única realidade que existe, a vida diária, deixando de lado todas as fantasias, devaneios e especulações.

Quando elevamos a vida ao coração, o coração mergulha na vida. Quando nos elevamos acima da dualidade e da parcialidade do eu, colocando-nos a serviço da vontade universal, aplicando o que a inteligência divina manifestou em nossa compreensão, então a força Una do verdadeiro amor começa a fluir em nós, como a seiva da árvore da vida, o elixir da nova vida. Tal aluno se reconcilia com seu destino, com as circunstâncias de sua vida e com seus semelhantes. Ele finalmente começa a viver sem conflitos e já não luta para atrair ou fugir de algo. Suas ações nascem de seu coração, da força da rosa do coração.

Esta força não conhece divisão, não julga e não luta. Ela apenas aceita cada ser humano e cada situação como eles são. Nessa aceitação ela se oferece por inteiro, ela se dedica por inteiro, em uma dedicação inabalável. Mediante essa vida servidora, além do eu e do meu, o solo da vida da alma vai se purificando do veneno do egocentrismo, e torna-se, novamente, em solo fértil, que faz germinar a terceira e mais poderosa semente divina, a semente do amor, que brota como a seiva da vida verdadeira, nutrindo a tudo e a todos a seu redor. O maior dentre todos os dons terá nascido nesse aluno, pois à ligação da fé, terá se acrescentado a luz da esperança, que agora se transforma no grande poder do amor universal.

Essas três forças, como três luzes, finalmente surgem e se alinham no triângulo da alma humana, que assim se reconcilia com sua essência. As três sementes divinas florescem em seu ser, e seus frutos são sua provisão no caminho que ela cria, para si mesma, e para toda a humanidade. Estes são os sinais da grande mudança no triângulo da alma.

No biênio 2020/2021, tão peculiar, os sinais dessa mudança se desenham também nos céus, como poderosos sinais, em uma conjunção muito particular, cuja precisão surpreende por sua similaridade com a que ocorreu há séculos, no período de manifestação da Rosacruz na Renascença, e da Fraternidade dos Cátaros, na Idade Média. Nesta noite do solstício, Júpiter, Saturno e Plutão se alinharam no céu, formando a estrela mais brilhante do firmamento, chamada no passado de estrela dos Magos, a estrela de Belém. Assim, a encruzilhada humana diante da velha senda do eu e da nova senda da alma torna-se visível nos céus.

Na senda do eu, Saturno nos leva à repetição dos ciclos do carma e do destino. O orgulho do velho Júpiter reforça o isolamento da consciência eu, e Plutão, o rei do mundo dos mortos, nos leva à desmaterialização negativa. Na senda da alma, elevamos as correntes astrais ao coração e Saturno nos conduz aos portais da eternidade no tempo. A nova consciência jupiteriana reluz qual farol no santuário da cabeça, e Plutão transmuta a matéria, onde a morte é tragada pela vitória.

Neste momento, toda a humanidade está colocada diante de uma escolha que definirá o curso dos acontecimentos futuros. Neste momento único da história, como alunos e alunas da Escola Espiritual, façamos a grande escolha de nossas vidas: a escolha de trilhar a vida a serviço da luz, para que a luz nasça em nossas vidas, a cada momento. Cada momento de nossas vidas possa ser um testemunho da própria luz!

Que a luz da Fraternidade da Vida nos acompanhe nos dias vindouros. Que permaneçamos assim ligados à sua luz, hoje e sempre!

45. ARQUÉTIPOS MATERIAL, ANÍMICO E ESPIRITUAL

À luz do ensinamento universal, a Escola Espiritual concebe o ser humano e sua manifestação como o resultado da junção de três arquétipos: um arquétipo espiritual, representado pela mônada e pelo microcosmo; um arquétipo anímico, representado pelos corpos sutis mental, astral e etérico sutil; e um arquétipo material, representado pelos corpos material e etérico denso.

O processo da transfiguração, que é o objetivo da Escola Espiritual, consiste na transmutação do arquétipo anímico a partir do arquétipo espiritual. Isto é, a transfiguração dos corpos mental, astral e etérico sutil deve ser realizada a partir da mônada e do campo da vida universal do microcosmo. Quando esse processo ocorre em sua plenitude, os corpos sutis se libertam do arquétipo material, pois já não dependem mais da energia transmutada pelo funcionamento biológico do corpo material e de sua imagem energética, que é o corpo etérico denso.

 Quando o corpo material morre e o corpo etérico denso

se desvanece, os corpos sutis podem continuar funcionando de maneira independente e autônoma, a partir da energia que emana do arquétipo espiritual, ou seja, a partir do fogo da mônada e do campo da vida universal do microcosmo.

Esse processo sempre começa do alto, do próprio arquétipo espiritual, e jamais pode ser realizado a partir de uma cultura, refinamento ou treino da consciência-eu, que utiliza o arquétipo material como base de sua existência. Pensemos aqui no belo símbolo da árvore da vida, a árvore invertida, cuja raízes encontram-se no céu, cujo tronco cresce em direção à terra, e cuja copa, folhas e frutos espalham-se sobre o mundo. Esse símbolo indica que o ser humano que renasceu e trilhou o processo da transfiguração, vive a partir do alto, ou seja, sua força vital provém de seu arquétipo espiritual, da mônada e do microcosmo.

É nessa força espiritual que ele encontra a raiz da árvore de sua nova vida. Dela ele se nutre, e nela ele encontra a base que lhe permite construir sua nova alma. Da força do campo espiritual, vertida sobre ele como a seiva da árvore da vida através do círculo ígneo da pineal, ele pode construir o seu tronco, que representa o novo sistema do fogo serpentino. Assim, através de seu corpo etérico sutil transfigurado, a veste sem costuras da nova alma-Espírito verte sobre seu arquétipo material, através do santuário da vida, todas as bênçãos da árvore da vida para o mundo e para a humanidade, espargindo consolo, cura e alimento para todos. Em outras palavras, através de sua vida e de todas as suas ligações, ele irradia as forças que emanam de seus três corpos sutis transfigurados: uma nova força mental, astral e etérica.

Esse ser humano se encontra no mundo, mas já não é mais do mundo. Isso significa que o funcionamento de seus corpos sutis não é mais condicionado pelo arquétipo material, do qual antes dependia totalmente. Em suma, a base do processo da transfiguração não é o cultivo, melhoria ou harmonização do arquétipo material visando uma suposta sutilização e elevação do arquétipo anímico, mas sim a transmutação do arquétipo anímico a partir do arquétipo espiritual. Por isso o caminho da Escola Espiritual não é o cultivo, melhoria ou harmonização do eu e da alma natural mas, sim, o florescimento de um totalmente novo estado de consciência, de uma nova alma, diretamente a partir do arquétipo espiritual, da mônada e do microcosmo.

Com base nesse conhecimento, abordemos o combate da atual pandemia representado pelo surgimento das diferentes vacinas contra a Covid-19 e sua relação com o processo espiritual.[54] Há

duas indagações que vários alunos se têm feito a esse respeito :

- "As vacinas representariam um obstáculo para o processo proposto pela Escola Espiritual?"
- "Tal processo poderia de alguma forma imunizar seus alunos contra esta pandemia?"

A resposta da Escola Espiritual a essas indagações é clara e enfática: Não! As vacinas não representam obstáculo para a realização do processo espiritual e o processo espiritual não pode

54 É importante enfatizar que a Escola reconhece plenamente a autoridade dos órgãos reguladores e de controle sanitário, bem como do conjunto da comunidade científica do país e do exterior, que trabalha intensamente no desenvolvimento, análise e aprovação de todas as vacinas que se encontram disponíveis para a população, visando o combate da pandemia atual. Graças a estudos pré-existentes, aos avançados meios tecnológicos disponíveis e ao esforço de milhares de cientistas e profissionais da área, tornou-se possível o desenvolvimento, em tempo recorde, de várias alternativas de vacinas, que estão sendo utilizadas com segurança e eficácia pela população, permitindo o retorno lento, porém gradual e consistente, à normalidade do convívio social. A Escola Espiritual da Rosacruz Áurea expressa seu agradecimento a todos aqueles que trabalharam intensamente para que isso pudesse ser realizado e faz coro com todos os organismos nacionais e internacionais de medicina e saúde, no sentido de que tais alternativas sejam utilizadas por toda a população, salvando vidas e assegurando a normalização da vida em sociedade.

imunizar contra esta pandemia. A razão dessas respostas está no fato de que os vírus e as vacinas que deles nos imunizam atuarem essencialmente no arquétipo material do ser humano, portanto, nos seus corpos físico e etérico denso.

Por agirem essencialmente no arquétipo material as vacinas não podem influenciar diretamente um processo de transfiguração que esteja em curso pela interação dos arquétipos espiritual e anímico, e o processo espiritual em curso nos arquétipos espiritual e anímico não pode imunizar o arquétipo material contra um invasor externo.

O fundamento encontra-se na própria característica do vírus: sua estrutura é muito mais simples do que a de uma célula comum, não se podendo, a rigor, classificá-lo como um ser vivo. Ele é constituído por uma longa cadeia de DNA ou RNA, envelopada por uma esfera de lipídios, o que o torna totalmente dependente das células de um ser vivo para poder se reproduzir.

A ciência afirma que os vírus são tão antigos quanto as primeiras manifestações da vida unicelular, tendo surgido há bilhões de anos, possivelmente a partir de fragmentos de material genético auto replicante trocado entre os primeiros seres vivos. Sendo assim, à luz do conhecimento universal fica claro que a composição de um vírus se encontra apenas no espectro de manifestação do arquétipo material, pois ele é constituído de material genético, agregado de proteínas, lipídios e outras substâncias materiais, que possui em si uma memória mecânica de funcionamento, portanto uma memória energética, também denominada de éter químico.

As substâncias materiais e o éter químico, onde reside a memória energética de funcionamento do mundo material, são os principais componentes do arquétipo material. Como o vírus não possui capacidade de viver por si mesmo, ele também não possui nenhum éter vital, que é o éter que permite a manifestação da vida a partir de um arquétipo anímico sutil. Tudo o que ele possui é uma forma material e uma memória de replicação energética ou, na terminologia da Escola, uma concentração muito elementar de éter químico.

A ação de uma vacina que imuniza contra um vírus age exatamente nessa memória, ou seja, na capacidade de nosso sistema imunológico de responder a um ataque, a partir da integração em seu sistema de uma informação prévia a respeito de um invasor em potencial. Todas as vacinas que estão sendo utilizadas para combater a pandemia atual fazem apenas e tão somente isso, seja as que se baseiam em vírus inativos, ou as que utilizam proteínas ou instruções do DNA ou RNA do vírus.

Elas ensinam as células de nosso sistema imunológico a produzir uma resposta de memória, ou seja, uma nova informação capaz de antecipar o possível ataque do vírus, preparando o organismo para reconhecer e combater o invasor, e assim impedir sua proliferação. Em outras palavras, elas agregam uma nova informação à memória biológica de nosso sistema imunológico, e assim também ao éter químico do corpo etérico denso, cuja função é manter o corpo material em funcionamento, como se fosse a atualização de um software, que impede a invasão do vírus.

Dessa maneira, pode-se comparar as vacinas ao upgrade do software do sistema operacional da máquina de nosso corpo físico. Esotericamente falando, elas representam uma informação que é agregada ao nosso corpo etérico denso, para que ele seja capaz de fazer frente ao carma acumulado do mundo e da humanidade, fruto do desequilíbrio ambiental e da vida antinatural da humanidade egocêntrica, carma contra o qual mesmo a transfiguração do arquétipo anímico é incapaz de imunizar.

Assim como quando um aluno fratura um osso ou rompe uma artéria, nem se questiona a necessidade de um tratamento urgente que lhe restaure a forma corpórea e assegure o restabelecimento do equilíbrio da vida e a continuidade do processo espiritual, da mesma forma devemos nos regozijar com a possibilidade da imunização oferecida pelas vacinas, que vêm para o combate da atual pandemia. Fazer uso delas não é apenas uma atitude individual lógica e sensata, mas também uma prova de altruísmo e senso comum, qualidades essenciais a qualquer ser humano que trabalha em prol da libertação do mundo e da humanidade.

É essencial que nos fortaleçamos interiormente, alimentando nossa ligação interior, focalizando o olhar na senda que se encontra aberta diante de nossos pés, utilizando todas as possibilidades ao nosso alcance para trilhar o caminho, com positividade e responsabilidade, perante nós mesmos e todos a nosso redor.

46. A CONQUISTA DA SERENIDADE

A necessidade de sobreviver e de se comunicar é a base da vida humana. Somos seres fundamentalmente sociais e, por isso, um dos piores castigos é o isolamento e a rejeição social. A comunicação humana é um instrumento rico na utilização de todos os recursos disponíveis: a postura corporal, as expressões faciais, o tom e o som da voz. E esse instrumento tem um objetivo, uma intenção. Por vezes conversamos de forma objetiva, com pouca emoção. Outras vezes conversamos com alguém para desabafar um problema, ou melhor, desabafar em alguém. Então essa conversa é recheada de emotividade. Também podemos usar a comunicação para defender nossos pontos de vista, como quem defende uma cidade. Nesse caso, há muita tensão, pois o objetivo é produzir uma reação, positiva ou negativa.

Há vários anos as mídias sociais vêm oferecendo novas forma de comunicação, sem a necessidade de interação física. Nesta época de pandemia, em decorrência do isolamento social, houve uma verdadeira explosão, em intensidade e abrangência, da comunicação virtual. Ao invés de encontros presenciais com familiares e amigos, reuniões de empresa ou mesmo em nossa Escola Espiritual, fazemos uso dos meios virtuais para essa interação. Na falta da interação física, e tendo em vista o aspecto quádruplo da personalidade humana, o corpo que ganha destaque na comunicação virtual é o astral, juntamente com o mental. Posta-se e recebe-se fotos, vídeos e mensagens. Expomos ao mundo a nós mesmos, a nossa família e os nossos amigos, bem como coisas que fazemos em nossa vida.

Dessa forma emitimos e recebemos uma infinidade de ideias, de pensamentos, de emoções e ainda a energia que emana de tudo isso. Somos inundados por sentimentos contraditórios, o que pode produzir grande agitação. As ruas estão mais vazias, mas o campo enérgico pessoal está sobrecarregado, eletrificado, pelo estímulo a reagir a tudo o que se recebe, numa cadeia de reações que funciona da seguinte maneira: como não há tanta ação física, o corpo astral precisa reagir, e sua ação é direcionar mensagens emotivas ou polêmicas como forma de manifestação. É como se em nossa atmosfera pessoal mantivéssemos uma corrente elétrica constantemente polarizada: recebemos uma informação e temos que reagir imediatamente.

O pensamento pode ser o início ou o fim de uma cadeia de reações. Mas, nesse ciclo fechado, a mente perde a liberdade de reflexão, e se torna escrava dos sentimentos. A esse respeito Jan van Rijckenborgh alertou diversas vezes que "cinco minutos de pensamentos irrefletidos danificam mortalmente nossa alma (mentalidade)".

Essa famosa frase foi proferida entre as décadas de 1940 e 1950 quando a população mundial girava em torno de três bilhões de pessoas e tudo funcionava em um ritmo muito mais lento que o atual. Naquela época, a notícia de um evento ocorrido na Holanda chegaria em um ou mais dias ao Brasil, ou talvez nem chegasse. Hoje somos mais de sete bilhões de pessoas e tudo funciona num ritmo muito acelerado, quase instantâneo: a notícia nos chega em segundos e produz reações imediatas. Por isso, hoje a atmosfera astral está potencializada em uma ordem infinita, não havendo mais tempo para pensamentos irrefletidos, pois eles danificarão nossa liberdade de expressão.

A reatividade nos torna muito mais condicionados do que sempre fomos. Como em um exercício de Pavlov global reagimos em blocos, cada um com seu conjunto de verdades reagindo a outros blocos com outro conjunto de verdades. A reação positiva ou negativa sempre se dá nesses blocos. A indústria do entretenimento percebeu que nos tornamos seres meramente reativos e passou a monetizar a polêmica, a polarização. Canais que alimentam a polêmica estão fazendo milionários nas mídias digitais.

Como participantes da vida planetária nós, alunos da Escola Espiritual, participamos em algum grau dessa comunicação virtual, o que requer séria reflexão. Pergunte-se: Até que ponto estou emocional e mentalmente envolvido com essa comunicação? As imagens, as mensagens e os vídeos que posto causam uma reação em cadeia que gera agitação desnecessária em mim e nos outros? Aquilo que recebo me afeta negativamente, produzindo agitação emocional e mental? Isso está de acordo com o que almejo em meu processo interior?

A tarefa de um rosacruz moderno é viver no mundo, em qualquer circunstância, de forma absolutamente revolucionária. Essa forma revolucionária foi expressa no cristianismo como "viver o mundo sem ser do mundo". Isso não significa de maneira alguma indiferença ao que acontece ao nosso redor, mas uma forma de neutralidade que precisa ser conquistada para preservar a serenidade. Só na serenidade podemos atingir o imprescindível autoconhecimento, que é a chave para a liberdade interior, a verdadeira autonomia espiritual.

Como é possível obter autoconhecimento em meio à reatividade e agitação no falar, no pensar, no sentir e no agir? Como é possível a auto rendição, quando se defende ardorosamente pontos de vista como verdades materializadas?

Por outro lado, o autoconhecimento real nos possibilita a percepção profunda de como reagimos aos estímulos do mundo exterior, inclusive das mídias. O autoconhecimento ativo transforma essa percepção não no seu oposto, do tipo pensar positivo no qual a gratidão é sua expressão contemporânea, mas no único caminho da liberdade: a neutralidade de si mesmo. A neutralidade conquistada reduz as tempestades magnéticas e nos acalma. Não sentimos mais necessidade de alertar a todos das ameaças que surgem, sejam elas quais forem. A imaturidade do corpo mental concreto, ainda pouco elaborado, e a ausência de um princípio do corpo mental abstrato, nos transforma em vítimas do ambiente astral altamente energizado em que vivemos.

Um ser humano maduro interiormente, que consegue estabelecer conscientemente ligação com o princípio transcendental em si mesmo, não se deixa levar pelas ondas astrais com tanta facilidade. Por não se deixar levar, não desperdiça suas energias em reagir prontamente a tudo que surge em sua mente, ou em sua tela de computador ou celular. A purificação advinda do autoconhecimento ativo abre o caminho para que nossa mentalidade tenha contato com o princípio transcendental em nosso interior. Purificação dos sentimentos, dos pensamentos e da forma de agir significa, neste sentido, silenciar, aquietar-se. Nesse silêncio interno absolutamente transformador é possível encontrar a paz, a paz que permite recriar um novo cosmos, livre do astral comum formado pela materialização dos pensamentos e desejos que cobram reações sistemáticas.

A partir dessa nova condição é possível perceber o poder devastador do pensar e agir irrefletidos. Uma devastação que atinge o processo iniciático individual e coletivo de toda a humanidade. Do ponto de vista prático, é preciso assumir a responsabilidade pela quantidade e qualidade das informações que trocamos, e sejamos parcimoniosos: o campo astral da humanidade não precisa de mais pedras lançadas em sua atmosfera. Mas além disso, podemos reconhecer que é possível intervir de forma inteligente e libertadora.

Para nos apoiar, transcrevemos um dos mais belos textos do conhecimento universal. Nessa passagem, Hermes Trismegisto se dirige a Asclépio nos diálogos sobre a mente e os sentidos:

"Porque a percepção e a faculdade de pensar do mundo, criadas com o intuito de ser instrumentos da vontade de Deus, dão forma a todas as coisas e as fazem dissolver-se novamente, para que, guardando em seu seio todas as sementes que receberam de Deus, produzam todas as coisas segundo sua própria tarefa e vocação, dando-lhes, ao dissolverem-nas novamente, a renovação; deste modo, como um hábil jardineiro da vida, proporcionam-lhes a renovação após as terem dissolvido, fazendo-as se manifestarem de modo diferente"[55].

Esse processo descrito por Hermes poderia ser resumido como: tudo receber, tudo abandonar e assim tudo renovar. Esse princípio hermético de vida tem um grande poder de transformação, quando utilizado. "Tudo receber" significa que não há como se fechar para o mundo externo. "Tudo abandonar", por outro lado, significa que é preciso sabedoria (inteligência) para não se fixar, não se transformar em um ser aprisionado por ideias ou qualquer coisa que venha de fora. Por fim, "tudo renovar" no que toca ao que é recebido: essa é a grande chave que uma escola de mistérios coloca como o único essencial para seus alunos.

Essa chave tríplice tem como ponto de mutação o "tudo abandonar". Não podemos evitar o receber, mesmo sem sair de nossas casas. Mas precisamos urgentemente exercer a neutralidade que permitirá a manifestação de uma forma amorosa do "abandonar", caso contrário não haverá nenhuma renovação real na vida.

Certamente esse é um processo que precisa ser realizado com muita dedicação e certa sabedoria, mas tudo começa de

55 Rijckenborgh. *A Arquignosis Egípcia*, tomo III. p.50

forma bem simples; medidas simples abrem as portas para medidas cada vez mais profundas. Considere algo bem prático, que certamente poderá ser usado em nosso dia a dia. Damos muita importância à higiene em nossas vidas. Tomamos banho, escovamos os dentes, lavamos as mãos para nos manter limpos. Limpamos nossas casas. Evitamos alimentos tóxicos, a poluição do ar e da água. Sabemos que esses princípios de higiene são muito importantes para nossa saúde. Mas temos esse mesmo cuidado com a nossa atmosfera interna? Evitamos que entrem em nós toxinas mentais de notícias e conversas negativas? Evitamos pensamentos de pessimismo, desânimo, crítica, conflito? Evitamos ficar remoendo culpas, remorsos, raivas, ressentimentos, preocupações? O cuidado com nossa atmosfera interna é um aspecto fundamental no processo de purificação tão necessário em nossa senda interior, cuidado que nos capacitará a discernir nossos impedimentos internos e alcançar a tão necessária neutralidade. Isso é "estar no mundo, sem ser do mundo". A seguinte passagem do Tao Te King traz uma síntese do que foi exposto:

"Quando todos sob o céu afirmam que o belo é belo, o feio se manifesta.

Quando todos pensam saber tão bem o que é bom, o mau se manifesta.

O ser e o não-ser geram um ao outro.

O difícil e o fácil produzem um ao outro.

O comprido e o curto provocam mutuamente as diferenças na forma.

O alto e o baixo criam sua desigualdade recíproca.

O som e a voz se harmonizam mutuamente.

O antes e o depois sucedem um ao outro.

Por isso, o sábio faz do não-fazer sua tarefa;
ele ensina sem usar palavras.
Quando a obra está terminada, ele não se prende a ela; e justamente por não se prender a ela, ela não o abandona".[56]

Lao Tsé nos mostra nesse trecho que quando nos apegamos a qualquer dos polos de uma questão dinamizamos imediatamente o polo oposto, e assim criamos uma dualidade de forças, uma tensão, uma agitação. O não fazer, mencionado por Lao Tsé, significa estar no centro, na neutralidade, onde cessa a dualidade, e se estabelece a calma e a harmonia. Esse centro é o eterno em nós, nossa centelha espiritual, que está ligada ao grande Uno, o Absoluto. É ainda Lao Tsé quem diz:

"Força oculta, segredo eternamente intangível.
Ó clara e silenciosa fonte de onde jorra a vida.
Do mais profundo do ser, estamos ligados a ti.
Do Uno imenso flui a multiplicidade incontável.
Mas eu, que conheço o caminho dentro do labirinto, não me deixo enganar por fogos-fátuos.
Seguro o fio que me liga ao centro.
Observo calmamente, onde outros lutam em vão.
Não desempenho nenhum papel na pomposa cena do mundo.
Por isso nada aparento aos homens vãos.
A maioria corre atrás de uma parte do todo.
Meu é o Universo. Que mais posso desejar?"[57]

---

56 Rijckenborgh; Petri. *A Gnosis Chinesa*, p.32

57 Rijckenborgh; Petri. *A Gnosis Chinesa*. p.17 e 20.

47. DISCERNIMENTO

Em momentos de crise somos colocados perante questões que sempre estiveram presentes, mas que a rotina e a aparente normalidade parecem esconder. É como se houvesse um poço profundo no porão de nossa casa, em nossa consciência, onde lançamos todos os pensamentos e emoções que nos desagradam mas que, nesses momentos, se avolumam a tal ponto que transbordam e inundam toda a residência, nos tirando a paz duramente conquistada.

Pode-se reconhecer que essa paz nunca foi plena: há sempre um ruído por trás do silêncio aparente ou "um incêndio sob a chuva rala", como cantava um poeta. De vez em quando ocorrem pequenos tremores de terra, ou se ouve ruídos vindos do porão. Mas geralmente é possível aumentar o som da TV ou do celular para abafá-los. Porém, com a crise, o ruído se torna insuportável e o tremor é tão intenso que tira tudo do lugar. Perdemos o chão e percebemos que não há segurança alguma –as posses amealhadas e tudo com o que se conta pode nos ser tirado num instante, até nossa própria vida.

Mesmo em condições de aparente normalidade exterior, muitos vivenciam crises existenciais. Por mais dolorosas que sejam, se essas situações são vividas com amadurecimento interno, podem ser a chave de uma transformação profunda. As crises existenciais, tenham ou não gatilhos externos, não vêm para causar sofrimento; ao contrário, vêm para nos tirar do torpor, da inércia, da inconsciência, pois já não é mais possível manter as aparências e empurrar o sofrimento para as profundezas do ser. E é a partir dessas vivências que se revela a necessidade de uma mudança real.

Lembremos, por exemplo, da história de Buda, palavra que significa "o desperto". O nome civil de Buda era Sidarta Gautama, e é dito que ele nasceu numa família nobre, cerca de cinco séculos antes de Cristo, no norte da Índia. Seu pai queria que ele seguisse sua carreira, e por isso tentou esconder do filho a visão do sofrimento humano, pois uma profecia dizia que ele poderia se tornar um sábio e se afastar das obrigações familiares. Porém, num certo ponto da vida, já adulto, Sidarta teve contato com três personagens: uma pessoa idosa, sofrendo com as dores da idade, uma pessoa doente, e uma pessoa morta, sendo cremada.

Pode parecer estranho alguém tomar conhecimento da velhice, da doença e da morte apenas em sua vida adulta. Mas essas imagens querem chamar a atenção para o momento de amadurecimento ou conscientização dessas coisas pois, apesar de todos saberem intelectualmente que a morte é um fato incontestável, a maioria vive como se fosse eterna, ou acredita que de alguma forma o eu é eterno.

Sabe-se que a intuição do pai de Buda era correta porque, ao reconhecer a impermanência da vida, ele abandonou as condições luxuosas de sua casa e passou a se dedicar à busca interior pela libertação do sofrimento – não apenas do seu sofrimento individual, mas do sofrimento de todos os seres. Foi um longo caminho até atingir a iluminação e, então, poder auxiliar outros a seguir o mesmo caminho.

Assim como a história de Jesus precisa se transformar em realidade interior, também é preciso ler a história de Buda como o relato de nossa própria vida interior. O caminho do desencanto e da busca é o de todos os alunos. Como Sidarta, certamente já constatamos a natureza impermanente da realidade manifestada, pois a impermanência é o próprio movimento do tempo. Qualquer construção temporal está sendo desconstruída desde o início, pois o novo está presente a cada instante.

A mais bela flor do campo não dura muito. Nas árvores frutíferas, a flor se transforma em fruto, que amadurece até ser colhido, ou cai e apodrece. A própria árvore, ainda que viva séculos, também tem fim. Isto também é verdade no tocante à vida dos animais e do ser humano. Mesmo as grandes civilizações seguem o ciclo de crescimento, apogeu e decadência. E algo similar ocorre com os planetas, as estrelas, as galáxias e todo o universo conhecido.

A impermanência não está apenas na experiência da morte ou do fim, mas em todo o movimento que vai da vida à morte, e da morte a uma nova vida. Tudo está em contínua transformação e movimento, pois é assim que o Espírito universal age sobre a matéria. Por um lado, o Espírito é o absoluto, transcendente, e está além de qualquer descrição e de toda a manifestação. Mas em seu aspecto imanente, relativo, ao tocar a matéria Ele se manifesta como a imagem de um ideal, de um plano universal, tanto no sentido coletivo como no individual.

Pode-se comparar a atuação do Espírito sobre a matéria com a ação do escultor sobre a pedra bruta, buscando transformá-la na imagem que concebeu na mente. Porém, a escultura da natureza se manifesta como imagem vivente, num movimento contínuo de transformação, e não como a forma sólida e estática de uma escultura de pedra. Qualquer tentativa de congelar esse fluxo incessante será malsucedida. Por isso, o apego a uma manifestação transitória, a tentativa de eternizar o impermanente, sempre causa sofrimento. Tentamos cristalizar, congelar, tornar rígida a estrutura à qual nos apegamos, e a força do

Espírito universal, que atua justamente como transformação contínua ao tocar a matéria, parece agir com violência porque encontra a resistência da forma querendo se cristalizar.

É como se a eternidade tocasse o tempo, mas os seres do tempo, que somos nós, tentassem traduzir a palavra da eternidade na linguagem do tempo, congelando o impulso espiritual numa forma morta. É por isso que, como humanidade, estamos congelados num instante de nosso desenvolvimento, repetindo continuamente padrões do passado, que já não são úteis na realidade presente.

O que é a humanidade? Quando o ensinamento universal fala a esse respeito, o ser humano é visto em sua totalidade, como um microcosmo, a junção de Espírito e matéria, eternidade e tempo, mônada e personalidade. Entre o Espírito e a matéria há um elemento que traduz a linguagem do Espírito para a linguagem da matéria, que é a alma ou consciência. Se essa consciência for pura como um espelho voltado para o Espírito, ela pode refletir sem distorções a imagem espiritual, e traduzir corretamente a linguagem do Espírito a cada instante, aqui e agora. Na condição de intermediária do Espírito, a consciência não está restringida pela matéria, pelo tempo e suas flutuações, mas está no tempo a serviço da eternidade.

Porém, se o espelho está sujo ou danificado, distorcido pelo pó da matéria acumulada em sua superfície, a tradução é malfeita e distorce o sentido original. Na condição egocêntrica, a consciência não pode ser um espelho puro do Espírito, da mônada, pois está identificada com a personalidade, a matéria. Enquanto essa identificação com a matéria existir, o Espírito não poderá atuar em nós, mas será apenas um potencial, uma semente, uma centelha espiritual.

Há, nessa condição, uma ilusão fundamental, uma ignorância, um obscurecimento da consciência. Por isso a realidade não é percebida em sua pureza, mas a partir de uma consciência fragmentada, que se identifica com os elementos da matéria, e por isso se apega a eles. Normalmente conhecemos apenas esse aspecto de nosso ser, a personalidade, constituída de uma forma física, estruturada a partir de um campo vital pessoal de sensações e emoções, de pensamentos, impulsos volitivos, e da consciência correspondente. A estrutura inteira da personalidade deve ser valorizada e seu papel reconhecido, mas sabendo que sua natureza é mutável e transitória.

A forma física, além de estar sujeita à morte, está em contínua transformação. Essa forma possui cinco órgãos dos sentidos, que de cinco diferentes maneiras nos mostram a realidade exterior, os fenômenos que nos envolvem. E a forma física também é o elemento que se expressa no mundo, através de nossas ações. As sensações, por sua vez, são reações emocionais ao que captamos pelos sentidos, como o prazer de determinadas experiências e a dor decorrente de outras. A vida emocional também está em contínua transformação, até sua extinção final.

Nossa capacidade de reconhecimento mental é normalmente limitada, baseada em padrões pré-existentes e clichês. É essa capacidade que nos habilita a dividir e classificar a realidade do mundo exterior em categorias: algumas coisas chamamos de árvores, outras de cadeiras, outras de galáxias, outras de seres humanos etc. É essa capacidade também que divide as pessoas em categorias: eu e os outros, aqueles que pertencem a meu país e os estrangeiros, aqueles que seguem minha religião e os infiéis, aqueles que pensam como eu e os que pensam de forma estranha. Esse processo mental igualmente tem seu fim.

Também impermanentes são os impulsos da vontade ligados às intenções, que também são processos mentais. Esses impulsos são movidos pela memória de experiências passadas e seus condicionamentos, vivenciados na vida atual e os preexistentes, com origem em vidas anteriores. São esses impulsos que nos incitam à ação. Mesmo a consciência egocêntrica, que recebe e estrutura as imagens dos sentidos, também é inconstante e efêmera. Nessa condição ela não é o puro espelho do Espírito, por estar direcionada para a matéria e identificada com seus elementos.

O ensinamento universal deixa claro que nenhum desses elementos é permanente. Por isso, na filosofia da Escola, se aprende que após a morte do corpo físico os corpos sutis também se desvanecem processualmente. De tudo o que somos como personalidades, nada mais resta – nem a forma exterior, nem os sentimentos, nem os pensamentos, nem os impulsos volitivos, nem a consciência.

Não somos apenas a personalidade. Somos parte de um sistema maior, o microcosmo, que se manifesta na transitoriedade do tempo, mas em essência não pertence ao tempo. Esse microcosmo abriga a personalidade, a centelha espiritual e o carma. Carma é um conceito da antiga sabedoria hindu e significa "ação", no sentido de ação intencional que produz resultado em algum momento futuro. É a ideia bíblica de "colherás o que semeaste". Ao longo de uma vida, causas são geradas, que cedo ou tarde se transformam em consequências, gerando novas causas.

Os processos mental, emocional e volitivo, assim como as ações, geram carma. Mas são sobretudo os impulsos volitivos, as intenções, que semeiam os campos das colheitas futuras. Isso é fácil de entender: uma ação inconsciente no trânsito, por exemplo, pode machucar fisicamente uma pessoa, mas é muito diferente se essa mesma ação for movida pela intenção consciente de ferir. Neste último caso uma semente doentia é plantada no microcosmo, e vai germinar - cedo ou tarde.

As intenções distorcidas nascem de um discernimento incorreto a respeito da natureza da realidade. A ignorância é discernimento equivocado, que percebe os fenômenos materiais e psíquicos como permanentes, em particular a ideia de um eu, do qual nasce todo o egocentrismo. Essa ignorância fundamental é a causa primária da continuidade da vida ilusória e da geração de carma, pois ela ocasiona os impulsos volitivos que geram o carma. Costuma-se atribuir ao carma apenas aspectos negativos, porém ele tem uma função importantíssima: é através dele que o amadurecimento microcósmico se torna possível.

O ser humano, impulsionado pelo carma, vai ao encontro das experiências e colhe o que plantou. É essa colheita de experiências que conduz ao discernimento a respeito da realidade da impermanência, do sofrimento e da insatisfação decorrentes do apego ao que é transitório. Esse discernimento pode se apresentar como uma crise existencial profunda, mas é também a chave que abre o caminho de libertação do sofrimento. Ele também é profundo autoconhecimento, o primeiro degrau das escolas iniciáticas pois, assim como a ignorância é a causa fundamental do surgimento e da manutenção da vida ilusória, o discernimento correto corta as raízes da ilusão.

48. DESEJO DE PLENITUDE

Uma das causas do sofrimento é a tentativa de eternizar o que é impermanente. Por isso, um dos principais objetivos de uma escola espiritual é ajudar seus alunos a superar os falsos pressupostos da ilusão egocêntrica, ignorância fundamental e raiz de todos os males.

Essa ignorância, compreendida como discernimento falho, precisa ser substituída pelo discernimento correto, aquele que permite perceber a realidade da impermanência, do sofrimento e da insatisfação decorrentes do apego ao que é transitório. Em outras palavras, o discernimento correto é o que permite perceber o caráter ilusório da consciência egocêntrica, corta o mal da ignorância pela sua raiz, e possibilita a percepção da realidade por detrás das aparências.

O caminho de transformação interior se inicia neste ponto de partida, o discernimento lúcido. O discernimento surge do amadurecimento cármico, em decorrência das experiências da vida. Todo ser humano está, consciente ou inconscientemente, sendo impulsionado a buscar a realização de um estado de plenitude, uma condição de consciência e de vida que manifeste essa plenitude no mundo das formas, no mundo da impermanência.

Mas suas expectativas são sempre frustradas pela inconstância das coisas, sempre adiando a realização desse estado pleno de ser. Mesmo quando atinge um determinado objetivo e um sentimento de plenitude o invade, não tarda que um novo desejo de realização se manifeste e o sentimento de que algo lhe falta o coloque novamente em movimento, na incessante busca do eterno, do permanente.

 Esse jogo constante no mundo das formas traz experiências de prazer e de dor, de alegrias e de tristezas, de vitórias e de frustrações, que vão se transformando num cabedal de memórias acumuladas em cada microcosmo, criando o carma individual e coletivo. Esse carma se manifesta como poderosa influência no caráter, na mentalidade, nos sentimentos e nos desejos de cada personalidade que vem à vida.

As experiências são vivenciadas como positivas ou negativas, prazerosas ou dolorosas e, em geral, aceitamos o prazer e negamos a dor. Por isso se tenta alcançar e eternizar o prazer e suprimir a dor. Agimos assim porque não discernimos que o prazer e a dor são lados de uma mesma moeda. Desse falso discernimento, dessa ignorância, surgem distorções mentais e emocionais, como a cobiça e o apego, que produzem mais sofrimento.

Por difíceis que sejam essas experiências, elas são parte da senda do amadurecimento da consciência, que terá que ser trilhada até o momento em que o indivíduo reconheça a insensatez do jogo de tentar eternizar o impermanente, de tentar estancar o que é uma contínua transformação. É como querer parar um rio, bloqueando seu fluxo com uma barragem, para se banhar sempre nas mesmas águas.

A busca pela realização no mundo das formas, no mundo do impermanente, criou no ser humano uma forma condicionada de vida, de busca pela realização exterior. Esse condicionamento é tão poderoso, que mantém o ser humano aprisionado mesmo após a constatação da insensatez desse jogo. Vitimado pelos seus condicionamentos, que não desaparecem num piscar de olhos, ele continua colhendo os frutos de suas experiências, que agora lhe parecem mais amargos.

A desilusão toma conta da pessoa, pois a ilusão do apego e

da cobiça começa a mostrar sua verdadeira face. E quando se analisa os elementos da palavra desilusão, percebe-se que além do seu sentido habitual, há outro: o de dissolução da ilusão, "des-ilusão", e é disso que se trata aqui.

Precisamos entender o que de fato ocorre nesta fase, que é o do amadurecimento através das experiências. A desilusão e o aparente fracasso da busca é que colocam o candidato à senda na condição de superar esse estágio, e ir além da senda de experiências, para ingressar na senda da transformação fundamental de seu estado de consciência.

O impulso básico que o conduziu à busca ilusória permanece presente, mas o discernimento começa a mostrar que a insatisfação nunca terá fim enquanto a busca estiver dirigida à matéria, e enquanto tiver como base a consciência egocêntrica. Fica cada vez mais claro que a insatisfação e a dor não terão fim enquanto ele buscar nessa direção. O impulso de busca básico se transforma então na busca pela transcendência. Algo diferente passa a ocorrer com ele agora, pois momentos de silêncio se manifestam em seu coração, e o fazem reconhecer, ainda que rara e sutilmente, a origem do impulso de libertação. No núcleo eterno em seu coração, um fogo se acende e irradia para todo o seu ser. É como se a centelha espiritual se acendesse, ou o núcleo da rosa despertasse nele, trazendo os primeiros sinais do campo do Espírito universal.

Sobre esse momento, Jan van Rijckenborgh diz:

"Ao sentir sua angústia, a consciência suspira pela libertação e emite seu grito para o indefinido; a rosa sente como um choque magnético, razão por que ela, como em um reflexo, irradia o eco do grito de socorro da alma através do esterno, atraindo a resposta da Gnose e dando-lhe passagem. Assim, a força da rosa faz uma abertura no santuário impuro do coração. Desse modo vem a primeira resposta da Gnose. Com base nesse início, devemos continuar a construir e, em primeiro lugar, a esforçar-nos pela purificação do coração." [58]

O santuário do coração tem papel central em todo o sistema humano. Para ele convergem tanto os impulsos provenientes do santuário da vida como também os impulsos provenientes do santuário da cabeça, ligados respectivamente ao inconsciente e ao consciente. Os automatismos relacionados ao instinto de conservação, à memória cármica acumulada no microcosmo e à percepção fragmentada e condicionada dos órgãos sensoriais convergem todos para o coração. Do coração, através do sangue, do fluido nervoso e do fogo serpentino, eles se elevam ao santuário da cabeça, de lá influenciando todo o sistema humano.

Por isso, a Escola insiste que o verdadeiro combate de um aluno, no discipulado, deve ser travado no coração. Isso significa voltar a atenção para o coração, para o que se passa nele. Porque agora se eleva do coração uma nova luz, a luz proveniente da centelha espiritual, transformando-se de força de inquietação na luz de uma nova consciência, que intensifica cada vez mais o poder do discernimento interior.

Discernir é, entre outras coisas, saber escolher. Entre os impulsos que chegam ao coração, escolher quais iremos alimentar com nossos pensamentos e ações. Isso não é tarefa simples pois, no início, ainda somos presas fáceis da ilusão e de seus mecanismos de autoconservação. É como estar num quarto escuro, iluminado por uma pequena e bruxuleante chama: ela permite que se reconheça vagamente e de forma intermitente

---

58 Rijckenborgh. *A Gnose em sua Atual Manifestação*, cap IV-6.

os objetos que se encontram no quarto, mas logo a chama se apaga e tudo fica escuro novamente.

Mas se um aluno for perseverante e conseguir desenvolver o poder do discernimento, até que ele se transforme numa luz estável, o caminho de sua vida poderá se transformar numa espiral ascendente de transformação. É a perseverança que acabará por purificar o seu coração. A perseverança inclui erros e acertos. Para compreender isso, lembremos da cadeia de consequências na qual estamos aprisionados, o carma. A cada dia bebemos da fonte de nossas experiências atuais e das encarnações precedentes. E o poder do discernimento é justamente o que nos permite não reagir cegamente aos impulsos cármicos e sociais, e pensar e agir de forma livre e autônoma.

Sempre há o perigo de se confiar na própria força egocêntrica e negligenciar a radiação do núcleo divino de nosso ser. Dessa forma, nos afastamos da consciência cósmica harmonizada com o princípio espiritual, e passamos a confiar na consciência orientada exclusivamente para a conservação da existência terrestre. E, em lugar da realização plena que tanto almejamos, somos novamente envolvidos pela escuridão.

Porém, mesmo a escuridão tem papel no processo alquímico interior, no qual a vivência da escuridão é denominada de nigredo. Porque tudo o que está escondido deve ser revelado, trazido à consciência, para que possa ser trabalhado. Este é o processo de purificação nas retortas dos alquimistas.

É a perseverança nos erros e nos acertos, na luz e na escuridão, que faz crescer no candidato o anseio de purificação, que se traduz também pelo discernimento, cada vez mais claro, de que seu desejo de plenitude não pode se realizar nas esferas do impermanente, no mundo das formas ilusórias. O desejo é como um ímã, que atrai o objeto do desejo. Enquanto o desejo se dirige apenas ao exterior, atrairemos as coisas do mundo exterior. Porém, quando a maturidade microcósmica está presente, esse imã perde gradativamente força, a atração do mundo exterior se esvai como um corpo metálico imantado que perde suas propriedades. Mas, além disso, o desejo de realização plena também se amplia, ou seja, o ímã passa a atuar com magnetismo inverso, repelindo o que antes atraía e atraindo novas forças para o sistema.

Esse desejo deverá tornar-se tão intenso que as forças espirituais ainda ocultas começarão a se manifestar de forma cada vez mais clara e concentrada. Dante Alighieri, em A Divina Comédia, descreveu esse desejo de forma sublime, nos seguintes versos:

"Tão vividos anelos me pungiam
De alar-me ao cimo excelso, que julgava
Que asas o passo meu favoreciam."[59]

Pouco a pouco, a perseverança no caminho do discernimento e do desejo de libertação purifica o coração e a cabeça, e influencia todo o microcosmo. Enquanto o ser humano está envolvido e identificado com seus pensamentos, sentimentos, impulsos volitivos e ações da consciência egocêntrica, não há espaço nele para mais nada. Mas, à medida que o processo de purificação avança, passa a haver espaço interior, espaço de percepção, de lucidez, de silêncio interior.

O ensinamento universal de todos os tempos sempre foi claro em dizer que nesse silêncio é possível escutar a voz do divino em nós. O discernimento, o desejo de libertação e o silêncio nos ajudam a aplainar o caminho que leva para fora da reali-

---

59 Alighieri. *Divina Comédia*. Purgatório. Canto XXVII, p. 245

dade ilusória, o caminho que conduz à realidade divina, que já está em nós.

"Enquanto o coração não estiver limpo de impurezas e a paz da alma não tiver sido alcançada, o homem passará por uma quantidade enorme de experiências, as quais estarão frequentemente relacionadas com as vicissitudes do destino, que marcam profundamente nossa vida e, às vezes, nos golpeiam como se fossem martelos.

Poderiam dizer nesse estado: 'Isso não me diz respeito', ou 'Estou acima disso', ou 'Isso não me causa frio nem calor', ou ainda 'Eu não me altero'? Certamente não, porque isso seria dar prova de que não se compreendeu ou não se quer compreender as causas que determinam as experiências, e que se repele as consequências relacionadas. Tal comportamento demonstraria ignorância, orgulho, autoconservação, ou mesmo uma mescla dos três.

Quando cometem um erro e a Fraternidade o corrige – e essas correções se produzem sempre pelas experiências que chegam até vocês – vocês têm o dever de demonstrar, com humildade e agradecimento, que estão decididos a aprender a lição e a arcar com as consequências daí decorrentes. E, nesse momento, se faltar a sabedoria do discernimento, devem pedir discernimento e lucidez para saber o caminho a seguir. Essa intervenção em seu destino será gravada profundamente em sua alma, e contribuirá para a purificação do coração." [60]

Em paralelo ao processo de purificação que está sendo descrito, algo diferente ocorre na vida do aluno que não esmorece em seus esforços: a aceitação e a compreensão de si mesmo, de sua imperfeição estrutural, a aceitação de seus erros, mas sem

60 Petri. *Transfiguração*, p. 50-51

fugir das consequências que deles provêm. Assim, por meio da harmonização do positivo e do negativo que disso resulta, seu coração silencia e entra na neutralidade. Nesse momento já não haverá atração nem repulsão, e o aluno poderá conservar uma atitude benevolente e serena em todas as situações de sua vida, consigo mesmo e com os outros. Seu coração se restabelece e pode agora suportar uma vibração completamente nova.

O aluno aprende a perscrutar conscientemente sua natureza egocêntrica e a desligar-se progressivamente dela. Ele compreende, do imo, que é impossível servir a dois senhores e o mantra – "Senhor, seja feita a Tua Vontade" – vai se tornando cada vez mais claro e límpido, pois agora ele aprendeu a se utilizar das duas correntes que fluem da fonte inesgotável da água viva em seu próprio ser.

A primeira, a corrente que rompe e dissolve as ligações com o passado, o carma, e a segunda, que constantemente o atrai para a unidade cósmica. Elas se manifestam através da perseverança no caminho, que purifica o sistema, que abre espaço para que essas novas forças fluam sem impedimentos.

49. REALIZAÇÃO

A identificação do ser humano com a transitoriedade é resultado da falta do verdadeiro discernimento. Mas a inquietação e a busca são decorrentes do impulso provindo do mais íntimo do ser, do princípio espiritual. Essa busca pode levar o ser humano ao sofrimento, condição até certo ponto necessária para que, chegando ao limite de suas experiências, ele compreenda como orientar sua vida de forma a cortar as próprias raízes do sofrimento.

Em seu longo caminho de desenvolvimento, à medida que amadurece e se individualiza, o ser precisa reconhecer por si mesmo, de forma autônoma, qual o caminho a seguir. Há sempre essas duas possibilidades: o caminho da identificação e do apego às vestes materiais, e o caminho de transformação da consciência em direção ao todo, ao Uno.

O ser humano, amadurecido pelas experiências cármicas, começa então a perceber a ilusão em que até então esteve envolvido. Tal percepção leva à desilusão, no sentido da superação da ilusão, pois o aluno também reconhece a alegria de ter vislumbrado um novo caminho. É a desilusão que conduz ao discernimento interior cada vez mais claro. Surge também o anseio purificado de plenitude, que atrai novas forças espirituais. É o próprio núcleo espiritual do ser que passa a atuar com força, purificando a vida de desejos e se elevando do coração à cabeça, para manifestar a nova capacidade de percepção interior. Utilizando essa capacidade, é possível se voltar para o santuário do coração e iniciar o caminho de purificação que abrange tanto a vida mental (a cabeça) quanto a vida emocional (o coração).

A mente, até então dependente dos sentimentos, desejos e emoções, e que exercia forte influência sobre o modo de agir, vai se depurando e, aos poucos, desliga-se de toda e qualquer dependência. Assim, o barulho interno dos pensamentos e sentimentos egocêntricos cede, possibilitando que, em alguns momentos de silêncio interior, a voz do núcleo espiritual se manifeste. Há, portanto, a luz do discernimento e a força do desejo de plenitude como potenciais da realização interior.

Abre-se então o caminho para a renovação da faculdade da vontade, poder dinâmico, que se exterioriza como impulso volitivo que conduz à ação. Na condição egocêntrica, esse poder está submetido à vida emocional e ao egocentrismo, e o ser humano tudo faz para realizar suas próprias intenções egoístas.

Em sua condição renovada, porém, esse poder entra em sintonia com o desígnio universal, que é descrito nos Evangelhos pelas palavras "que se faça segundo a Tua vontade, na terra e no céu": a renovação da vontade conduz à sintonização interior não apenas do ser da matéria, a personalidade, a terra, mas também a estrutura microcósmica, o carma acumulado, o céu. É por isso que o ser humano percebe então, mesmo que ao longe, "um novo céu e uma nova terra", que é a figura do próprio microcosmo transfigurado à imagem do Espírito.

A luz interna do discernimento, o puro anseio de libertação e a vontade renovada são os instrumentos da consciência purificada para a renovação da vida. A utilização dessas faculdades permite o acesso às estruturas mais desconhecidas da consciência, que constituem o inconsciente, que é espelho do carma. Em resumo, a luz surge no coração, se eleva à cabeça e desce às profundidades do ser, aos chacras inferiores, onde a voz do passado cármico se faz ouvir. Todo o condicionamento de séculos está ali presente e ainda impede a transformação estrutural.

Mas agora o discernimento e o anseio têm força suficiente para romper a resistência, rompimento que se exterioriza como a renovação paulatina da vida de ações, não porque o aluno se force a agir de acordo com alguma diretriz externa, mas porque passa a se orientar em sintonia com a voz silenciosa que reconhece em si. O caminho de experiências é então acelerado, mas o aluno tem a lucidez e a força para passar pelas experiências sem se identificar com elas, sem se apegar aos seus frutos, sem as armas de autoproteção do eu ilusório. Por isso, o círculo fechado de experiências se transmuta numa espiral de desenvolvimento da consciência.

E assim ele ingressa numa nova realidade, o novo céu e a nova terra, também conhecidos como o novo campo de vida, que é a própria vida una, ou seja, a pura matéria original da qual se originam todos os elementos, desde o mais denso ao mais sutil. Quem ingressa nessa realidade já não percebe o mundo de divisões. Já não há mundo interior e exterior, já não há perto e longe, já não há eu e os outros.

O Corpo Vivo de qualquer escola espiritual fidedigna tem sua origem nesse campo puro, pois em seu desenvolvimento se afastou do campo da multiplicidade, onde se manifestam os elementos secundários, se voltando para o próprio fundamento de toda a existência. Visto tanto micro como macrocosmicamente, esse campo se estende como um novo firmamento ao redor do ser humano e de todo o planeta, como um novo céu, de onde os ventos do Espírito varreram as nuvens do carma, permitindo que as estrelas brilhem em seu puro esplendor e guiem ao seu destino muitos que navegaram pelas tempestades da vida.

Sobre isso, assim escreve Jan van Rijckenborgh:

"Esse novo campo de vida envolve toda a Terra e não mostra nem uma lacuna ou interrupção em sua extensão ao seu redor. Pode-se dizer que o mundo e a humanidade estão como encapsulados no novo campo de vida.

[...] Podem compará-lo a uma camada atmosférica uniforme. Assim como em um céu chuvoso aqui e acolá as pesadas nuvens de vapor d'água se descarregam em uma torrente de chuva, do mesmo modo as tensões que se acumularam no novo campo de vida se descarregam em sete focos. Estes sete focos coincidem com as sete escolas.

[...] Mediante estas sete escolas, se desenvolve, pois, uma radiação horizontal: uma vibração emana das sete escolas em grandes círculos através de nosso campo terreno de existência. E temos de entender essa radiação, mais ou menos horizontal, como um chamado, uma atração, um despertar, um toque.

Se virmos as radiações do novo campo de vida como linhas verticais, então essas linhas verticais formam em conjunto com as linhas da atividade horizontal das sete escolas como que uma cruz. Assim descobrimos que, de modo científico e com força irresistível, uma cruz é fincada na terra.

Não devem ver esse novo campo magnético como fenômeno estranho e súbito. Não é como se ele há cinquenta ou cem anos não houvesse existido e, de súbito, tivesse aparecido nos últimos anos. De maneira alguma.

[...] Podem descobrir essa ideia, esse pronunciamento, em toda a parte, até nos fólios amarelados dos antigos.

[...] Eles conheciam um processo de realização e a meta e a essência desse processo, dessa obra. Assim eles podiam testemunhar com grande certeza: 'Um dia essa obra ficará pronta. Então as consequências se manifestarão, e o novo se realizará'.

[...] Esse campo de radiação tornou-se tão poderoso, seu brilho tão intenso, que o notarão e experimentarão sem demora se apenas abrirem seu microcosmo a esse toque.

[...] Se abrirem seu ser, seu microcosmo, ao maravilhoso novo campo de vida, a força de radiação tocará o átomo primordial, abrasará seu inteiro ser e os conduzirá a um novo processo, o processo de transmutação e transfiguração."[61]

É preciso compreender essa condição fundamental do ser e,

61 Rijckenborgh. *O Novo Homem*, cap. III-8, p.323-327.

mais do que compreender, é preciso exteriorizá-la na própria vida. Toda a estrutura humana está configurada para essa realização. A nova vida é uma condição já presente em todo ser humano, mas geralmente como um mistério, uma realidade desconhecida, um potencial. O novo campo de vida é a realidade mais essencial do microcosmo humano, assim como de todo o macrocosmo. Ao longo do discipulado, ingressamos num caminho de integração com esse campo, de forma consciente, impulsionados pelo amadurecimento cármico.

Ao colocar conscientemente os pés sobre esse caminho, nossa responsabilidade aumenta, pois já não é apenas individual, mas também coletiva, em ligação com a tarefa coletiva do puro campo da Escola. É preciso estar atento para não se desviar, não se deixar levar pelos impulsos egocêntricos que ainda têm poder sobre nós. É por isso que, desde o princípio do discipulado, somos alertados para não confiar no que entendemos, muitas vezes erroneamente, ser luz em nós, porque podem ser trevas. Corre-se o risco de perceber erroneamente, porque a ignorância fundamental do egocentrismo tolda a nossa consciência. Habituados a ver as coisas de certo modo, tendemos a encaixar tudo dentro dos padrões conhecidos.

Por exemplo, na infância recebeu-se orientação religiosa que interpreta a divindade como um deus exterior, que pune os maus e recompensa os bons. Na Escola aprende-se que o divino é uma realidade interior, e passa-se a imaginá-lo como a centelha divina em nosso coração. Apesar disso, nossa convivência religiosa da infância com o divino pode se manter inalterada, se continuamos orando como fazíamos ao deus exterior, para que proteja nossos egos e nos auxilie a vencer na vida.

 Outro exemplo: fomos ensinados a acreditar em autoridades

externas e em dogmas, e entramos na Escola com essa tendência. Nos livramos dos dogmas religiosos e os substituímos pelo que consideramos ser os "dogmas gnósticos". Nos afastamos da autoridade dos pastores, dos gurus ou de líderes religiosos, mas passamos a crer cegamente nos alunos antigos, mesmo que tenhamos escutado, desde o trabalho público, que na Escola não há mestres nem gurus.

O amadurecimento cármico impede que certas ilusões se mantenham por muito tempo. Ao avançar no caminho, ao aluno fica cada vez mais claro que sua vida está em suas próprias mãos, que seu discipulado só se realiza se trabalhar intensamente em si mesmo – e não apenas para si.

Ao contrário, nossa tarefa mais importante é oferecer o que recebemos, transmutados em glória maior, ao mundo e à humanidade. Receber, renovar o que recebemos, e oferecer de volta, humilde e impessoalmente, para que todos os que têm necessidade dessas forças possam ter acesso a elas. Silenciosamente, isso possibilita o despertar paulatino de toda a humanidade.

Assim nos tornamos colaboradores da Fraternidade Universal, colaboradores que, do novo campo de vida, da montanha do Espírito, descem novamente à matéria para trabalhar em prol do mundo e da humanidade, em auto sacrifício, ou seja, no ofício mais sagrado de oferecer nosso próprio ser, a exemplo dos grandes do Espírito. A nova vida já está presente em cada um de nós. Vivamo-la!

50. O QUADRADO DA CONSTRUÇÃO

Em várias partes do mundo experimenta-se atualmente situações desafiadoras, e algumas delas afetam o mundo inteiro. A história mostra que sempre foi assim: o que muda é o fato de sermos indireta ou diretamente afetados. Em qualquer circunstância, nossa estrutura psicológica busca parâmetros que possam, de alguma forma, trazer ordem ao caos. Esses parâmetros são buscados fora de nós mesmos, como uma referência que possa nortear nosso posicionamento diante dos fatos, e assim nos dar a sensação de equilíbrio e segurança. A busca por equilíbrio e segurança navega por todos os aspectos da vida, o material, o individual, o social e o espiritual.

A base do nosso equilíbrio é um tecido em que cada um desses aspectos funciona como textura, de acordo com as características individuais. Assim se constituem grupos de maior afinidade, os quais formam pacotes de ideias que funcionam como base de segurança em meio ao caos. Há uma multiplicidade de grupos de afinidade, cada um com seu pacote de ideias, e usualmente a ideia de um pacote não é aceita em outro. Desse modo esses pacotes de ideias se fecham, e à medida que a percepção do caos exterior aumenta, aumenta o aperto dos nós do tecido, isto é, as ideias contidas no pacote se fixam mais fortemente e surgem radicalismos, separação e intolerância.

Na base de tudo isso está o medo exacerbado pelo que é percebido como ameaça exterior. Os grupos assim formados se fecham a qualquer consideração empática com os que adotam ideias de outro pacote, ou quando não conseguem cooptá-los para o seu lado. Assim se estabelece um estado de guerra de todos contra todos, com as armas e nos locais onde essas batalhas podem ser travadas.

As guerras antigas eram travadas corpo a corpo; as atuais, através de drones teleguiados. A atual guerra de todos contra todos expande, pela tecnologia, o campo de confronto, que já não tem os limites do encontro pessoal. E assim cria-se isolamento psicológico profundo, pois mesmo os participantes de um pacote de ideias podem estar fisicamente em lugar desconhecido, ou nem mesmo existirem. Tudo isso forma um ambiente de ansiedade, desamparo e isolamento.

A predominância do corpo astral no sistema humano funciona como a porção submersa do iceberg, que deixa visível apenas uma pequena parte de sua estrutura. Nosso olhar se volta para os parâmetros externos (a ponta do iceberg), pois se olhássemos nosso interior (porção submersa do iceberg), nos depararíamos com um caos ainda maior e isso seria psicologicamente insuportável! O estado caótico que percebemos tem origem mais na nossa condição interior do que em nossa relação com o meio externo, embora ambas estejam indissoluvelmente associadas.

Como grupo e como indivíduos, como podemos manter uma atitude positiva, lúcida e renovadora a serviço de todos e de cada um? Em primeiro lugar, é preciso destacar que a transcendência buscada apenas como projeção, como ideia, isto é, se estiver dissociada da conjuntura, da efetiva manifestação, não passa de fuga, de subterfúgio.

Como almas viventes, somos portadores da rosa do coração. Este princípio é a causa primordial na alma de cada ser, a única base, sua única referência, seu único centro de gravidade, sua consciência alma-Espírito em potencial. Essa base não se move pelo caótico estado astral cármico, mas responde unicamente à consciência que começa a despertar de um estado de cegueira natural. Essa semente é inatacável, inatingível por ameaças ou pela morte, pois tem origem na causa fundamental e permanece eternamente no silêncio, em quietude e serenidade.

A primeira tarefa de um aluno é reconhecer e perceber a presença dessa centelha do Espírito em si mesmo, e é justamente aí que é desarmada qualquer ameaça que queira se insinuar. A parte mortal do homem continua a existir pois, como Hermes destaca, o homem é dual, possui uma parte mortal e uma imortal.

Nesse aparente paradoxo, a consciência deve desempenhar seu papel fundamental quando, reconhecendo sua fraqueza, seu desamparo e isolamento de alma mortal, abrir seu pacote de hábitos e permitir-se cooperar para o desabrochar da semente universal de onde brotam a força, o abraço e o acolhimento da unidade universal.

O autoconhecimento, o reconhecimento de sua fraqueza em conexão com a percepção da semente da causa primordial em si mesmo, é o que dá ao aluno o primeiro vértice da pedra fundamental ou do tapete mágico, e que pode ser visto também no símbolo da Escola. Esse é o que a Escola chama de objetivo único, o esforço continuado da consciência em colocar essa pedra fundamental. Apoiado por esse novo princípio de consciência, o aluno não elege mais os objetivos do eu como prioritários ou essenciais, não se submete mais às desesperadas tentativas do eu para se equilibrar contra os sacolejos da época atual, apoiado nas milenares repetições do padrão cármico e das percepções exteriores.

Nesse estado de liberdade, ainda que muito limitado, o aluno busca o nivelamento justo de mais um dos vértices da pedra fundamental, a pedra cúbica. Esse segundo vértice é a ausência de luta. O aluno nivela essa aresta do cubo quando se abstém da inútil guerra de todos contra todos, mesmo da luta em direção ao que supõe ser o bem, e de todas as batalhas eleitas em seu nome, e que, na verdade, é mais uma das tentativas do eu para se manter no comando.

Os conflitos diminuem diante da percepção de que a pedra de construção não é um quadrado, mas um cubo, uma dupla realidade. Nessa condição, o aluno se liberta do medo, das ansiedades e do temor pelo futuro, sem pender para o seu lado oposto, sem se entrincheirar no orgulho e na presunção vaidosa de uma pseudo sabedoria e espiritualidade, que poderia ser usada como justificativa para desembainhar a espada. Sob essa nova percepção, são abandonados todos os aspectos, preferências e visões pessoais para que não surjam tensões, separações, e para abrir a possibilidade de unidade com o universal. Na Escola, essa inteligente atitude de humildade é chamada de unidade de grupo.

Sela-se, assim, um acordo de paz a partir da rosa do coração, e se depõe as armas letais da crítica e do julgamento que condenam - a nós mesmos e à humanidade à pena de morte da alma. Só na harmonia é possível construir continuamente um novo estado de alma, até a realização da alma-Espírito.

O alinhamento desse último vértice fixa a pedra fundamental, e assim se pode dar início ao trabalho. O equilíbrio que surge é chamado de harmonia no intercâmbio das atividades. Esta nova atitude elimina os conflitos que nascem das tentativas de fazer prevalecer aquilo que não é essencial, do que é pessoal.

O mundo tem agido segundo o eu, obedecendo-o, e procurado construir a vida e as relações de acordo com sua visão egocêntrica. Nosso eu é muito hábil em apreender fórmulas, apresentar e aplicá-las impiedosamente aos outros. Isso demonstra que se fracassou na correta aplicação da fórmula da pedra cúbica. A fórmula da pedra cúbica e todos os outros aspectos da senda são para a aplicação, sem nenhuma piedade, sobre o nosso próprio estado de consciência adaptado às reações automáticas.

É necessário que tudo aquilo que idealizamos como espiritual e elevado se manifeste na vida prática como evidência do novo estado de consciência, a alma-Espírito, ou que dê sinais seguros de uma auto orientação correta nesse sentido.

Certa vez Jan van Rijckenborgh, fundador da Escola Espiritual da Rosacruz Áurea, disse a seus alunos: "Não se apoiem em mim". Mesmo que, no início, o aluno dependa muito do Corpo Vivo da Escola para receber os impulsos do Espírito que ainda não podem se dirigir diretamente a ele, é determinante que ele possua um desejo lúcido, uma capacidade clara de decisão contra o domínio do 'eu', e se apoie na própria consciência.

O objetivo da Escola é levar cada aluno ao estado de consciência alma-Espírito e assim realizar a transfiguração de toda a personalidade. Nesse estado, o aluno é o livre construtor de seu próprio corpo de manifestação, e está em total unidade com a plenitude da manifestação universal. No estado de nova alma segundo o Espírito, a alma e o corpo, é natural que ele não dependa de nenhum intermediário e o Corpo Vivo seja, na verdade, a expressão da sinergia resultante de todos os alunos que se manifestam no mundo como novo homem-alma-Espírito, tanto entre si, quanto em relação à Fraternidade Universal. Nessa condição, ele é a coluna do templo.

 Se no princípio os alunos foram acolhidos em um corpo de

transmutação sob a proteção, sustentação e cuidados da Fraternidade precedente, trata-se agora de consolidar o Corpo Vivo para que acolha, oriente e ampare cada ser humano buscador e cada aluno. Trata-se também de, em um futuro que não nos pertence, poder oferecer à Fraternidade a base para o trabalho inicial de formação de um novo elo na corrente, se assim for da vontade da Fraternidade Universal.

Que utilidade tem algo que não é aplicável e não se realiza de maneira palpável? Um conjunto de ideias, uma idealização, necessita, em primeiro lugar, de linhas de forças para que seja compreendido, visualizado e, depois, materializado.

Não se pode escolher a realização de apenas um aspecto da tríplice semente, como uma acomodação à percepção intuitiva da presença da centelha do Espírito em nós. Tal percepção será muito instável e se apagará rapidamente. Nesse caso, produz-se apenas um entendimento teórico e não se abre a cabeça para a compreensão superior, submetendo-se tudo aos critérios da velha mentalidade. Manifesta-se então, apenas uma personalidade mais refinada, um eu fortalecido e um estado ilusório ainda maior.

A semente tríplice solicita de nós a realização integral. A percepção intuitiva de sua presença nos confere, em primeiro lugar, a força infinita para ser aplicada; em segundo, pela inteligência que compreende e torna ativas as linhas de força de uma nova consciência; e, em terceiro lugar, a manifestação de um efetivo novo estado de consciência.

Se o aluno quer trilhar o caminho da transformação interior, o caminho que leva à iluminação espiritual, então deve saber que é tudo ou nada! Isso pode parecer um tanto radical. Mas veja, durante pelo menos quinze anos se estuda ou se dedica a uma atividade prática para se preparar para atuar numa profissão. Depois, trabalha-se por trinta ou mais anos para aplicar o que se aprendeu, antes que se deem por cumpridas as responsabilidades com a vida social. No início dessas atividades tudo é muito incerto, vislumbra-se apenas um ou dois passos à frente, e às vezes nem isso!

A realização espiritual também requer dedicação e deve ser concretizada ao mesmo tempo em que se cumpre todas as responsabilidades inerentes à vida cotidiana. O mais importante é que deve haver conexão entre a realização espiritual e a vida na matéria, até que desapareça qualquer separação entre elas, e que a realização espiritual seja a norteadora das ações em todos os planos da existência.

O estado de consciência em transformação deve se evidenciar em cada situação da vida individual e coletiva. Quando se percebe que essa não é a nossa realidade, não apontemos a vida comum como causa de nossas dificuldades na realização interior e evitemos nos refugiar na acalentadora ideia de que estamos fazendo tudo pelo discipulado da Escola da Rosacruz Áurea quando, na realidade, podemos estar fugindo de nossa própria responsabilidade na realização efetiva do processo espiritual.

No direcionamento ao transcendente não se pode cometer esse erro. Isso seria egocentrismo exacerbado, que desencadearia a procrastinação que deve ser ultrapassada ao se assentar a pedra fundamental. A dor, o sofrimento, a escuridão e as incertezas nos levam ao fortalecimento de nosso objetivo e de nossa dedicação. Afinal, encontramos o caminho indicado pela Fraternidade da vida, ansiamos realizá-lo, tomamos a decisão de realizá-lo e agora queremos realizá-lo efetivamente, como poeticamente o Espírito divino dialoga com a alma humana em Cartas de Amor:

"Vejo que sofres e não te livro disso porque é preciso que sofras; não para te punir, mas para te desenvolver.

Podes não concordar Comigo agora, pois ainda estás presa na escuridão e no egoísmo; todavia, quando entras na plena luz, és um Comigo em todas as coisas. Então ficas satisfeita e retiras toda sua condenação. Assim, para ti, tudo é bom.

Não podes acreditar que tudo é bom até que cresças, não importa a teoria que adotes, nem como racionalizas sobre isso. Enquanto necessitas dos benefícios da condenação, tu condenas: não podes fazer de outra forma.

Minha querida, tu sofres, tens medo da escuridão e foges do desânimo. Eu te dou todas essas coisas porque são as únicas que te fazem entrar na Luz da Vida.

Aceita-as, aceita com alegria e entra nelas como na água que te purifica. Não Me separes delas. Muitos Me encontram na câmara do sofrimento, no leito da aflição e na intensa escuridão. Não fujas desses lugares onde devo ser encontrado.

Tu me buscas porque Eu sou tua vida e uma parte necessária de ti. Só encontras descanso quando Me encontras. Do mesmo modo, Eu te procuro porque te amo.

Marco nosso encontro na tristeza, no sofrimento e na escuridão, mas foges deles com todas as tuas forças. E se, por acaso, és forçada a entrar neles, estás tão determinada a sair, que não te aquietas o suficiente para que Eu possa te encontrar. Tu chamas de mal e ruim tudo o que lá existe, e assim Eu não posso Me revelar a ti.

Desejamos nos encontrar, e o único lugar de encontro em concordância com a natureza de nossos seres, tu condenas e declaras que só entras nele se forçada a fazê-lo; e então desperdiças todo teu tempo lutando para escapar de Minha presença.

[...] Quando me encontras e te tornas Um Comigo, Eu Me manifesto através de tua vida e de teus pensamentos: não vês mais a sombra da vontade humana erroneamente empregada, que deu origem ao eu e às suas desordens.

[...] Agora que te escrevi, Me encontras mais facilmente, pois sabes onde prometi te encontrar e não foges mais do nosso encontro.

Tu Me encontras com o coração vazio, e Eu o preencho com Minha Vida de Amor.

Tu Me encontras com a mente vazia, e Eu a preencho com Meus pensamentos.

Tu me encontras com a vida vazia, e Eu a preencho com a Minha Vida e Alegria.

Tu me encontras com o mundo vazio, e Eu preencho o mundo para ti: vivo para ti em todas as coisas.

Tenho Fé em ti e tens Fé em Mim; nos apoiamos mutuamente, e Nossas vidas são Uma Só.

Há muito mais que posso te dizer, mas o tempo ainda não chegou. Vê quão perto podes aproximar-te de Mim até que te escreva novamente"[62].

Que todos possam compreender e agir da forma mais serena e consciente possível em meio aos acontecimentos do nosso tempo, apoiados no ponto em que estão da senda, para o fortalecimento, compreensão e realização da tarefa como indivíduo e como grupo para o bem de todos os que anseiam pela vida imperecível.

---

 62 Beilhart. *Cartas de Amor*. cap. 2 e 3

51. O LECTORIUM ROSICRUCIANUM E O CONHECIMENTO LIBERTADOR

Lectorium, termo que a Escola da Rosacruz Áurea em seus primórdios adotou para significar o alicerce da construção, do que mais tarde se tornaria a Casa Sancti Spiritus, na sua raiz latina literalmente indica "leitura".

Porém a Rosacruz Áurea nos seus anos de incessante desenvolvimento alinhando-se à fonte do conhecimento universal intencionou utilizar o termo "leitura" para indicar a interpretação das escrituras e registros das grandes tradições espirituais, sob o ponto de vista gnóstico-rosicruciano moderno. Desenvolveu-se assim um campo de trabalho baseado na linguagem universal, com o objetivo de torná-la mais clara e acessível aos buscadores da verdade do nosso tempo.

Foi com esse Espírito altamente revolucionário que Jan van Rijckenborgh, juntamente com Catharose de Petri, já na fase avançada desse processo de construção, deixaram preparado para todos os que anelam profundamente pela realização da auto revolução, o que viria se tornar o campo sétuplo do Espírito universal manifestado na matéria, como um foco de força altamente dinamizador. Essa porta de entrada, para o apoio ao desenvolvimento desse processo, ficou estabelecido simbolicamente como o Lectorium Rosicrucianum.

Mais do que uma expressão, o Lectorium Rosicrucianum é um campo orgânico vivente, uma atmosfera cheia de forças, em que estagnação não tem lugar. Um campo que oferece a força depuradora dos mecanismos condicionantes que tanto embotam e dificultam a capacidade de compreensão dos alunos. Em outras palavras, o Lectorium pode promover no aluno, que tocado por sua força se aproximou e foi acolhido em seu campo, o desenvolvimento gradual de seu discernimento, mesmo que de antemão saiba que se está impregnado de conceitos e pré-conceitos mesclados com inúmeros hábitos e implicações cármicas herdadas.

O objetivo do Lectorium Rosicrucianum pode ser definido por um princípio base que é o autoconhecimento. E autoconhecimento anda de mãos dadas com a capacidade interpretativa do que se recebe de informações oriundas dos canais de transmissão. Com relação ao conhecimento gnóstico, hoje sua transmissão pode ser realizada através de meios como um livro, um áudio, uma palestra, um serviço templário e conferências, por exemplo. E por ser um princípio, isso significa que esse trabalho não se limita a um mero aspecto externo de preparação, encerrado em etapas divididas no que conhecemos como aspectos de discipulado da escola externa. Porém prossegue e prosseguirá sempre em sua profunda missão, que é a de promover o mais isento e autônomo estado de compreensão possível, em escalas contínuas e crescentes.

Aqui não se faz referência somente aos processos básicos de compreensão no sentido racional e emocional, isto é o que se tem para começar a caminhada. Mas à medida que o aluno avança na conexão de sua consciência com a centelha espiritual e com o campo de força da Escola, o autoconhecimento verdadeiro vai expandindo o discernimento a ponto de eliminar, passo a passo, essas divisões conceituais classificatórias, abrindo caminho para a consciência espiritual plena.

Alcançar autonomia e expansão contínua de discernimento e compreensão, é a síntese da revolução promovida pelo que é conhecido como era de Aquarius, a qual busca resgatar a compreensão no seu estado puro. Uma pureza que vem antes de toda e qualquer conceituação. Um estado que somente a alma pura pode acessar.

Esse é o caráter aquariano do Lectorium Rosicrucianum: colocar o buscador sincero, que chega e é ligado ao seu campo, em um nível elevado da revolução interior, impulsionando sua capacidade de compreensão. Se isso não for alcançado por dedicação e entrega absoluta do próprio aluno, os passos seguintes da caminhada no discipulado ficarão, na melhor das hipóteses, restritos a contornos e adornos meramente estéticos e filosóficos. Isto será ainda mais improdutivo quando adiante, ao ser colocado diante da necessidade de ações conscientes, capazes de serem a base de sustentação do Corpo Vivo da Escola Espiritual, o aluno revelar que sua consciência ainda continua apegada ao velho nível de compreensão dependente de referências externas.

Esta condição de consciência indica que não foram realizados avanços suficientes para a necessária purificação do sistema cabeça e coração. Nunca é demais frisar que a força que se recebe em escala mais do que suficiente para cada estado de consciência, com suas características individuais, força que adentra esse campo para poder transformar e elevar o ser, somente liberará todas as possibilidades nela contidas se o aluno a confirmar em si mesmo através de seu próprio esforço e foco no objetivo único.

Quando da ligação ao campo de força da Escola Espiritual, uma força é pré-instalada no campo magnético do aluno não por merecimento, mas porque há uma centelha divina no âmago de seu ser. A questão é: com base nessa força que adentrou o campo magnético individual, qual será o aproveitamento que a consciência fará desse talento que lhe foi dado?

No sentido elevado do objetivo da Escola Espiritual, o aluno não avança no caminho se ficar limitado a girar indefinidamente em volta de seus apegos e insuficiência de discernimento, sem ação real e prática do processo. Ele pode ficar por longo tempo, ou por toda a vida, assistindo aos trabalhos da Escola e haurindo de sua atmosfera elevada e serena, mas isso seria pouco mais que a frequência a um grau religioso um pouco acima da média.

Essa perspectiva a respeito do significado do Lectorium Rosicrucianum - como o dínamo impulsionador da leitura correta do conhecimento emanado de seu campo, em escala individual - equivale à germinação e desenvolvimento da Escola Espiritual dentro do aluno, com base na centelha divina que é essa semente a ser germinada. Mas como nada cai do céu, essa realidade está potencialmente na cabeça, coração e mãos de cada um.

A recorrência em instar a consciência para vigiar-se constantemente, é pelo fato de nossa natureza ser tão inconstante e dada a deslumbres místicos e intelectuais com muita facilidade. A vaidade, tal como uma marca tatuada no ego, demora a sair.

Da essência do Taoísmo depreende-se: "aja sem apego e até o mal lhe acrescentará o bem". O caminho, como é mostrado em todas as grandes tradições espirituais, passa pela eliminação absoluta de todos os apegos alojados no coração. Sem isso, o discipulado será apenas uma tatuagem.

Realizar o caminho espiritual proposto pela Rosacruz Áurea, principalmente agora, é fazer valer com grande ênfase o axioma "estar no mundo sem a ele pertencer interiormente".

Com base no conhecimento gnóstico, sabe-se que o novo ser humano, como uma imagem arquetípica, uma ideia vivente presente no campo magnético do aluno, aguarda que a consciência possa entendê-lo e realizá-lo. E é nesse ponto que reside a dificuldade para muitos, porque a consciência - em sua condição egocêntrica - não pode entender e colaborar com esse arquétipo original. É necessário que a consciência-eu silencie e se volte na direção do arquétipo do ser original, para colaborar com ele. Desse modo entra-se em contato com uma realidade autônoma do ser, onde não há dependência ou apego. A ação que nasce daí é uma ação espontânea, que nada espera para si e que não se prende a seus resultados.

Se isso for feito pelo eu centralizado, os resultados se mostrarão na sua forma distorcida. Para uma consciência-eu, agir sem apego é entendido como calculismo bem articulado no jogo dos interesses; não se ligar aos resultados da ação, na visão distorcida significa o desdém pelos resultados colaterais, fruto do egocentrismo que visa retornos benéficos para si ou para grupos específicos.

Como então perceber e entender essa ideia vivente que está em nós, simbolicamente indicada como o novo ser humano? A analogia com o antigo processo fotográfico de captação de imagens pode ser útil.

Primeiro há o toque do Espírito, que imprime na alma a imagem, ou arquétipo, do novo ser humano. Esse procedimento se dá na câmara escura da consciência. Ou seja, do reflexo da luz do Espírito, através do proto-átomo, é gravado no filme do éter refletor o negativo da imagem do novo ser humano. A consciência que se alinha, ou vai se alinhando, com o proto-átomo, enxerga apenas a concepção invertida do novo estado de ser, como a imagem no negativo de um filme fotográfico. A questão importante não é chegar somente a essa percepção, mas entender que isso é, na melhor das hipóteses, um saber-se tocado.

Um ser que foi e se sabe tocado tem duas opções: ou deixar-se levar pela vaidade, com os olhos do discernimento ofuscados pelo falso brilho da ilusão de ser o que ainda se está longe de ser, ou, com todo o empenho e honestidade, realizar em si a total e absoluta eliminação dos apegos. Neste último caso, pelo fato de existir um coração esvaziado e silencioso das mazelas do eu, a troca absoluta pelos novos éteres poderá ser realizada.

Assim como na analogia fotográfica, os novos éteres formarão então a emulsão química que faltava para que o novo, que já está presente e gravado no filme da alma, se revele na íntegra etérica composta pelo que se pensa, pelo que se sente, pelo como se age. Isso em um ritmo controlado pela luz através da mônada ou centelha do Espírito, para que o arquétipo do novo ser humano, gravado no profundo da alma, não se perca pela ansiedade, preocupação e medo como se fosse uma exposição precipitada de um negativo à luz. O resultado seria a perda e a queima da imagem gravada. Mais uma oportunidade perdida e a necessidade de esforço para o reinício do processo.

"Quando o homem se encontra face a grandes dificuldades, em sua ignorância, ele às vezes clama: 'Ó, Deus, ajudai-me!' Porém Deus, a grande força da figueira sempre vivente que se oferta, nos ajuda desde o começo! Ele não poderia agir de outra forma. Porque as sugestões e as radiações do Espírito afluem até o homem, até a personalidade, por intermédio da mônada. Por conseguinte, a vida cheia de experiências amargas, com todos os seus aspectos negativos é, de fato, uma completa ilusão quando comparada ao impulso divino. Toda essa amargura e todas essas perturbações da vida não fazem parte da Divindade. É o próprio homem que castiga a si mesmo. A resistência que ele sente por parte do ser astral, esse freio, é o reflexo, a soma de todas as suas reações incorretas. A Divindade vos chama, vos toca e quer levar-vos para a única direção possível, para a libertação. Se vossa reação não for positiva, o ser astral funcionará como freio na vida. A marcha de vossa existência é diminuída, finalmente para e girais em círculos no fundo do poço da natureza da morte."[63]

Elevemo-nos, pois, através da purificação de toda a espessa camada de nuvens formadas por ilusões e apegos, para que um verdadeiro auxílio possa irradiar para muitos que, sob o peso de suas dificuldades de compreensão, retardam a si e a outros no caminho que já existe pré-instalado como força concedida pelo Espírito, no âmago profundo de cada ser.

52. O CAMINHO DO MEIO

Um ano após o começo da pandemia, quando pensávamos que a situação estaria sob controle, rumo a um suposto novo normal, eis-nos no pior de seus momentos, em março de 2021: vivemos tempos difíceis. A dor e a crueza da perda de milhares de vidas, o medo e a insegurança diante do colapso do sistema de saúde, e a incerteza do que ainda virá pela frente são uma prova constante para cada um de nós.

Diante de tudo isso, quem dentre nós não se deixou abater? Por sentir a dor da própria perda ou a de incontáveis? Por passar necessidades ou presenciar as multidões de desassistidos?

63 Rijckenborgh; Petri. *A Gnosis Chinesa.* cap.29-II, p.384

Pela impotência diante de uma tragédia sem limites? Pela solidariedade àqueles que se sacrificam salvando vidas? Ou pela indignação diante daqueles, que a despeito de tudo, comportam-se como se nada acontecesse? Sim, todos estamos passando por uma intensa prova.

Temos a esperança de atravessá-la e dela emergir mais fortes e amadurecidos; porém, admitamos, quantas vezes não duvidamos possuir a energia para atravessar mais um dia? Em momentos assim, o cotidiano torna-se um fardo, e encaramos a senda da nova vida como alguém aos pés de uma cordilheira: seu pico se eleva além da visão, perdendo-se nas nuvens, e diante de nós estende-se uma muralha de pedras. Sentimo-nos fracos, e nossa certeza interior oscila.

Nessa incerteza, duvidamos se temos força para prosseguir em nossa senda. Porém, nessa aparente fraqueza encontra-se o portal para uma força que talvez ainda não conheçamos. Neste momento crítico, estamos sendo despojados de muitas certezas: ilusões de segurança, aparências, posses, celebrações, distrações, planos, sonhos. Muito disso se desfez como um castelo de areia levado por uma onda súbita. O vazio que deixam é porque estávamos preenchidos por elas, e quando elas se vão, apenas deixam à mostra uma realidade que já se encontrava lá: a realidade do vazio interior de nosso eu.

Um eu preenchido por falsas certezas não é forte. Pois suas certezas não passavam de ilusões. Esse eu apenas vivia entorpecido por tudo o que o preenchia. O que ele sentia não era força, mas torpor. Um torpor que disfarçava o sentimento de vazio desconcertante que o preenchia, como alguém que foge de suas dores por meio de doses excessivas de analgésicos.

Não estamos fracos, mas apenas com o atordoamento do

despertar, pois a dura realidade do eu é avassaladora. A realidade do eu é um puro, imenso e estéril vazio, do qual muitos apenas agora estão se dando conta. Portanto, por mais paradoxal que possa soar, devemos agradecer por este momento, não com a ironia de alguém que escarnece da própria desdita, mas com a serenidade dos anciãos, daqueles que já viveram muito, e que já não se desapontam diante das vicissitudes e dificuldades da vida.

Devemos agradecer por este momento, pois ele nos desperta de nossas falsas certezas, de nossas ilusões mais grosseiras e trouxe-nos até o portal interior da senda. O portal que marca a fronteira entre a senda do eu e a senda da alma. Nesse portal, o desalento do deserto encontra as margens do rio da vida, a fronteira de um novo estado de consciência, de onde flui uma fonte de força completamente diferente.

Essa força nos refrigera, nos dessedenta, nos soergue, impulsionando-nos para a frente. Ela nos coloca diante da senda, mostrando-nos que somente em sua força, e não pelas ilusões do eu, é que podemos caminhar. Essa senda é o caminho que atravessa o deserto da vida, e nos leva à nova vida, uma senda que foi descrita como "o caminho do meio".

Esse caminho e a força que nos permite trilhá-lo colocam uma nova dimensão em nosso trabalho, como alunos da Escola Espiritual. O caminho do meio é um conceito utilizado pela Escola para descrever a senda. Porém, muitas vezes falta-nos a compreensão básica para penetrar o segredo que o envolve, como um véu de mistério formado pela membrana opaca da nossa própria compreensão, que coloca tal caminho em uma dimensão à qual ele não pertence.

O grande engano que se comete na tentativa de trilhar esse

caminho do meio é o de colocá-lo na dimensão horizontal da vida, forçando a aplicação de suas leis em uma realidade na qual ele não funciona. Essa questão é mais sutil do que parece, pois nosso estado de consciência encontra-se enleado de véus e ilusões pouco perceptíveis, por acreditarmos que eles sejam parte integrante de nosso ser.

Nas palavras de Mirdad, muitas vezes nossa consciência age como um bebê, que confunde seu corpo com as faixas que o envolvem.[64]

Assim, reagimos inconscientemente, pondo-nos a caminho pela mobilização de todas essas faixas, camadas de ilusão e autoengano.

E onde está o âmago dessa questão? Ela está em nossos olhos, na projeção que nossa mente cria e na qual acredita como sendo a realidade objetiva dos fatos. Quando ouvimos que devemos trilhar o caminho do meio no deserto da vida, podemos associar tal caminho com o tão buscado e desejado equilíbrio em nossas vidas, e o deserto com tudo aquilo que acontece nela e na relação com nossos semelhantes.

A vida humana é complexa, feita de infinitas relações que condensam múltiplos aspectos em uma única experiência ou relacionamento. Podemos ver esses múltiplos aspectos como nossos pensamentos, sentimentos, desejos e reações. Cada experiência que vivemos é como se fosse um fio, que atravessa essas diferentes dimensões, unindo-as, como se tecesse a trama de um tecido.

O ensinamento universal refere-se à alma humana como uma veste, tecida por ela mesma, em que cada vivência é um movimento do tear, que nunca para de tecer. Se tomássemos

64 Naimy, *O Livro de Mirdad*, cap.4.

o tecido de nossa alma e o colocássemos sobre as areias do deserto da vida, olhando-o bem de perto nos perguntaríamos: por onde passa o meio desse tecido? Onde está o equilíbrio em tudo isso? Que trajetória devo escolher para atravessar esse emaranhado de fios desalinhados, e assim trilhar o caminho do meio que me levará a uma nova vida?

A grande dificuldade encontra-se justamente aqui. Se prestamos atenção a cada um desses fios, vemos que existe uma forma que se repete, na qual um fio transversal se movimenta e vem unindo os outros, perpendiculares a ele, criando uma trama. Traçando um paralelo à maneira como nossa consciência trabalha, podemos reconhecer, no fio que se move de um lado para o outro unindo os demais, a ação do próprio eu, em cada experiência que vive.

Nos fios que vão sendo unidos, enxergamos os múltiplos aspectos utilizados pelo eu como pontos de apoio, em que ele se apoia para tecer a trama de sua vida. Esses múltiplos pontos de apoio são os pensamentos, sentimentos, desejos e reações. Bem no meio dessa trama da vida da consciência-eu, é que residem dois dos maiores desafios do processo espiritual.

O primeiro deles é o fato de o fio da consciência-eu estar firmemente atado aos outros fios dos pensamentos, sentimentos, desejos e reações. O eu está preso a eles, pois eles lhe dão a sensação de segurança, a certeza de ser algo e de poder definir-se como alguém, sem perceber que ele mesmo não é nada disso, que está apenas preso a tais fatores.

O primeiro grande desafio é, portanto, a ilusão de identidade. O segundo desafio desdobra-se diretamente do primeiro. Trata-se do fato de o fio da consciência-eu mover-se sempre da mesma maneira em seu tear. É esse movimento repetitivo, previsível, que une os fios dos pensamentos, sentimentos, desejos e reações sempre da mesma forma, dando-lhes um determinado padrão, um determinado desenho.

Disso resulta que a consciência-eu se acostuma, pela força da repetição e do hábito, a um determinado funcionamento, que determina seu modo de agir e interagir com o mundo e as pessoas. Essa repetição também gera segurança, pois forma um ambiente conhecido e controlável pelo eu, trazendo-lhe satisfação e a sensação de estar em equilíbrio. Portanto, o segundo grande desafio é a ilusão de equilíbrio.

Observando com atenção nossa vida diária, reconhecemos com facilidade a atuação dessas duas ilusões se alimentando e retroalimentando, tecendo e entretecendo a trama de nossa vida: a ilusão de nossa identidade e de seu suposto equilíbrio. Em todas as situações buscamos a segurança de pensamentos, sentimentos, desejos e reações que se repetem e se reforçam. Em nossos lares também buscamos os mesmos fatores mentais, emocionais, energéticos e físicos para construir um espaço seguro de autoproteção.

A grande decisão diante da qual nos encontramos, é a de não utilizar essas duas ilusões como base na senda espiritual. Sem dúvida ninguém quer trilhar a senda com base em uma ilusão. Mas as características dessas ilusões são tão desafiadoras que, até que se descubra sua real natureza, se acreditará que elas são a própria realidade, assim como uma bela miragem no deserto da vida. Nesse estado de consciência ilusório, confunde-se o caminho com a trajetória repetitiva do eu, e o meio com sua ilusão de equilíbrio: e estará criada a armadilha da miragem no deserto, criada e armada por nós mesmos.

 Voltando ao ponto inicial. A maioria das pessoas vivencia

a crise atual como grande sofrimento e, objetivamente, ela é. Porém, para quem trilha a senda interior, esta crise também é uma benção pois, com a violência de seus golpes e contragolpes, ela não somente nos livra das ilusões mais grosseiras, como também desalinha a trama de nossas vidas: subverte nossos planos, revira relações, varre desejos, e implode hábitos. Em outras palavras, ela mudou a trajetória do fio da consciência-eu e esgarçou a trama que ela tecia com os fios dos pensamentos, sentimentos, desejos e reações. Ela desnudou a natureza ilusória da trama de nosso eu. Que oportunidade única tivemos!

Com a segurança e a repetição monótona de nossas vidas, tão confortavelmente previsíveis, quantos anos de esforço de autoconhecimento não levaríamos para perceber quão iludidos estávamos? Assim seguiríamos, buscando trilhar o caminho do meio na vã tentativa de equilibrar o que não se pode equilibrar, de resolver o que não tem solução, de harmonizar opostos irreconciliáveis, sem perceber que a própria fonte de desequilíbrio, dos problemas, conflitos e oposições éramos nós mesmos, quando dividíamos o mundo entre o que é bom e o que é mau.

Tendo definido o que era bom e mau, segundo essa falsa e parcial identidade do eu, seguiríamos impondo um sofrimento inominável a nós mesmos e aos outros, classificando e colecionando experiências de vida e buscando equilibrá-las na balança quebrada do eu, que nós mesmos inventamos. Não, seguramente, esse não é o caminho do meio, e devemos estar muito gratos por termos tido nossas vidas reviradas do avesso se isso nos permite despertar desta grande ilusão!

Esperamos que esta sóbria e necessária reflexão ajude a colocar esta questão central de nossas vidas sob uma clara e lúcida perspectiva, a perspectiva da alma, que enxerga a natureza real e interior das coisas.

53. A BÚSSOLA DA NOVA ALMA

Tratamos das principais ilusões das quais o aluno deve se desvencilhar para trilhar a senda espiritual. A comoção causada pela crise que estamos vivendo pode nos auxiliar a reconhecê-las e a libertar-nos delas de maneira mais rápida e efetiva.

Essas ilusões podem ser reunidas em três grandes grupos: as ilusões mais grosseiras do eu, suas falsas certezas, que se concentram em seus planos, sonhos, desejos e hábitos; a ilusão de identidade, origem da dualidade da vida do eu, levando-o a tentar perpetuar-se na senda interior; e a ilusão de equilíbrio, que leva o eu a tentar trilhar o caminho do meio buscando o equilíbrio impossível na dualidade, que ele se criou na forma de problemas, conflitos e oposições.

A tentativa de trilhar o caminho do meio através dessas ilusões é impossível e a causa de grande sofrimento. Isto ocorre por nos esquecermos da advertência feita pelos grandes do Espírito do passado, e pela Escola Espiritual: "não se pode colocar vinho novo em odres velhos". Com isto eles queriam dizer que a velha estrutura da consciência-eu não pode ser a base de construção de um novo estado de vida, pois isso é organicamente impossível. Sempre de novo nos é dito que a primeira grande etapa no caminho é a construção de uma nova consciência, pois somente com base nesse novo estado de consciência é que podemos construir um novo estado de vida.

Aqui está o segredo que permite compreender a verdadeira natureza do que chamamos de o caminho do meio: trilhar o caminho do meio equivale à construção da nova consciência. Pode-se mesmo afirmar que tal caminho é essa nova consciência.

 Quando a luz do mundo afirma "Eu Sou o Caminho, a Verdade e a Vida, e Ninguém vem ao Pai senão por mim", não utiliza figuras de linguagem ou referências a um messias ou salvador externo. A nova consciência, a nova alma que nasce do Espírito em nós, afirma claramente: Eu Sou o Caminho. Portanto, o aluno na senda deve compreender que trilhar o caminho é o mesmo que sê-lo, é o mesmo que construir em si mesmo a nova alma, a nova consciência.

Porém, cabe aqui uma pergunta: - "Se o caminho do meio não está no meio do mundo do eu, então onde estará esse meio? E que ferramenta devemos utilizar para encontrá-lo, criá-lo e segui-lo?"

Enquanto o eu utiliza a balança quebrada de sua parcialidade para tentar equilibrar sua vida, a alma necessita de um instrumento totalmente diferente para navegar através da vida, criando para si mesma o caminho do meio. Tal instrumento não é uma balança, que busca o equilíbrio pela medição, comparação e justaposição de elementos opostos.

A ferramenta de trabalho da alma é uma bússola - sim, a bússola da nova alma. A balança separa opostos e os pesa, julga e compara, já a bússola integra os extremos, unindo-os pelo centro, e aponta um caminho. A balança pesa, julga e compara tudo, no plano horizontal do eu, a bússola integra, une e aponta o caminho vertical da alma. O centro da bússola, o meio que cria o caminho está no coração, que é o núcleo da alma, e no qual se encontra a joia maravilhosa, a semente incorruptível, a centelha divina.

Sobre esse meio, e sobre nada mais, é que deve se apoiar a agulha da bússola da nova alma. Se ela quiser apontar a direção correta, em plena liberdade interior, ela precisa estar livre de apegos, ela deve ter a coragem de abandonar todas suas posições ilusórias de força, as falsas certezas do velho eu e confiar-se plenamente ao toque do Espírito. Esse toque é sutil, ele é a doce voz que sussurra no coração. Essa voz é o Espírito que fala à alma, e o Espírito não prende a alma, mas apenas dá-lhe um ponto de apoio, real e livre.

Diferentemente do eu, que busca segurança e a tudo agrilhoa, a centelha divina apenas sustenta o núcleo da alma, deixando-a em liberdade, para que a agulha de sua bússola encontre a direção correta a seguir, e a própria alma possa criar, por si mesma e em si mesma, o caminho do meio. A agulha de uma bússola, em sua singeleza, é a representação de um dos mistérios mais belos de todo o universo. Tome uma bússola em suas mãos e veja como, ao girá-la, sua agulha aponta sempre na mesma direção. Ela o faz não porque o queira, ou porque alguém a tenha programado: ela o faz porque segue um princípio, porque está em harmonia com um princípio que é o campo eletromagnético da Terra.

Quando a agulha da bússola está livre, delicadamente apoiada sobre seu centro, ela pode girar sem impedimentos, sempre apontando para os polos, que indicam os pontos de concentração e as linhas de força do campo eletromagnético de nosso cosmo. Quando o santuário do coração da alma está livre dos apegos do eu, e confia-se totalmente ao suave toque da centelha divina e nele se apoia, então os três santuários podem se mover em harmonia, sem impedimentos, apontando juntos e sempre para as linhas de força que regem o campo do microcosmo, do cosmo e do macrocosmo. Essas linhas de força são a vontade do todo em plena manifestação.

Quando a alma se liberta da vontade auto centralizada do eu, ela pode mover-se de acordo com as linhas de força da vontade do todo. Essa vontade encontra-se em seu centro, na centelha divina do coração. Quando seu coração se sintoniza e se liga a essa centelha, no mesmo instante ele se harmoniza com esse centro, o meio de tudo o que existe no universo, pois no eterno presente, onde tempo e espaço já não mais nos separam, o centro de todas as coisas é Um.

Quando a alma se une a esse meio, esse centro em seu coração, torna-se Um com o coração de todas as coisas, e o coração de todas as coisas torna-se Um com o seu coração. Unida ao todo, ao centro onipresente do universo, a alma vence a ilusão da individualidade do eu, pois tornou-se una com o Uno. Assim ela compreende que a vontade do todo, que se manifesta em todo o universo, também deve manifestar-se nela. E a manifestação da vontade do todo cria na alma um movimento harmônico pelo defluir de suas linhas de força.

Nesse novo estado, a alma já não vive mais tentando harmonizar os polos opostos, pois ela compreende que os aparentes opostos são, em realidade, uma única linha de força, uma linha de força que surge como amor-sabedoria, como o Pai-Mãe que giram em perfeita união ao redor do Uno, formando o campo da vida manifestada em todo o universo. A vida da alma não é mais uma dualidade; ela vê a vida a partir da unidade perfeita que se manifesta na infinita riqueza da diversidade da vida universal.

No centro, no meio, está a vontade do todo. Ao seu redor gira a dupla unidade do amor-sabedoria. No macrocosmo a vontade é o centro onipresente de todas as coisas, e a dupla-unidade do amor-sabedoria forma todos os campos de manifestação e a vida que neles floresce. No microcosmo a vontade é a centelha divina no coração da alma, e a dupla-unidade do amor-sabedoria forma a sua esfera infinita que envolve e sustenta a vida da alma e sua manifestação.

Agradecidos, levantamos os olhos da bússola. Em nossos olhos brilha a luz do fogo da centelha do Espírito. Sim, agora compreendemos, e do coração brotam as palavras:

"Minha alma é minha bússola. Minha alma é o caminho. O caminho é a verdade, e a verdade é a vida. Vontade, Sabedoria e Amor, Caminho, Verdade e Vida, Coração, Cabeça e Vida.

Eis aqui a agulha da bússola, a bússola da nova alma. O mundo gira a meu redor, as ondas encapeladas do mar da vida se levantam, e o barco de minha vida se agita. Porém, em minhas mãos, mesmo que encharcadas pelas águas turbulentas, a bússola de minha alma aponta sempre na mesma direção. Assim, no meio da tempestade, o barco de minha vida singra as águas, e minha alma torna-se o caminho do meio. Ela trilha o caminho do meio porque ela mesma é o caminho.

Do coração se eleva o fogo da centelha. Na cabeça, a ele voltada, brilha a luz da sabedoria, e em minha vida flui uma nova força, infinita até então desconhecida, a força que cumpre a vontade do todo, a força do amor. Coração, cabeça e vida estão unidos. Não há mais separação nem opostos. Não há mais a vã tentativa de equilibrar, medir ou controlar mais nada. Tudo está em seu lugar, pois na alma reina a unidade do todo. A alma venceu o sofrimento da ilusão do equilíbrio do velho eu. A alma tornou-se o caminho, o caminho do meio. A alma tornou-se o caminho, a verdade e a vida. E assim, ela uniu-se ao Pai de todas as coisas, o absoluto em si".

Que a vivência real desse novo estado de consciência, a consciência da nova alma, possa estar muito próxima de cada um de nós. Que a luz de sua nova compreensão possa iluminar nosso entendimento para que possamos nos aproximar da tarefa que a nova alma deve cumprir.

54. TAREFA DA NOVA ALMA

O espaço mais sagrado para um ser humano é o seu lar. Seja ele um castelo ou uma choupana, luxuoso ou modesto, ele será igualmente sagrado para quem o habita, pois nele encontra o porto seguro, o espaço vital, o recanto da alma. Desde os primórdios dos tempos, os seres humanos lutam para construir seus lares e defendê-los, pois nele encontram três fundamentos para a manutenção da vida: calor, luz e alimento. O calor do fogo, para proteger das intempéries; a luz do fogo, para afastar a escuridão e suas ameaças; e a alquimia do fogo para transmutar o alimento.

A vida humana se sofisticou e diversificou, e suas necessidades tornaram-se complexas e quase infinitas. Necessidades demandam produtos, produtos pressupõem renda, e isso já é suficiente para manter o carrossel da vida em incessante movimento. Neste momento, precisamente no mês de março de 2021, muitas dessas necessidades desapareceram, seja pelo recolhimento forçado, pela menor interação, ou por haver menos recursos.

Aspectos centrais e ancestrais dos lares tornaram-se novamente perceptíveis, pelo tempo maior que se passa neles, por estarem mais silenciosos, ou mais desprovidos de aspectos supérfluos. A situação que vivemos resgata a essência original do lar, a de servir de espaço vital, onde se encontra calor, luz e alimento.

Isso não se aplica apenas às necessidades do corpo, mas principalmente às da alma. Um verdadeiro lar não apenas acolhe, protege e nutre o corpo, mas principalmente a alma. Nele buscamos, acima de tudo, o calor humano, a luz da compreensão mútua, e o alimento essencial para o coração.

Pouco importa se em uma família numerosa, uma pequena família nuclear, ou mesmo sós: os lares sempre terão a capacidade de acolher, proteger e nutrir-nos a alma. A necessidade da alma humana de criar seu espaço vital é inerente à sua existência, pois a alma é um espelho, que reflete a imagem do Espírito universal. A alma é uma ponte, que liga a imagem universal à realidade concreta, um fogo que reflete em si a ardente centelha divina. Ela cria seu espaço vital, que reflete o campo de vida de seu microcosmo.

A Escola Espiritual afirma que não há separação na vida da alma. A razão encontra-se na sua natureza essencial pois, através de seu espaço vital, a alma exprime a imagem de seu ser interior na vida concreta. Por isso, o ensinamento universal sempre utilizou a imagem da alma e seu lar para indicar a senda interior da construção da nova morada da alma, o lar da nova alma. Simbolizam a morada eterna da alma as grandes pirâmides, por exemplo, e a Casa Sancti Spiritus dos rosacruzes da renascença.

Quando é dito que devemos nos tornar livres-maçons, construtores livres e autônomos, indica-se a necessidade de aprender a construir a própria morada interior da alma. Essa é a tarefa da nova alma: tornar-se o construtor do novo ser em si mesmo.

Mas como podemos fazê-lo? Onde se encontram as matérias-primas para tanto? Que método se utiliza para erguer as paredes desse lar interior da nova alma?

Os símbolos trazem indicações valiosas a respeito. O símbolo da pirâmide, por exemplo: nas areias do deserto, sobre a sólida base de um imenso quadrado, erguem-se linhas que convergem em um triângulo em cada uma de suas faces, como se puxadas, de baixo para cima, por um ponto no topo da pirâmide, que se eleva magistralmente.

Quatro elementos unidos nas areias do deserto, que se elevam acima do horizonte, convergindo para um ponto central que do alto toca a impávida construção.

Pirâmide, no jardim do Templo de Aquarius, São Paulo.

Outro símbolo, a Casa Sancti Spiritus dos rosacruzes da renascença: a grande construção repleta de elementos simbólicos,

Casa Sancti Spiritus in Schweighart. Speculum Sophicum Rhodostauroticum.

 RCE (Bibliotheca Philosophica Hermetica), Allard Pierson Amsterdam

caracterizada como uma casa sobre rodas conduzida do alto por uma linha na mão de um ser sublime; uma grande casa sobre quatro rodas, conduzida por uma linha de força vinda do alto.

Em sua essência, esses dois símbolos falam de uma construção a partir de quatro elementos naturais, conduzidos e dinamizados por um quinto elemento superior. Vimos que o eu tece um imenso tapete sobre o deserto da vida, entrelaçando o pensar, sentir, desejar e reagir pelo fio condutor da consciência-eu. Vimos também que uma nova consciência, a nova alma, deve trilhar o caminho do meio, que une os três santuários da alma, elevando-os como a agulha da bússola da alma, que se move a partir do alto, do campo do Espírito. Isso significa que a tarefa da nova alma consiste em utilizar esses elementos para construir sua nova morada, seu novo ser, no qual habitará.

Assim como na clássica pirâmide ou na Casa Sancti Spiritus uma nova construção se eleva dos quatro elementos da realidade concreta, da mesma forma a edificação da nova morada da alma deve se elevar a partir dos quatro elementos da personalidade. Porém, é essencial que a construção seja conduzida do alto, de uma perspectiva e dimensão totalmente diferentes daquela do plano horizontal da vida. Essa dimensão representa o Espírito que tocou e despertou a alma, transformando-a em uma nova alma.

Essa dimensão é a agulha da bússola que se move e se orienta pelas linhas de força de um outro campo eletromagnético. É a dimensão que eleva a pirâmide das areias do deserto, e que move a Casa Sancti Spiritus sobre suas rodas. Portanto, a força condutora dessa construção é a nova alma mesma, que deve, em liberdade e autonomia, construir seu novo estado de vida no microcosmo.

E que materiais ela tem para erguer suas paredes? De onde vêm as pedras de construção desse edifício sutil? Onde está a fonte desses materiais superiores? A resposta é: todos os materiais necessários já se encontram em nosso ser. Mas eles somente se tornam disponíveis pelo intenso trabalho da própria alma que, como livre construtor, precisa preparar, uma a uma, as pedras de construção da pirâmide interior e os tijolos com os quais ergue a casa sancti spiritus.

Pedras de construção e tijolos para edificação são preparados no intenso calor do fogo, onde ganham a resistência, e processo análogo deve ocorrer conosco. Na personalidade já se encontram todos os materiais necessários para essa construção interior: a herança cármica de nosso microcosmo, as circunstâncias que encontramos ao nascer, os desafios, conflitos e problemas que temos em nossas vidas.

Todos esses elementos formam um imenso tesouro, na exata quantidade de pedras brutas que precisamos para erguer o edifício interior da nova alma. Nem uma a mais, nem uma a menos, da base ao topo da pirâmide da alma. Por essa razão, um rosacruz jamais lamenta seu destino, na esperança de uma situação mais favorável para começar sua obra de livre-construtor. Ele sabe que a inteligência universal já o colocou no lugar exato, no momento certo e nas circunstâncias necessárias para que possa trabalhar interiormente.

Cada uma das pedras brutas das experiências da vida é formada por pensamentos, sentimentos, desejos e reações unidos pela argamassa do eu. São essas pedras brutas que precisam ser transmutadas na fornalha da nova alma, onde arde o fogo do Espírito, para lá se tornarem verdadeiras pedras de construção. Para fazê-lo, a nova alma deverá utilizar uma nova capacidade de compreensão que surge em seu imo, a faculdade da neutralidade objetiva. Trata-se da faculdade de se colocar diante de cada experiência, de todos os seus elementos, suas ligações com seus semelhantes e circunstâncias de sua vida, e não mais uni-las com o fio condutor dos opostos, gerados pela velha consciência-eu.

Ao se recusar a fazê-lo, ao se recusar a classificar a tudo e a todos, dividindo-os nos falsos opostos da dualidade parcial do eu, a alma não mais unirá os fios de sua vida mediante seus velhos padrões de consciência. Os infinitos fios de sua vida, do pensar, sentir, desejar e reagir, e todas as situações que deles decorrem em sua psique, relacionamentos, ritmo de vida e seu dia-a-dia, não mais se unirão, amarrados, atados e tensionados pela pressão do fio condutor do velho eu.

Ao se recusar a fazê-lo, ao se recusar a perpetuar a trama dual do eu, a visão interior da alma se eleva, atraída pelo polo superior do Espírito em si mesma, como se pairasse sobre a realidade e a visse de cima. Quando o olhar interior da nova alma se eleva o suficiente, ela vê uma outra trama, um outro desenho, que até então não era visível em sua consciência. Ela vê o desenho real de seu destino cármico e de toda a sua vida, vê sua própria imagem a partir da imagem original gravada em seu microcosmo.

Assim a nova alma pode formar uma nova imagem, por meio de novas ligações de alma, não mais pelo obscuro fio do eu, mas pelo fio áureo do Espírito. Então, nas areias do deserto da vida, a nova alma deixa de tecer a velha trama do eu: ela tece a nova trama da alma, o tapete mágico que indica o novo estado de ser da alma, que transmuta cada uma das experiências da vida. A partir da visão superior da nova alma, tocada e elevada pelo Espírito, ela insere uma dimensão superior, uma vibração superior, nos éteres das vestes de seus corpos sutis. Qual orvalho de rosas, os novos éteres superiores, os quatro alimentos santos, fluem de seu ser preenchendo-o totalmente, irradiando-se em todas as direções.

No círculo do mundo, o quadrado da natureza foi transmutado pelo triângulo da alma, pela força do ponto, o centro, o meio de todas as coisas, a força do Espírito. A eternidade se ergueu das areias do tempo. O lar da nova alma ressurgiu. No meio, no âmago da alma, a centelha do Espírito despertou. Na força do Espírito, a alma trilhou o caminho do meio, até tornar-se o caminho, a verdade e a vida.

Como livre-construtor, transformou a velha morada do eu no lar da nova alma, que a tudo e a todos oferece: o calor do fogo do Espírito, a luz do fogo do Espírito, e o santo alimento, pelo fogo do Espírito.

Trabalhemos em nossas vidas, sejam quais forem as circunstâncias, com decisão, compreensão e alegria, em prol de nossas almas, em prol do Corpo Vivo, e em prol de todos que anseiam pela luz!

55. A JORNADA DO HERÓI

Todo ser humano traz em seu imo uma inquietude fundamental, que pode ser percebida como um vazio interior ou uma sensação constante e inquietante de incompletude que não se dissolve. Como seres humanos, queremos viver como se fôssemos eternos, mas sabemos que empreendemos diariamente uma jornada chamada vida, que teve seu início e chegará ao seu final, na forma como a conhecemos.

Certamente a vida é uma grande aventura. Os muitos desafios que enfrentamos, desde a mais tenra infância, nas áreas da vida pessoal, profissional, social, de saúde, entre outros, são como batalhas heroicas. Mas para onde essas batalhas nos levam? Seguimos somente os caminhos conhecidos da vida comum, cujo fim inevitável é a morte? Ou nossas batalhas nos levam a patamares superiores da evolução humana, rumo à integração com o Espírito? Integração com a vida que não conhece a morte?

Essa experiência essencial de pensar ou vivenciar os limites da vida é compartilhada de forma mais ou menos inconsciente por todo ser humano e a ela subjaz uma essência, um conhecimento incorruptível, uma pré-memória como marca indelével da ligação fundamental que nos conduz durante todo esse processo.

Essa essência vem à consciência de muitas formas e se manifesta através de alegorias diversas, no espaço e no tempo. Muitos são os registros e relatos sobre a experiência de tangenciar limites e adentrar o desconhecido, relatos que, em última instância, podem ser descritos como formas de acessar e experimentar o que poderíamos chamar de conhecimento universal.

Assim, ao longo da vida estamos sempre em contato com histórias, lendas, mitos, músicas, romances, pinturas, poesias, que nos chegam através de variados meios.

Super-heróis que precisam enfrentar seus pontos de vulnerabilidade e vencer a si mesmos para salvar a humanidade e atingir a transformação fundamental. Personagens de contos infantis que enfrentam medos essenciais e situações inusitadas, que descrevem complexas possibilidades de vivências, pensamentos e sentimentos humanos. Romances impossíveis que delineiam as profundezas da dor e do luto. Mitos e lendas que analiticamente descrevem os dilemas e paradoxos dos relacionamentos desse ser existencialmente tão coletivo e, ao mesmo tempo, tão solitário.

O que há de essencial em todas essas narrativas? Por que, de alguma forma, somos tão profundamente tocados?

O pensador contemporâneo Joseph Campbell observou e registrou em suas pesquisas que nas experiências descritas nos diversos mitos, lendas, religiões e relatos culturais, há um fio condutor comum, encontrado nas mais variadas narrações, independentemente de sua origem geográfica ou cronológica.

Campbell publicou o resultado de suas pesquisas no famoso livro O Herói das Mil Faces. Nos mais variados mitos, o herói - aquele que trava a grande batalha - segue um ciclo composto por três etapas bem definidas: a partida, a iniciação e o retorno, que podem ser assim resumidas:.[65]

Partida: um problema aparece e o herói é chamado a partir para uma missão. Na partida surgem os dilemas, a negação e a recusa inicial em aceitar o convite para a missão, geralmente porque tem medo. Contudo, um auxílio externo vai ao seu

65 Campbell. *O Herói de Mil Faces.*

encontro, um mentor ou uma visão, e lhe fornece elementos para empreender a jornada. A partida começa com a passagem pelo primeiro limiar mágico, que é a travessia do limite entre o mundo conhecido, a vida comum, e o desconhecido com todos os seus perigos, desafios e incertezas. E essa etapa tem seu ápice na travessia do primeiro limiar mágico, que constitui uma forma de auto aniquilação, de metamorfose. Trata-se de um verdadeiro ato de renovação da vida.

Iniciação: nessa nova fase, o herói deverá sobreviver a uma sucessão de testes e provações aparentemente impossíveis. Muitas vezes, ele fica entre a vida e a morte. Seu desafio maior é o domínio total da vida mediante suas crises de percepção, que resultarão na ampliação da consciência e no nascimento de novas capacidades. No final, o herói vence o medo e a morte, cumpre a missão e recebe como recompensa o elixir.

Retorno: na terceira e última etapa da jornada, o herói completa o ciclo com o retorno à sua origem. Ele se dedica a auxiliar os necessitados. Ele usa o elixir para curar.

A necessidade da transcendência sempre esteve presente na história. Campbell mostra como esse ciclo, que vai do despertar para a busca até a transcendência, está presente em muitos contos e histórias épicas. Essa mesma jornada está representada em diversas tradições espirituais.

Nas obras dos rosacruzes clássicos, como As Bodas Alquímicas de Cristão Rosacruz, vemos o uso de um simbolismo equivalente a estes, quando se refere à união entre o Espírito e a alma. Nessa obra, todas as princesas, príncipes, reis, cavaleiros e castelos, bem como todas as situações vividas por esses personagens são alegorias que indicam esses elementos interiores no ser humano, que devem passar pelo processo de transformação da consciência, da alma, pela intervenção do princípio universal, o Espírito.

No hinduísmo, o Bhagavad-Gita relata que Arjuna parte em luta contra seus amigos e familiares, que representam seus apegos mais profundos. Inicialmente está em dúvida e em grande desânimo; mas orientado por Krishna, seu princípio espiritual, ele trava lutas heroicas e vence seus oponentes. Essas três fases – partida, iniciação e retorno - são também encontradas nas alegorias bíblicas de João Batista, Jesus e Cristo, ou na Índia, com Sidharta, Gautama e Buda.

Embora as histórias dos mitos e heróis sejam inspiradoras, o que de concreto elas podem revelar em nossas vidas? Elas revelam que em cada ser humano há um potencial de transformação da vida, da sua própria vida, e por conseguinte da vida de todo o planeta. O Lectorium Rosicrucianum, que é uma manifestação da rosacruz moderna, afirma o mesmo, e indica um caminho interior e real de transformação do ser humano. Um caminho que se destina a realizar, a tornar real, essa possibilidade, esse princípio de uma nova vida.

É possível estabelecer um paralelo entre a jornada do herói e as etapas do discipulado do aluno da nossa Escola, que também é cíclico, e se dá em espirais de desenvolvimento que vão da partida ao retorno. Reflitamos sobre o processo apresentado pela Escola, e sobre a nossa própria vivência nessa jornada interior.

O processo se inicia com a fase do chamado, é aquela em que o buscador sente uma profunda inquietação, pressente que sua vida tem uma destinação superior e parte para a busca. Ele percebe que há dois caminhos, e que precisa dar uma reviravolta em sua vida. A partida poderia ser associada ao desenvolvimento do autoconhecimento e do nascimento de uma nova percepção. Nessa fase o auxílio externo entra em ação com a abertura para uma mudança: o ser humano é tocado no coração pela força divina que o auxilia, caso ele se esforce.

Na passagem ou travessia do primeiro limiar, o peregrino é ligado a um campo magnético gnóstico do qual a força recebida anteriormente tem uma gama vibratória mais poderosa, para possibilitar que o autoconhecimento o conduza a uma nova espiral de transformação.

A segunda etapa pode ser descrita como a travessia do deserto. É o processo de perceber e abandonar padrões antigos e automáticos de comportamento: o vislumbre de novas possibilidades. O desenvolvimento de uma compreensão ampliada da realidade objetiva, que se manifesta através da percepção de que o que sentimos, pensamos e fazemos equivale a um deslocamento concreto da nossa percepção egocêntrica de mundo, para uma percepção neutra e objetiva dos eventos da realidade.

O trabalho a ser realizado é o do auto esquecimento, através do qual ocorre, inicialmente, um mergulho intenso nas profundezas, razões e intenções de nosso próprio ser e, no passo seguinte, a imersão na dor e na alegria do mundo, na integração e acolhimento dos aspectos inicialmente percebidos como opostos, externos e separados da natureza humana. Em auto esquecimento o aluno transcende os limites de sua consciência e estabelece uma ligação direta com o conhecimento universal, transformando-se em um espelho perfeito da luz universal.

Na última etapa da consciência transmutada, nasce em seu imo a consciência da integração. Os limites artificiais entre a vida e a morte se dissolvem, o peregrino reconhece a unidade, a plenitude. Os eternos ciclos fundem-se em espaços e tempos contínuos de uma mesma realidade constante e presente.

Nessa fase pode ocorrer a tentação de permanecer na esfera transcendental, pois o retorno pode trazer novos desafios. É a crise do limiar, cuja superação não dependerá dos fracassos humanos nem de poderes sobrenaturais, mas sim da capacidade humana de transcender. A passagem pelo limiar do retorno se completará quando o herói finalmente compreender que seu retorno não resultou de uma jornada entre dois mundos mas resultou, na verdade, da integração dos aspectos transcendentes até então não percebidos por sua consciência.

Nesse retorno, a profunda compaixão por todos os seus semelhantes leva o herói a doar-se completamente à tarefa de servir a humanidade, para que ela mesma possa realizar essa jornada interior.

Embora a jornada do herói que cada ser humano deve realizar seja um caminho individual, em todos os tempos sempre existiram escolas espirituais que sustentam e potencializam esse processo, como nos diz Os Sete Raios do Espírito e a Transformação da Vida Humana:

"As Escolas Espirituais de todos os tempos destinam-se àqueles que acumularam suficiente auto percepção e uma quantidade suficiente de experiências para reconhecerem que a realidade é, ao mesmo tempo, uma ilusão e um produto de sua própria consciência.

Esses seres humanos são como os frutos maduros da Árvore da Vida. Eles amadureceram para começar a aprender a diferença entre a realidade e a ilusão, dentro e fora de si mesmos. Amadureceram o suficiente para começar o processo de retomar seu poder de escolha, seu livre-arbítrio, a força para mudar a direção do leme de suas vidas, na câmara central de seus corações.

[...] Esses homens não mais buscam desesperadamente por sua identidade, por seu tesouro, fora de si mesmos, vivendo uma vida dividida, com um coração partido em pedaços, um pedaço para um amor perdido, um pedaço par um conhecimento especulativo, um pedaço para uma harmonia impossível, um pedaço para o acúmulo de bens e riqueza, um pedaço para um desejo insaciável, um pedaço para uma realização irrealizável. Quando eles encontram o UNO, eles encontram sua Identidade-Real, seu Ser-Real, seu Tesouro Real. Sua Vontade e a Vontade do UNO tornam-se uma única Vontade.

[...] Contudo, o primeiro passo é uma escolha, é uma reviravolta, um ato de seu propósito mais profundo.

Você continuará a buscar seu tesouro fora de si mesmo? Ou você está pronto para abraçar sua origem divina e aceitar a herança do Tesouro Universal que o aguarda, desde a aurora dos tempos?

[...] Você sabe que não precisa abandonar nada, pois este não é um caminho de divisão e separação. Este é um caminho da integração" [66]

Autoconhecimento. Tudo receber.

Auto esquecimento. Tudo abandonar.

Transfiguração. Tudo transformar.

Somos todos convidados a vivenciar essa profunda jornada interior, de partida, iniciação e retorno. Esperamos que seu coração possa ser preenchido pelo luminoso fogo dos Sete Raios do Espírito!

---

66 *Os Sete Raios do Espirito e a Transformação da Vida Humana*, p.21-23

REFERÊNCIAS BIBLIOGRÁFICAS

• ALIGHIERI, Dante. A Divina Comédia. Purgatório. Tradução de José Pedro Xavier Pinheiro. Rio de Janeiro: ed. Calçadense Ltda., 1956

• ATTAR, Farid Ud-Din. A Conferência dos Pássaros. São Paulo: ed. Círculo do Livro, 1988.

• BAILEY, Alice. Cura Esotérica. Tomos I e II, Niterói: ed. Avatar, 2009.

• BEILHART, Jacob. Cartas de Amor. São Paulo: Civitas Solis, 2020.

• BIBLIA. Atos dos Apóstolos.

• BLAVATSKY, Helena P. A Voz do Silêncio. São Paulo: ed. Pensamento, 2010.

• CAMPBELL, Joseph. O Herói de Mil Faces. ed. Cultrix/ Pensamento, 1989.

• COLLINS, Mabel. Luz no Caminho. ed. Teosófica, 2000.

• DOWNLING, Levi H. O Evangelho Aquariano. Limeira, SP: ed. Conhecimento, 2003.

• DUHIGG, Charles. O Poder do Hábito. Rio de Janeiro: Ed. Objetiva, 2012.

• ECKHARTSHAUSEN, Karl von. A Nuvem sobre o Santuário: Cartas Rosacruzes. Barueri, SP: ed. Isis, 2019.

• LECTORIUM Rosicrucianum. Sete Portais. Texto interno do serviço de Meio-Dia.

• LIPTON, Bruce H. A Biologia da Crença. São Paulo: ed. Butterfly, 2007.

• NAIMY, Mikhail. O Livro de Mirdad. Jarinu, SP: ed. Pentagrama, 2014.

• Os Sete Raios do Espírito e a Transformação da Vida Humana. Série Renovação 1, Lectorium Rosicrucianum, Jarinu, SP: Pentagrama Publicações, 2018 .

• OUSELEY, Gideon Jasper Richard. O Evangelho dos doze santos. Jarinu, SP: Pentagrama Publicações, 2016.

• OUSPENSKY, P. D. Um Novo Modelo do Universo. São Paulo: Ed. Pensamento, 1987.

• PETRI, Catharose de. O Verbo Vivente. Jarinu, SP: Rosacruz, 2006.

• PETRI, Catharose de. Transfiguração. Jarinu, SP ed. Rosacruz, 2003.

• PETRI, Catharose de; RIJCKENBORGH, Jan van. Rosa Mystica: Raios de luz da magia gnóstica. Lectorium Rosacrucianum, 1999.

• Revista Pentagrama. Jarinu, SP: ed. Rosacruz.

• RICKENBORGH, J. van; PETRI, Catharose de. A Gnosis Chinesa: comentários sobre o Tao Te King de Lao Tsé. Jarinu, SP: Rosacruz, 2006.

• RIJCKENBORGH, J. van. A Gnosis Original Egípcia, tomo I, Jarinu, SP: ed. Rosacruz, 2006.

• RIJCKENBORGH, J. van. A Arquignosis Egípcia, tomo III. São Paulo: Rosacruz Áurea,1989.

• RIJCKENBORGH, J. van. A Arquignosis Egípcia, tomo IV. São Paulo: Rosacruz Áurea,1991.

• RIJCKENBORGH, J. van. A Gnose em sua Atual Manifestação. Jarinu, SP: ed. Rosacruz, 2007.

• RIJCKENBORGH, J. van. Filosofia Elementar da Rosacruz Moderna. Jarinu, SP: Rosacruz, 2003.

• RIJCKENBORGH, J. van. Não há espaço vazio, Jarinu, SP: ed. Rosacruz, 2006.

• RIJCKENBORGH, J. van. O Chamado da Fraternidade Rosacruz. Jarinu, SP: ed. Rosacruz, 2004.

• RIJCKENBORGH, J. van. O Mistério da Vida e da Morte.

Jarinu, SP: Rosacruz, 2006.

• RIJCKENBORGH, J. van. O Novo Homem. Jarinu, SP: Pentagrama Publicações, 2016.

• RIJCKENBORGH, J. van. O Confessio da Fraternidade da Rosacruz – Análise esotérica da Confessio fraternitatis Rosae Crucis. São Paulo: Lectorium Rosucrucianum, 1987.

• RIJCKENBORGH, J. van; PETRI, Catharose de. A Gnosis Chinesa: comentários sobre o Tao Te King de Lao Tsé. Jarinu, SP: ed. Rosacruz, 2006.

• RIJCKENBORGH, J. van. O Renascimento e seus Aspectos Práticos in Pentagrama, 2004, número 3.

• RIJCKENBORGH, J.van; PETRI, Catharose de. Os sinais poderosos do conselho de Deus. Jarinu, SP: Lectorium Rosicrucianum, 2010.

• RIJCKENBORGH, Jan van. As núpcias alquímicas de Christian Rosenkreuz, segunda parte. São Paulo: Lectorium Rosicrucianum, 1996.

• SAINT-EXUPÉRY, Antoine de. O Pequeno Príncipe, ed. Harper Collins, 2018.

• SCHWEIGHART, Theophilus. Speculum Sophicum Rhodostauroticum (O Espelho da Sabedoria Rosacruz), 1618.

• RCE (Bibliotheca Philosophica Hermetica), Allard Pierson Amsterdam

• LUTYENS, Mary. Vida e morte de Krishnamurti. Brasília: ed. Teosófica, 1996.

• KRISHNAMURTI, Jidu. Viagem por um mar desconhecido. Tradução: Hugo Veloso. Rio de Janeiro: ed. Três, 1983.

• SANKARA. Vivenka-Chudamani. A joia suprema da sabedoria. Comentários de Murillo N. de Azevedo. Brasilia: ed. Teosófica, 1992.